职业教育·铁道运输类专业教材

铁道车辆机械构造与检修

陈希成 刘 玲 主 编

罗洪文 王丽娜 曹 霞 副主编

人民交通出版社

北 京

内 容 提 要

本书为职业教育铁道运输类专业教材。全书分为 8 个项目:铁道车辆的相关概念及检修制度,轮对的构造与检修,滚动轴承及轴箱装置的构造与检修,弹簧及减振装置的构造与检修,货车转向架的构造与检修,客车转向架的构造与检修,车体的构造与检修,车钩缓冲装置的构造与检修。每个项目由项目导读、学习目标、复习与思考等组成。

本书从实际应用出发提炼知识,打破了传统章节式编写模式,着力体现实际应用,从生产实际应用开始讲解车辆结构知识,激发学生学习兴趣。本书整体知识内容表达简单明了,不深奥,使学生更容易形成知识体系。

本书可作为职业教育铁道车辆技术等专业的教材,还可供相关工程技术人员参考。

本书配套课件等教学资源,任课教师可加入职教铁路教学研讨群(QQ 群:211163250)获取。

图书在版编目(CIP)数据

铁道车辆机械构造与检修/陈希成,刘玲主编.

北京:人民交通出版社股份有限公司,2025.8.

ISBN 978-7-114-20498-2

Ⅰ. U270.3;U279.3

中国国家版本馆 CIP 数据核字第 2025LW5390 号

职业教育·铁道运输类专业教材
Tiedao Cheliang Jixie Gouzao yu Jianxiu

书 名:	铁道车辆机械构造与检修
著 作 者:	陈希成 刘 玲
责任编辑:	杨 思
责任校对:	龙 雪
责任印制:	张 凯
出版发行:	人民交通出版社
地 址:	(100011)北京市朝阳区安定门外外馆斜街 3 号
网 址:	http://www.ccpcl.com.cn
销售电话:	(010)85285911
总 经 销:	人民交通出版社发行部
经 销:	各地新华书店
印 刷:	北京印匠彩色印刷有限公司
开 本:	787×1092 1/16
印 张:	14
字 数:	318 千
版 次:	2025 年 8 月 第 1 版
印 次:	2025 年 8 月 第 1 次印刷
书 号:	ISBN 978-7-114-20498-2
定 价:	45.00 元

(有印刷、装订质量问题的图书,由本社负责调换)

前言

铁道车辆是铁路运输的核心设备,其结构检修质量对铁路运行至关重要。

本书详细介绍了铁道车辆的构造和检修方法。首先,介绍铁道车辆的基本结构和特点,包括车体、转向架、车钩缓冲装置等。然后,分别深入介绍铁道车辆轮对、滚动轴承及轴箱装置、弹簧及减振装置、客车转向架、货车转向架、车体、车钩缓冲装置的结构及其检修过程和方法。

本书的编写目的是为职业教育铁道车辆技术专业学生提供一本全面、实用的铁道车辆机械构造与检修教材或参考书,帮助学生更好地理解和掌握铁道车辆的结构与检修知识。同时,本书可以为从事铁道车辆维护保养和故障排除的工作人员提供有价值的参考。

本书共为 8 个项目,项目 1 为铁道车辆的相关概念及检修制度;项目 2 为轮对的构造与检修;项目 3 为滚动轴承及轴箱装置的构造与检修;项目 4 为弹簧及减振装置的构造与检修;项目 5 为货车转向架的构造与检修;项目 6 为客车转向架的构造与检修;项目 7 为车体的构造与检修;项目 8 为车钩缓冲装置的构造与检修。

本书具有以下特点。

(1)以学生为主体,突出知识技能培养,体现职教特色。

本书每个项目都与实际工作情境紧密相连,通过模拟真实的工作环境来设计任务。这种体系结构不仅可以增强学生的学习兴趣和积极性,还可以帮助他们更好地适应未来的职业发展。

(2)新形态一体化教材。

本书应用现代信息技术,注重课程资源的开发,建设有动画、微课、教学课件、配套习题及答案等资源;将实用的理论知识与数字化资源相结合,将典型知识点通过视频形式呈现,帮助学生理解知识点,提升学生的感性认识。

(3)紧跟专业方向,校企合作双元开发。

本书在编写过程中,与成都地铁运营有限公司开展了紧密的校企合作,得到了刘玲副教授的大力支持与帮助。企业为本书提供了常用的工程实际案例及专业结构物图片。

本书由成都工业职业技术学院陈希成、成都地铁运营有限公司刘玲担任主编，负责确定本书提纲及整体框架；由成都工业职业技术学院罗洪文、王丽娜、曹霞担任副主编，成都工业职业技术学院邵益勤参编。具体编写分工为项目1由罗洪文编写，项目3、项目4由王丽娜编写，项目2、项目5由陈希成编写，项目6由刘玲编写，项目7由曹霞编写，项目8由邵益勤编写。全书由邵益勤统稿。

由于编者水平有限，书中难免存在疏漏，恳请读者批评指正。

编　者
2024 年 12 月

数字资源列表

资源使用说明 :

1. 扫描封面二维码,注意每个码只可激活一次;
2. 长按弹出界面的二维码关注"交通教育出版"微信公众号并自动绑定资源;
3. 公众号弹出"购买成功"通知,点击"查看详情",进入后即可查看资源;
4. 也可进入"交通教育出版"微信公众号,点击下方菜单"用户服务—图书增值",选择已绑定的教材进行观看。

序号	数字资源
1	定义及术语
2	探究轨道交通车辆基本特点和组成
3	认识轨道交通车辆车种、车型
4	熟悉车辆检修制度
5	轮对的构造
6	轮对故障
7	实操课
8	常用轮对检查器与技术测量
9	滚动轴承概述
10	滚动轴承轴箱装置
11	滚动轴承轴箱油润装置的检修
12	弹簧的作用及分类
13	钢弹簧
14	空气弹簧的结构及检修
15	高度控制阀及差压阀
16	减振装置
17	转向架简介
18	转 8A 型转向架
19	转 8G 型货车
20	货车转向架检修
21	客车转向架简介
22	209 系列客车转向架
23	虚拟仿真实操课

目录

铁道车辆的相关概念及检修制度

❈ 项目导读

在铁路、公路、航空、水路和管道这五种交通运输方式中,铁路运输具有消耗能源少,运输成本低,对环境的污染小以及运送旅客或货物多等诸多优点,因为高速铁路可实现更迅速、更安全、更舒适的交通运输,所以铁路是我国交通运输体系的骨干,担负着我国的较大部分运输任务,在国民经济中发挥着极其重要的作用。

铁道车辆广泛应用于国民经济和社会生活中。除在铁路干线及厂矿、林区运行的铁道车辆外,城市中的地铁车辆、轻轨车辆、有轨电车、建筑工地及矿井中运送土石等的翻斗小车、悬挂式单轨车辆以及磁悬浮车辆等均可列入铁道车辆的范畴。那么,铁道车辆有什么特点? 它的结构组成有哪些? 它有哪些主要的用途,我们怎么对它进行分类?

❈ 学习目标

1. 知识目标

(1)了解铁道车辆的定义和相关术语。

(2)掌握铁道车辆的方位和性能参数。

(3)熟知铁道车辆的组成、用途和分类。

(4)掌握客车和货车车种、车型及检修限度。

2. 技能目标

(1)培养自主学习习惯、能力。

(2)培养动手能力、空间理解能力、沟通能力和团队协作能力。

(3)培养逻辑思维和处理信息的能力。

3. 素质目标

(1)培养良好的科学文化和专业业务素质。

(2)树立良好的职业道德和劳动安全思维。

(3)根植维护铁路运行安全红线意识,培养服务大众出行的责任感。

任务 1.1　了解铁道车辆定义及相关术语

【任务导入】

引导问题 1:铁道车辆与汽车的区别是什么? 它的发展历程和未来发展趋势是什么?

引导问题 2:与汽车相比,铁道车辆具备什么样的特点?

引导问题 3:铁道车辆怎么判定前后的方向?

一、铁道车辆的定义

参考《铁道车辆词汇 第 1 部分:基本词汇》(GB/T 4549.1—2004)对铁道车辆的相关定义及近年来铁路的发展,铁道车辆是指在铁路轨道上用于运送旅客、货物和为此服务或原则上编组在旅客列车、货物列车中使用的单元载运工具。可简称为"车辆"。为了方便,以下采用"车辆"进行表述。

二、车辆类型的相关术语

1.客车

客车:供运送旅客和为此服务的或原则上编组在旅客列车中使用的车辆。

双层客车:设有上、下两层客室的客车。

空调客车:设有空气调节装置的客车。

旅游客车:用于旅游,档次较高的客车。

合造客车:一辆车上同时设有两种或两种以上用途的车内设备(如软席座椅和硬席座椅)的客车。

市郊客车:在城市与郊区之间运用的短途客车。

硬座车:设有硬席座椅设备的座车。

软座车:设有软席座椅设备的座车。

硬卧车:设有硬席卧铺设备的卧车。

软卧车:设有软席卧铺设备的卧车。

餐车:设有厨房、餐室及储藏室(或有小卖部)和炊事设备,供旅客在旅行中饮食就餐使用的车辆。

行李车:设有行李间及行李员办公室,供运输旅客行李及物品的车辆。

二维码

定义及术语

邮政车:设有邮政间及邮政员办公室,供运输邮件使用的车辆。

发电车:设有动力机械驱动的发电设备的车辆。

2.动车组

动车组:由动车与拖车(有时还有控制车)组成固定编组使用的车组。

动力集中型动车组:指两端为动力车,或一端为动力车、另一端为控制车,中间为拖车的动车组。

动车:在动车组中具有牵引动力装置的车辆。按动力源可分为电动车、内燃动车、燃汽轮动车等。

拖车:在动车组中不具牵引动力装置或控制装置的车辆。

控制车:在动车组中具有控制装置而无牵引动力装置的车辆。

一等客车:定员少、乘坐舒适度高的客车。

二等客车:定员较少、乘坐舒适度较高的客车。

3.货车

货车:供运输货物和为此服务的或原则上编组在货物列车中使用的车辆。按用途可分为通用货车和专用货车。

通用货车:适用于运输多种货物的车辆。如敞车、棚车、平车等。

专用货车:专门运输某一种货物的车辆。如罐车、漏斗车、集装箱车等。

敞车:不设车顶,车底为平底或浴盆(单浴盆或双浴盆)型,供运输各种无须严格防止湿损、日晒的货物的车辆。通常其端墙和侧墙的高度在0.8m以上。

棚车:设有车顶和门、窗(或通风口),可防止雨水进入,供运输各种需防止湿损、日晒或散失的货物的车辆。按结构不同可分为通用棚车、活顶棚车、活墙棚车等。

平车:底架承载面为一平面,通常两侧设有柱插,有些还设有可活动向下翻倒的端门和侧门的车辆。

罐车:设有罐体,供运输液体、液化气体和粉状货物等介质的车辆。罐体采用钢、玻璃钢、铝、铝合金等不同的材质制造。按用途不同可分为轻油罐车、黏油罐车、机油罐车、沥青罐车、食油罐车、水罐车、化工品罐车、粉状货物罐车、液化气罐车、特种罐车等。按结构不同分为有中梁罐车、无中梁罐车、上卸式罐车、下卸式罐车等。

漏斗车:设有一个或数个带盖或不带盖的具有一定斜坡装货斗的车辆。通常借助货物自身的重力从漏斗口卸货。按装运货物品种可分为煤炭、矿石、石碴、粮食、盐、石灰石漏斗车等。按结构形式不同可分为有盖漏斗车和无盖漏斗车。

集装箱车:设有固定集装箱的装置,供运输集装箱的专用车辆。

保温车:车体设有隔热层,能减少车内外之间的热交换,供运输易腐或对温度有特殊要求的货物的车辆。按车内有无制冷和(或)加温设备可分为隔热车和冷藏车。

毒品车:设有底架、侧墙、端墙、车顶和侧门的货车,供运输有毒物品(如农药等)。

长大货物车:供运输重量特重、长度特长或体积庞大的货物的专用车辆。其车辆长度一般在19m以上,但少数车辆长度小于19m,而车体结构特殊,如带凹底架、落下孔、钳形梁的货车等,也属于长大货物车。

　　小汽车双层平车:设有上、下两层底架,专供运输小汽车的平车。

　　自翻车:车箱在绕转轴向任一侧回转过程中,侧门能自动打开卸货的车辆。按动力源可分为气动自翻车、液压自翻车等。

　　检衡车:设有砝码或同时设有操作机器,用于检定轨道衡性能的车辆。

　　长钢轨车组:由宿营车、发电车、作业车、运轨车、安全(防护)车等多种车辆组成的货车车组,供铁道线路施工中装、运、卸、收钢轨,通常可简称为"长轨车"。

三、车辆技术参数的相关术语

　　车钩中心线高度:空车时,车钩钩舌端面(外侧面)的中心线至轨面的垂直距离。密接式车钩为凸锥中心至轨面的垂直距离。可简称为"车钩高"。

　　注:轨面系指水平线路上的钢轨顶面,下同。

　　车辆全长:车辆不受纵向外力影响时,车辆两端钩舌内侧面间的距离。

　　车辆宽度:车辆两侧的最外凸出部位之间的水平距离。

　　车辆最大宽度:车辆侧面的最外凸出部位与车体纵向中心线间的水平距离的两倍。

　　车辆高度:空车时,车体或罐体上部外表面至轨面的垂直距离。

　　车辆最大高度:空车时,车辆上部最高部位至轨面的垂直距离。

　　车体长度:车体两外端墙板(非压筋处)外表面间的水平距离。

　　转向架中心距:车体支承在前后两走行部之间的距离(带转向架的车辆,车辆定距又可称"转向架中心距")。

　　车辆全轴距:车辆上,一、二位端最外面的车轴中心线间的水平距离。可简称为"全轴距"。两轴车中,"车辆全轴距"可称为"固定轴距"。

　　车辆长距比:车体(或底架)长度与车辆定距的比值。

　　车辆换长:车辆长度(m)除以11所得之值(保留一位小数,尾数四舍五入)。

　　自重:空车时,车辆自身具备的重量。

　　载重:车辆标记中所注明的允许装运货物或旅客和行李包裹的允许重量(包括整备品重量和乘务人员的重量)。

　　整备品重量:为保证编组车辆的正常工作而必须具备的食品、燃料、水、工具等的重量之和。

　　定员:每辆车上规定容纳旅客的人数。

　　总重:自重与载重之和。对不装运货物、旅客和行李物品的车辆,总重是指自重与整备品重和乘务员的重量之和。

　　簧上质量:位于转向架弹簧装置以上部分的车辆重量(两系弹簧时,指一系弹簧以上的重量)。

　　簧下质量:位于转向架弹簧装置以下部分的车辆重量(两系弹簧时,指一系弹簧以下的重量)。

　　自重系数:车辆自重与标记载重之比值。

比容系数:设计容积与标记载重之比值。

每延米重:车辆总重与车辆长度之比值。

车辆重心高度:车辆重心至轨面的垂直距离。

四、车辆方向和位置的相关术语

车辆纵向:车辆位于平直线路时,沿车辆前后的连接牵引方向。

车辆横向:与车辆纵向相垂直的水平方向。

车端:车辆上,沿车辆纵向的前后两端部分。

一位端:车辆上,装有手制动机或制动缸活塞杆伸出方向的一端。当上述含义不适用时,由设计部门自行规定。

二位端:车辆上,与一位端相反的另一端。

车辆方位示意如图 1-1 所示。

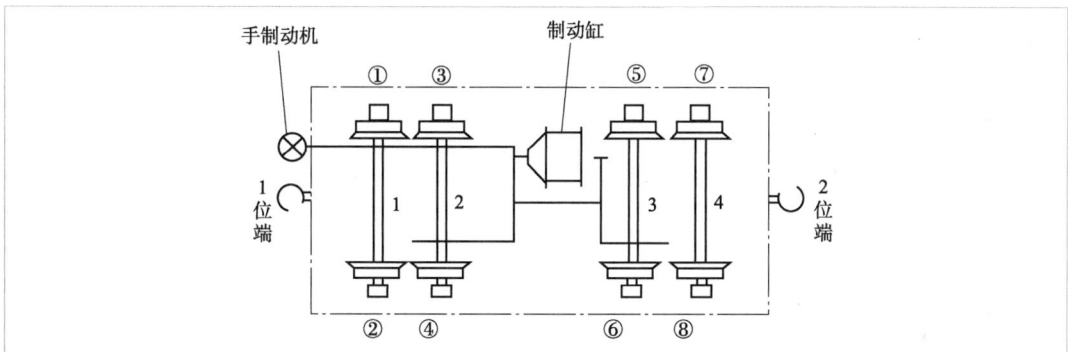

图 1-1　车辆方位示意
1~4-轮对方位;①~⑧ 车轮及轴承方位

五、车辆运动过程性能及参数的相关术语

通过最小曲线半径:车辆在站场或厂、段内调车时所能安全通过的最小曲线半径。

平稳性指标:评定车辆运行时旅客乘坐舒适度或货物完好性的程度。

抗倾覆稳定性指标:正常情况下,车辆在运行过程中抵抗倾翻的能力。

抗脱轨稳定性:正常情况下,车辆在运行过程中车轮抗脱轨的能力。

脱轨系数:车辆运行时,在同一瞬间钢轨作用于车轮上的侧压力与车轮上的垂直载荷的比值。

气密性:阻止空气泄漏的能力。

六、车辆试验的相关术语

型式试验:对车辆的基本参数、结构、性能等是否符合设计要求所做的全面考核试验。

例行试验:对批量生产的每辆车,为检查其外观、结构、性能而做的常规性试验。

车辆试运:车辆新造或修理完毕后,投入运用前在线路上进行的试运行。

动力学试验:测定车辆在各种运行速度下的运行品质的试验。

冲击试验:测定车辆在受冲击过程中发生的冲击力、加速度、应力等参数的试验。

强度试验:测定车辆各主要零部件在试验载荷下的应力的试验。包括静强度试验和动强度试验。

刚度试验:测定车辆主要部件在试验载荷下的变形量的试验。

气密性试验:测定车辆或零部件阻止空气渗透能力的试验。

水压试验:利用一定压力的水,检查车辆罐体或管系强度及密封性能所进行的试验。

隔热性能(K 值)试验:测定车体内外表面之间热交换的导热系数的试验。

任务 1.2 了解铁道车辆的基本特点和组成

【任务导入】

引导问题 1：车辆与汽车有什么样的区别，它的组成是什么样的？

引导问题 2：车辆上都有哪些设备？

一、车辆的基本特点

车辆的基本特点如下。

（1）自行导向：除铁道机车车辆之外的各种运输工具几乎全有操纵运行方向的机构，只有车辆能通过其特殊的轮轨结构，即车轮能自动沿轨道运行，无需额外人力控制运行方向。

（2）成列运行：可以编组、连挂组成列车。为了适应成列运行的特点，车辆与车辆之间需设连接、缓冲装置；而且由于列车的惯性很大，每辆车均需设制动装置。

（3）低运行阻力：除坡道、弯道及空气对车辆的阻力之外，运行阻力主要来自走行机构中的轴与轴承以及车轮与轨面的摩擦阻力。车辆的车轮及钢轨都是含碳量偏高的钢材，轮轨接触处的变形较小，而且铁道线路的结构状态也尽量使其运行阻力减小，故车辆运行中的摩擦阻力较小。

（4）严格的外形尺寸限制：车辆只能在规定的线路上行驶，无法像汽车那样主动避让靠近它的物体，为此要制定限界，严格限制车辆的外形尺寸以确保运行安全。

二维码

探究轨道交通车辆
基本特点和组成

二、车辆的组成

1.概述

车辆包含客车和货车，客车主要由车体、转向架、制动装置、车端连接装置、电气系统、车内设备设施（车辆附属设备）组成；货车主要由车体、转向架、制动装置、车端连接装置、车辆附属设备组成。

下面以客车为例介绍车辆的组成。

1）车体

车体是车辆的主体结构，是容纳旅客、行李或货物的地方，同时也是安装与连接其他设备和部件的基础。车体主要由底架、侧墙、车顶和端墙焊接而成,除此之外,还包括蹬车脚蹬、防爬盒、扶手等车体附件,如图1-2所示。

2)转向架

转向架主要起承载车体、沿轨道导向车辆以及使车辆制动的作用,是车辆在轨道上安全运行的重要保障和核心部件之一,对车辆的平稳性、舒适性及安全性起至关重要的作用。为满足基本功能,转向架主要包括构架装置、轮对轴箱弹性定位装置、弹性悬挂(一系悬挂、二系悬挂)装置、基础制动装置等,如图1-3所示。客车对车辆的平稳性、舒适性以及运行速度都有较高要求,为此,客车转向架均采用两级弹性悬挂装置。

图1-2 车体

图1-3 转向架

3)制动装置

制动装置不仅涉及列车运行安全,而且其性能也是限制列车运行速度和牵引质量进一步提高的重要因素。客车制动装置主要由自动式空气/电空制动装置、基础制动装置、停放制动装置及其他制动装置组成,如图1-4所示。

4)车端连接装置

车端连接装置在车辆编组中具有重要的作用,它不仅要实现车辆间的机械连接,还要实现车辆与车辆之间的电气和气路连接。机械连接的作用主要是使连接各车辆彼此间保持一定的距离,并传递与缓和列车在运行过程中及在调车过程中产生的纵向牵引力和冲击力。电气和气路连接为车辆间提供各种电力、信号的传输以及压缩空气的贯通。此外,车端连接装置还应为车辆间的流动人员提供安全、舒适的通道等。车端连接装置主要由车钩缓冲装置、风挡、电气连接、空气管路连接等部件组成,如图1-5所示。

图1-4 制动装置

图1-5 车端连接装置

5）电气系统

客车的电气系统一般由供配电装置、旅客信息系统、视频监控系统、车载安全监测装置、网络等组成。供电系统主要经历了3个发展阶段，即 DC 48V 供电、AC 380V 供电、DC 600V 供电。其中，25T 型客车采用机车集中供电、客车分散变流方式，列车主干线电压制式为 DC 600V。电力机车的列车辅助供电装置将受电弓接受的 25kV 单相高压交流电降压、整流、滤波，形成两套独立的 DC 600V 电源装置，两套装置分两路通过连接器向空调客车供电，机车输送至客车的 DC 600V 电源装置经客车逆变电源装置的转换，逆变为 AC 380V 电源装置供车辆空调等大功率交流设备使用。

6）车内设备设施

车内设备设施主要包括空调机组、电取暖器、集便装置、电热开水器、门窗、座椅、卧铺、厨房设备及其他服务设备，如图 1-6 所示。

图1-6　车内设备设施

2.主要车型关键系统配置

目前，在线运营的客车主要车型为 25G 型、25T 型和运行速度 160km/h 的动力集中动车组，其关键系统配置见表 1-1。

客车各主要车型关键系统配置　　　　　　　　　　　　　　　　表 1-1

主要车型		25G 型	25T 型	运行速度 160km/h 的动力集中动车组
车体		筒形整体承载结构	筒形整体承载结构	筒形整体承载结构，其中鼓形车体断面为鼓形
转向架		206P、209P 型转向架	CW-200、SW-220K、PW-220K、AM96 型转向架	SW-220K、PW-220K 型转向架
制动系统		空气制动装置、蜗轮蜗杆手制动机	电空制动装置、蜗轮蜗杆手制动机	电空制动装置、伞齿丝杆手制动机/停放制动
车端连接装置	车钩	15 号车钩	密接式车钩及 15 号小间隙车钩,15 号托梁车钩(首尾车)	密接式车钩及 105 型全自动车钩
	风挡	橡胶风挡入渡板	单层折棚风挡	双层折棚风挡和外风挡
电气系统	供电	发电车集中供电,机车集中供电,客车分散变流	机车集中供电,客车分散变流	动车集中供电,拖车分散变流
	网络	LonWorks 网络	LonWorks 网络	LonWorks 网络(直车体)、以太网(鼓形车体)
车内设备设施	空调	发电车供电控制回路为 AC 220V、DC 600V 集中供电的控制回路为 DC 110V	DC 600V 集中供电的控制回路为 DC 110V	DC 600V 集中供电的控制回路为 DC 110V
	电热	发电车供电的电取暖器电压制式为 AC 220V、DC 600V 集中供电的电取暖器电压制式为 DC 110V	电取暖器电压制式为 DC 600V	电取暖器电压制式为 DC 600V

车内设备设施	集便装置	采用统型真空保持式集便装置	采用统型真空保持式集便装置	采用统型真空保持式集便装置
	侧门	钢制折页门及少量的手动塞拉门	电控气动自动塞拉门	电控电动自动塞拉门
	外端门	钢制折页门及少量的手动拉门	手动拉门及自动拉门	手动拉门及自动拉门
	内端门	木质折页门及少量的手动拉门	铝型材拼接带玻璃门扇电动拉门	大玻璃门扇电动拉门
	小间门	木质防夹手转轴门及包间拉门	蜂窝防夹手转轴门及外挂包间拉门	蜂窝防夹手转轴门及内藏包间拉门
	车窗	25T 型客车车窗,活动窗采用内翻式	25T 型客车车窗,活动窗采用内翻式	25T 型客车车窗,活动窗采用内翻式及胶层隔热高寒车窗
	座椅	聚氨酯发泡垫材金属骨架硬座椅,造型简单,无其他功能	聚氨酯发泡垫材金属骨架硬座椅,造型简单,无其他功能	聚氨酯发泡垫材金属骨架型动车组一等、二等座椅
	行李存放装置	座车和硬卧车设置行李架;软卧车包间内设置行李台	座车设置行李架;硬卧和软卧车包间内设置行李台	座车设置行李架并在端部设置大件行李区;卧车包间内设置行李台

任务 1.3 认识铁道车辆的用途和分类

【任务导入】

引导问题:车辆是如何进行分类的?

一、客车的用途和分类

客车的主要用途是运送旅客,为旅客或编组的其他车辆提供服务。还有一些客车既不运送旅客又不为旅客服务,但因某种特殊的用途编在旅客列车中或单独几辆编组按旅客列车在线路上运行。

根据客车的用途,主要分为以下 3 类。

(1)运输旅客的车辆,主要用于旅客乘坐、休息,提供旅客生活及卫生设施,如硬座车、软座车、硬卧车、软卧车、高级软卧车等。

(2)为旅客提供服务的车辆,主要用于为旅客提供餐饮服务、行李托运服务、客车电力供应的车辆,如餐车、行李车、邮政车、发电车等。

(3)编组在旅客列车中用于其他用途(如线路检测、卫生医疗、文教宣传等)的特殊车辆,如综合检测车、卫生车、医疗车、文教车、维修车、试验车、特种车等。

根据客车的运用交路,主要分为以下 3 类。

(1)长途客车,运行时间超过 8h,列车编组中一般设置旅客休息的卧具及餐饮服务设施。

(2)中途客车,运行时间在 4 ~ 8h 之间,列车一般不设置卧具,只提供餐饮服务。

(3)市郊客车,运行时间小于 4h,列车一般不设置卧具,不提供餐饮服务。随着技术的进步,市郊客车已逐渐被城际车和市域车代替。

根据客车的运用速度,主要分为以下 3 类。

(1)提速车,最高运行速度 160km/h 的空调客车,一般用于开行直达特快旅客列车,如25T 型客车和运行速度 160km/h 的动力集中动车组。

(2)快速车,最高运行速度 140km/h 的空调客车,一般用于开行特快旅客列车,如 25K型客车。

(3)普通车,运行速度 120km/h 及以下的空调客车和非空调客车,一般用于开行快速旅客列车、普通旅客列车和通勤列车,如 25G 型客车、25B 型客车。

二、货车的用途和分类

货车的主要用途是装运货物,原则上编组在货物列车中使用。货车类型很多,按其用途可分为通用货车和专用货车。

1. 通用货车

通用货车可装运各种不同类型的货物,主要分为以下 3 种。

(1)敞车:通用性最强,既可以装运煤炭等散粒货物,也可以装运木材、钢材、集装箱等,若在其上覆盖防水篷布,还可以装运怕潮的货物,如图 1-7 所示。

(2)棚车:能装运贵重的、怕日晒雨淋的货物及大牲畜等,在需要时也能装运兵员或其他旅客,如图 1-8 所示。

图 1-7　敞车　　　　　　　　　　　　　　　　　图 1-8　棚车

(3)平车:一般用于装运钢材、木材集装箱、汽车、拖拉机、机器设备及军用装备等较大的货物,如图 1-9 所示。部分设有活动下翻式矮端墙和侧墙的平车,可用于装运矿石砂土等块粒状货物。

2. 专用货车

专用货车专供装运某些种类的货物、主要有以下几种。

(1)罐车:用于装运各种液体、液化气体或粉末状货物,如汽油、沥青、水泥、化工品、液化气等,如图 1-10 所示。

图 1-9　平车　　　　　　　　　　　　　　　　　图 1-10　罐车

(2)保温车:用于装运易腐货物,如肉类、水果等;也可以装运对温度有特殊要求的货物,如图 1-11 所示。

(3)长大货物车:用于装运无法用一般货车装运的特长和特重货物,如图 1-12 所示。长大货物车包括长大平车、凹底平车、钳夹车等,对于长大平车和凹底平车,货物落在支承架上;对于钳夹车,货物被钳夹在两节车之间或通过专门的货物承载架装载在两节车之间的钳夹上等。

图 1-11　保温车

图 1-12　长大货物车

（4）集装箱车:用于装运集装箱,如图 1-13 所示。采用集装箱车运输可大大提高装卸车效率,加速车辆的周转。

（5）漏斗车:用于装运煤炭、矿石、粮食、盐、水泥等散粒货物,如图 1-14 所示。其种类繁多,用途较广,对于不需要防水、防尘,污染性小的货物,采用有盖车辆。

图 1-13　集装箱车

图 1-14　漏斗车

（6）毒品车:专供装运有毒物品,如农药等。

（7）小汽车运输专用车:专供装运小汽车。

（8）检衡车:用于鉴定静态轨道衡、动态轨道衡、超偏载检测装置性能。

（9）长钢轨车组:供铁道线路施工中装、运、卸、收钢轨。

任务 1.4　认识铁道车辆车种、车型

【任务导入】

引导问题1：与汽车相比，车辆如何进行管理？

引导问题2：车辆怎么区别车、货车和动车组？

为了方便识别和管理，必须对每一辆车进行编码，且每一辆车的代码需唯一，代码包括车种、车型和车号。车种、车型是体现车辆种类和结构特点的代号。

二维码

认识轨道交通
车辆车种、车型

一、客车车种、车型

1. 车种

(1)现有客车及新研发的客车车种代码由客车车种基本代码构成，如图1-15所示。

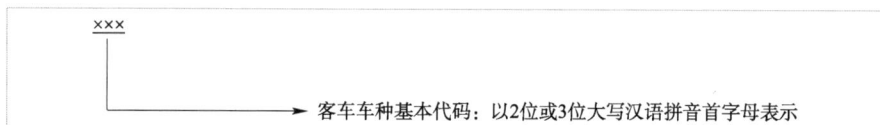

客车车种基本代码：以2位或3位大写汉语拼音首字母表示

图 1-15　客车车种基本代码构成

客车车种基本代码按照车辆的座别和使用特征确定，常见客车车种基本代码及名称见表1-2。合造车的车种代码由组成合造车的车种基本代码组合而成。

示例：行李邮政车的车种基本代码为 XU，软硬座车的车种基本代码为 RYZ。

常见客车车种名称及基本代码　　　　　　表 1-2

序号	车种名称	车种基本代码
1	软座车	RZ
2	硬座车	YZ
3	软卧车	RW
4	硬卧车	YW
5	行李车	XL
6	邮政车	UZ

续上表

序号	车种名称	车种基本代码
7	餐车	CA
8	空调发电车	KD
9	公务车	GW
10	医疗车	YL
11	卫生车	WS
12	试验车	SY
13	维修车	WX
14	特种车	TZ
15	救援车	JY
16	文教车	WJ
17	工具车	GJ
18	市郊车	SJ
19	观光车	GG
20	双层硬座	SYZ
21	双层软座	SRZ
22	双层硬卧	SYW
23	双层软卧	SRW
24	双层轨检	SDJ
25	双层餐车	SCA

（2）动力集中动车组车种名称及基本代码见表1-3。

动力集中动车组车种名称及基本代码　　　　表1-3

序号	车种名称	车种基本代码
1	一等座车	ZY
2	二等座车	ZE
3	控制车/一等座车	KZ
4	商务座车	SW
5	一等/商务座车	ZYS
6	二等/商务座车	ZES
7	二等座车/餐车	ZEC
8	一等/特等座车	ZTY
9	二等/特等座车	ZET
10	一等卧车	WY

序号	车种名称	车种基本代码
11	二等卧车	WE
12	高级软卧车	WG
13	餐车	CA
14	软卧车/餐车	WRC
15	检测车	JC
16	多功能车	DGN

2. 车型

（1）现有客车车型代码由 2 位阿拉伯数字或 2 位阿拉伯数字加 1 位汉语拼音首字母构成。阿拉伯数字表示不同客车结构系列,汉语拼音首字母表示车辆构造设备等特征,如图 1-16 所示。

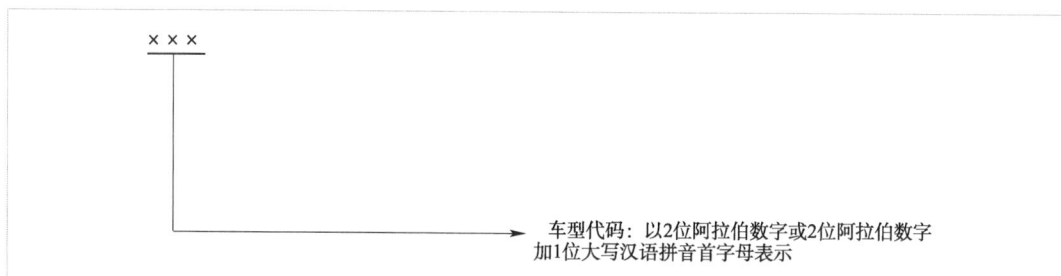

图 1-16　现有客车车型代码构成

示例 1:24 型客车,其车型代码为 24。

示例 2:25 型快速客车,其车型代码为 25K。

（2）新研发的客车车型代码由速度特性代码、变形代码和技术平台代码构成,如图 1-17 所示。

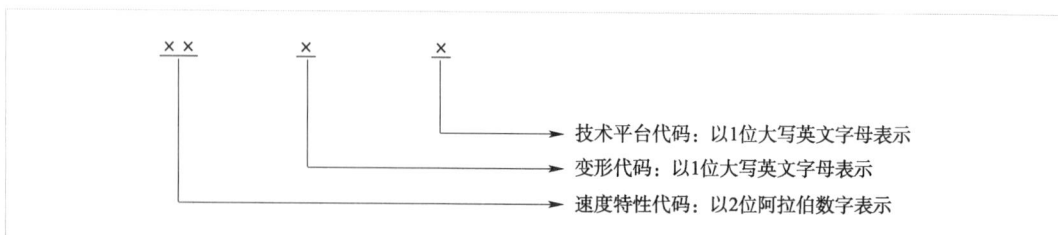

图 1-17　新研发客车车型代码构成

示例 1:最高运行速度 160km/h,首次定型,A 技术平台,其车型代码为 16AA。

示例 2:最高运行速度 160km/h,第 1 次改进,A 技术平台,其车型代码为 16BA。

（3）复兴号动车组车型代码由中国铁路标志、速度等级代码、技术平台代码、动力布置方式代码、动力源类型代码及技术配置代码构成,如图 1-18 所示。

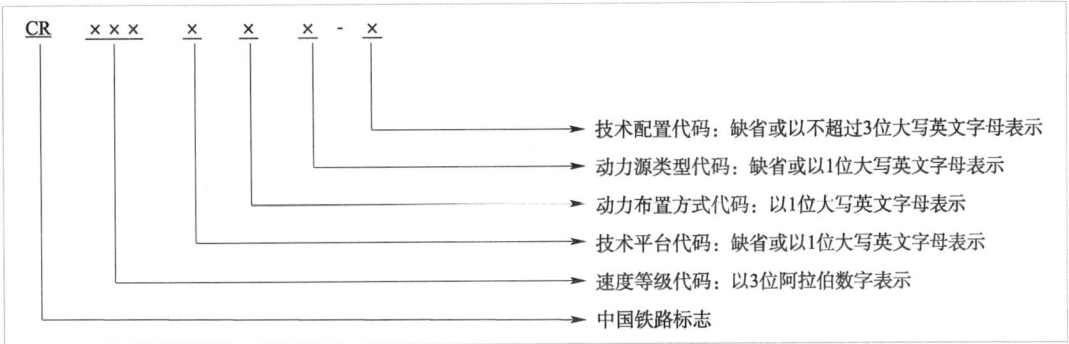

图1-18　复兴号动车组车型代码构成

示例:最高运行速度为150~200km/h,由动力集中动车组构成,采用内燃-电力双源制,其车型代码为CR200JS。

二、货车车种、车型

1.车种

按货车的形状特征和所装运货物的特征或车辆的技术特征划分货车种类。

货车车种代码原则上以货车车种名称的汉语拼音的第1个大写字母表示,见表1-4。

货车车种代码　　　　表1-4

车种名称	车种代码	车种名称	车种代码	车种名称	车种代码
敞车	C	保温车	B	集装箱专用车	X
棚车	P	粮食车	L	小汽车运输专用车	SQ
平车	N	毒品车	W	汽车驮背专用车	QT
罐车	G	水泥车	U	长大货物车	D
漏斗车	K	家畜车	J	特种车	T

2.车型

货车车型代码采用大写汉语拼音字母和阿拉伯数字表示。其由车种代码、辅助代码1、辅助代码2、载重级别或速度级别或顺序序列、定型序号、转向架代码构成,可无辅助代码1、辅助代码2、定型序号、转向架代码,如图1-19所示。

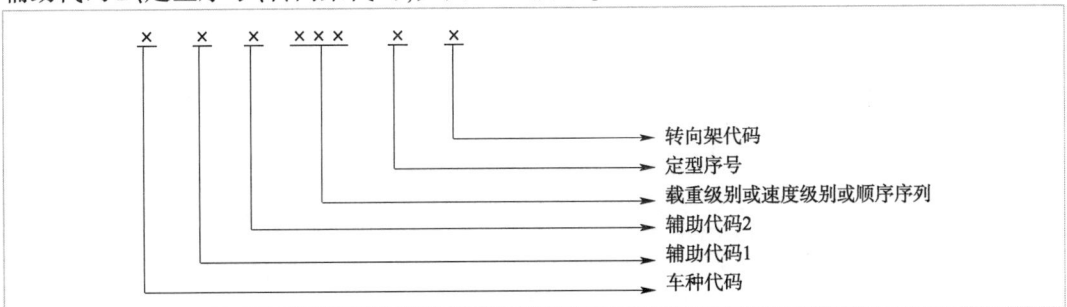

图1-19　货车车型代码构成

辅助代码1用于区分货车的不同用途或特殊结构,见表1-5。

辅助代码1 表1-5

货车车种	辅助代码1	含义	货车车种	辅助代码1	含义
平车	X	集装箱	罐车	Q	轻油类
	P	带活动棚		N	黏油类
	J	铺架机组车辆		S	酸类
	A	凹底平车		J	碱类
漏斗车	M	煤炭		L	沥青类
	Z	石砟		W	食品类
	S	石灰石		H	其他化工类
	T	铁矿石		Y	压力
	L	熟料		F	粉状货物
	F	自翻	保温车	H	货物
长大货物车	N	平		F	发电
	Q	钳夹	特种车	G	罐
	A	凹底		P	棚
	K	落下孔		B	保温
	F	机身运输	—	—	—
	L	运梁	—	—	—

辅助代码2用于区分酸类罐车、化工类罐车、压力罐车、粉状货物罐车、食品类罐车等车型的不同用途,见表1-6。

辅助代码2 表1-6

辅助代码2		含义
压力罐车	A	表示第2.1项易燃气体
	B	表示第2.2项非易燃无毒气体
	C	表示第2.3项毒性气体
	D	表示液体,装运该类液体的压力罐车受《移动式压力容器安全技术监察规程》(TSG R0005—2011)的监察
酸类罐车	—	表示浓硫酸罐车
	A	表示浓硝酸罐车
	B	表示盐酸罐车
	C	表示磷酸罐车
化工类罐车	—	表示未划入危险货物分类的物质
	A	表示第3类易燃液体
	B	表示第4类易燃固体、易于自燃的物质、遇水放出易燃气体的物质
	C	表示第5类氧化性物质和有机过氯化物

辅助代码2		含义
化工类罐车	D	表示第6类有毒物质的感染性物质
	E	表示除强酸、强碱外的第8类腐蚀性物质
	F	表示第9类杂项危险物质和物品
食品类罐车	—	表示食用油等需要加热的食品类物质
	A	表示牛奶等需要保洁的食品
粉状货物罐车	—	表示氧化铝粉
	M	表示煤粉

注:"第2.x项"、"第x类"为《铁路危险货物品名表》(TB/T 30006—2022)的分项。

载重级别、速度级别、顺序序列代码采用1~3位阿拉伯数字表示,应符合下列要求。

(1)长大货物车载重级别代码取载重级别的百位和十位数字。无百位数字时仅取十位数字。

(2)特种车采用顺序序列表示。

(3)除长大货物车和特种车外的其他货车,当最高运行速度小于或等于120km/h时,用1~3位阿拉伯数字表示载重级别;当运行速度大于120km/h时,用3位阿拉伯数字表示速度级别。

首次定型的车辆,无定型序号。其后定型的同类货车依次用大写英文字母A、B、C、D…表示,F、H、I、K、O等字母除外。车型定型序号按照同一车种内车辆产品定型时间顺序确定。

转向架代码采用一位大写英文字母表示。货车装用交叉支撑转向架时不表示,装用摆式转向架时用"H"表示,装用副构架转向架时用"F"表示。不需要区分时,可无转向架代码。

新研制货车的车型代码不应与既有货车车型重复。

货车车型代码不应超过6位。

货车车型代码具体示例如下。

示例1:新研制的化工类罐车、用于装运甲醇(《铁路危险货物品名表》中第3类易燃液体),载重级别为80t,首次设计定型,装用交叉支撑转向架,其货车车型代码为GHA80,如图1-20所示。

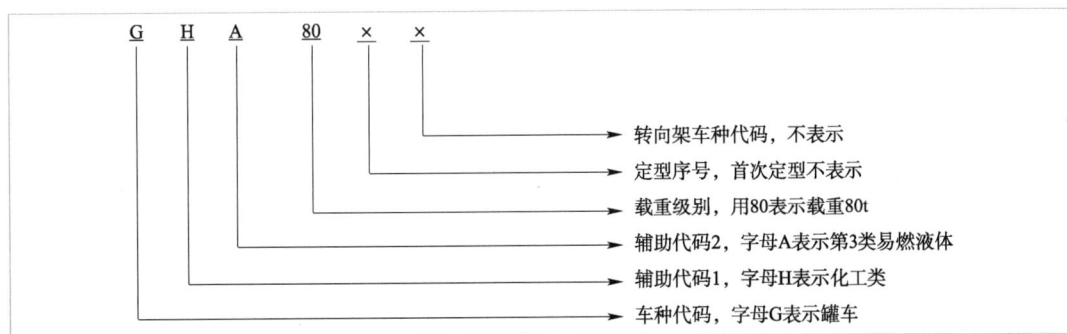

图1-20　货车车型代码示例1

示例2：新研制的快捷货运棚车，最高运行速度为160km/h，第二个型号的快捷货运棚车，其货车车型代码为P160A，如图1-21所示。

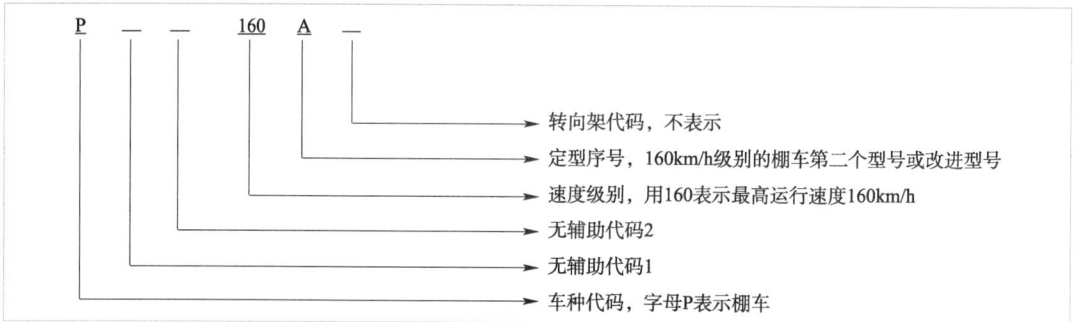

图1-21　货车车型代码示例2

示例3：新研制的落下孔长大货物车，载重级别为320t，第二个型号的落下孔长大货物车，其货车车型代码为DK32A，如图1-22所示。

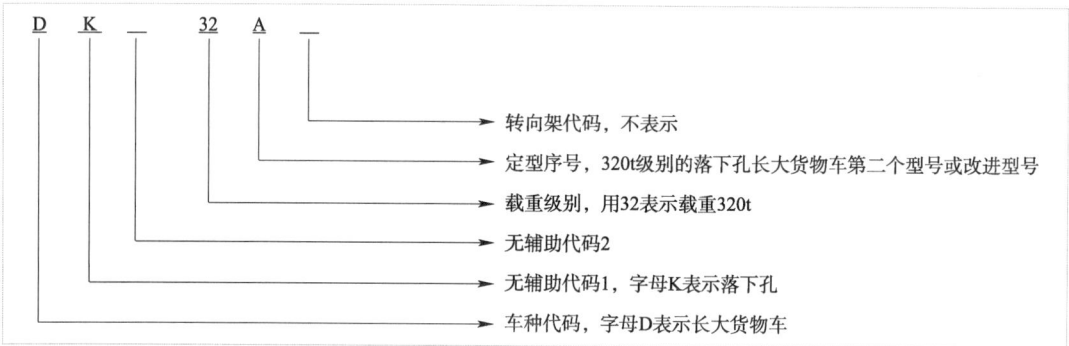

图1-22　货车车型代码示例3

货车车号代码采用7位阿拉伯数字表示，每一辆货车应有唯一的车号代码。

任务 1.5   熟悉铁道车辆检修制度

【任务导入】

引导问题:车辆与汽车相比,它是怎么进行检修的?

一、货车检修制度

货车通行两种检修制度,一是计划预防修,二是技术状态修。各国铁路一般根据实际情况,对货车采用其中的一种或两种检修制度。我国货车目前采用计划预防修的检修制度。**实践证明,我国货车年走行里程、运行速度均高于国外,重大事故率远低于国外,货车检修综合水平居于世界先进水平。**

我国货车具有以下主要特点。

(1)无固定配属,全国铁路共享共用。

(2)除车体以外的基本结构高度统一、通用性强,大部分配件(零部件)可互换,便于维护使用。

(3)数量巨大,远超其他铁路移动装备。

(4)适用于全国各种地理环境。

(5)无随车维护人员,主要以新造和定期检修保证其技术状态。

货车要确保运行安全和满足运输需要,结合货车的特点,计划预防修的检修制度是定期预防性检查与状态维修相结合的制度。其中,定期预防性检查是每隔一定时间或达到一定运行里程,对运用中车辆的零部件进行一定程度的检查和维修。实施定期检修时,对全车及各部位技术状态进行全面检查,根据检查结果按其技术状态实施调修、更换、重新组装等不同程度的修理方式。以计划好的时间或运行里程确定检修程序,在设置定期检修周期(简称定检周期)时,应确保其短于货车主要部件主要故障的发生和发展周期,在故障影响到车辆安全或正常使用之前进行维护、修理,并对货车技术状态进行检查、调整,从而保证货车在下一定检周期内安全运行和满足运输需要。

货车定检周期分为以时间确定和以运行里程结合时间确定两种。以时间确定定检周期的货车分为厂修、段修两级修程。以运行里程结合时间确定定检周期的货车分为 A 级修和 B 级修两级修程,满足二者之一即可视为到期。各级修程同时到期时,按高级修程施修,段修过期至距厂修到期不足

二维码

熟悉车辆检修制度

4 个月时,按厂修施修。

段修是维护性修理,其任务是维护货车的基本性能、减少货车的运用故障、提高货车的使用效率,一般在铁路局集团公司车辆段检修车间进行。段修作业包括分解、检测、修理、组装、试验等主要检修过程和运输、储存等辅助过程,专业上涵盖焊接、铆接、机械加工、热处理、调修、装配等工艺和目视检查、量具检查、无损检测、自动检测等检查技术。

厂修是恢复性修理,其任务是对货车各部装置按规定进行全面分解、检查和彻底修理,恢复货车的技术性能,一般在车辆工厂进行,也可以在有条件的铁路局集团公司车辆段进行。厂修作业包括分解、检测、探伤、修理、组装、试验、油漆等主要检修过程和运输、储存等辅助过程,专业上涵盖焊接、铆接、机械加工、热处理、调修、油漆等工艺和目视检查、量具检查、无损检测、自动检测等检查技术。《铁路货车厂修规程》规定了货车厂修技术标准和管理要求,对货车厂修工艺技术文件、人员素质、生产组织、材料配件等各项工作提出了明确要求,是现阶段我国货车厂修工作的主要依据。

A 级修也称为大修,仅在名称上区别于以时间确定定检周期的货车厂修,其作业场所、作业内容及任务与厂修一致。B 级修也称为全面检查修,仅在名称上区别于以时间确定定检周期的货车段修,其作业场所作业内容及任务与段修一致。

二、货车检修限度

货车检修限度指车辆在检修时对车辆零部件允许存在的损伤程度的规定,是一种极为重要的车辆技术规定。检修限度制定的合理性,直接影响运用车辆质量与车辆检修的经济效果。因此,合理地制定检修限度标准,对高质量完成铁路运输任务具有重要的意义。

1. 检修限度的分类

车辆零部件运用中,以尺寸大小表示磨损、腐蚀、裂纹、变形、擦伤、剥离、间隙等损伤形式的程度。因此,检修限度标准中,绝大部分是以尺寸值来表示。只要适当地规定各种损伤的尺寸限度,就能控制车辆零部件的损伤程度,确保车辆运用中的安全性。

与现行的车辆检修制度和修程种类相适应,货车检修限度主要分为厂修限度、段修限度、运用限度。原则上,厂修限度严于段修限度,段修限度严于运用限度。厂修限度是车辆进行厂修时,车辆零部件上允许存在的损伤程度的规定,也是检验损伤修复后是否合格的依据。段修限度是货车进行段修时,车辆零部件上允许存在的损伤程度的规定,也是检验损伤修复后是否合格的依据。运用限度是允许车辆零部件存在的损伤的极限程度,是车辆零部件能否继续运用的依据。车辆运用中,当车辆零部件的损伤程度达到运用限度时,即表示损伤已达到了极限的损伤状态,则该零部件就不能继续使用,必须进行修理或更换,才能保证列车的安全运行。

车辆检修中并不是所有的车辆零部件都具有这几种检修限度的规定,某些车辆零部件只有厂修、段修限度。对这类零部件来说,在车辆运用中不列入列车检查的对象,因此在运用限度中,对其损伤程度不作具体规定。此外,有的车辆零部件的某种损伤程度只有运用限度规定,说明该零部件的这种损伤在其他修程中不允许存在,必须通过加修或更换以恢复其原形尺寸。

2. 各级修程检修限度的关系

各级修程的检修限度不同,高级修程检修限度严于低级修程。一是因为各级修程的任务不同,厂修限度的任务是恢复货车的技术性能,段修限度的任务是维护货车的基本性能;二是因为各级修程的质量保证内容和保证期限不同,高级修程比低级修程的质量保证内容要多、保证期限要长;三是因为各级修程的工装设备不同,有些检修工作在低级修程无法完成。

3. 检修限度说明

各级修程规定的检修限度"不超过……""不小于……""不大于……""须在……以上"的数值,均为允许限度。各级修程规定的检修限度、数据均按名义尺寸计算,不包括公差。各级修程规定的检修限度,上一级修程有数据而下一级修程无数据者,下一级修程可不掌握;上一级修程无数据而下一级修程有数据者,上一级修程则不得发生。

三、货车寿命管理及质量保证

1. 寿命管理

寿命管理是采用科学方法计算出如侧架、摇枕、轴承、轮对、车钩(钩体、钩舌)、缓冲器、钩尾框等零部件的经济寿命。

货车主要零部件实行寿命管理。除另有规定外,实行寿命管理的零部件无制造单位、时间标记时不能装用。寿命期限以零部件制造时间或运行里程为准,零部件制造时间统计精确到月,运行里程统计精确到万 km。

目前,实行寿命管理的零部件出现下列情况之一时报废。

(1)摇枕、侧架、副构架满 25 年或 500 万 km。

(2)摇枕、侧架、副构架满 20 年而未满 25 年或满 400 万 km 而未满 500 万 km,A、B 部位裂纹。

(3)C 级钢、E 级钢钩体、钩尾框或牵引杆满 25 年。

(4)C 级钢、E 级钢钩体、钩尾框或牵引杆满 20 年而未满 25 年,出现下列情况之一时报废。

①钩体的钩身、冲击台或牵引台横裂纹。

②钩尾框、牵引杆横裂纹或纵裂纹长度大于 30mm。

③普碳钢钩体满 20 年。普碳钢钩体满 15 年而未满 20 年,其钩身、冲击台或牵引台横裂纹。

(5)钩舌满 20 年。

(6)HM-1 型、JHN-1 型、MT-2 型 MT-3 型、ST 型缓冲器使用时间满 18 年(以箱体标记为准)。

(7)交叉杆轴向橡胶垫满 6 年。

(8)交叉支撑组成 U 形、X 形弹性垫满 12 年或 240 万 km。

（9）弹性旁承橡胶体满 6 年或 80 万 km。

（10）心盘磨耗盘满 6 年或 80 万 km。

（11）轴箱橡胶垫满 6 年或 80 万 km。

（12）TJC-1 型轴箱橡胶垫、TBS-1 型轴箱橡胶弹簧、TBZ-1 型轴箱纵向弹性垫、TFG 型承载鞍橡胶垫、TFC-A 型橡胶堆满 6 年或 80 万 km。

（13）转 E21 型轴箱橡胶弹簧、纵向弹性垫满 6 年或 80 万 km。

（14）转 E21 型交叉杆橡胶套满 6 年或 120 万 km。转 E22 型弹性交叉杆的橡胶锥套满 6 年。

（15）棚车复合材料内衬板满 10 年。

（16）制动软管连接器满 6 年。

（17）金属护套橡胶软管满 6 年。

（18）E 形密封圈满 10 年。

（19）车轴的使用时间自轮对首次组装时间开始计算,当首次组装时间不明时,以车轴制造时间为准,按轮对入检修单位的收入鉴定月份计算。当 LZ50 钢 LZ45CrV 钢材质及进口车轴使用时间满 25 年,LZ40 钢车轴使用时间满 22 年时,车轴报废。

（20）轴端螺栓拆卸时,自制造时间起计算满 10 年。

除另有规定外,实行寿命管理的零部件,当剩余寿命不足一个段修质量保证期限时,经检查确认质量状态良好,可继续装车使用,并由装用单位制定加强检查措施并承担超过寿命期限的责任。

2. 质量保证

质量保证指在保证期限内,车辆在正常运用中不应发生的质量问题。

1）段修质量保证

除另有规定外,段修单位必须对整车段修质量负责。段修车在正常运用、维修的情况下,在质量保证期限内由于段修质量不良,不能满足一个段修质量保证期限内质量保证内容时,应返回责任单位修理,经其他单位同意代为修理时,应由责任单位承担修理产生的各项费用。一个段修质量保证期限内质量保证内容如下。

（1）车体。有棚货车押运期间不漏雨,罐车罐体新焊缝不漏泄,罐体及其焊缝无旧痕裂损。中梁、侧梁、牵引梁、枕梁、大横梁及中梁下盖板及其焊缝无旧痕裂损、新焊缝不开裂;车梯无旧痕裂损、无变形;X70 型端梁、中横梁、端横梁无旧痕裂损;防火板不脱落。车体底架悬吊件不因旧痕缺陷造成脱落,地板、墙板、门板不因腐蚀造成穿孔,侧柱连续不因腐蚀造成折断。70t 级矿石车底开门机构操纵阀、给风调整阀、旋压双向风缸、风动管路无旧痕裂损,底开门机构作用正常,各传动部件无旧痕裂损。JSQ7 型运输汽车——普货两用车端门、渡板及支架、上层渡板拉杆组成及安装座无旧痕裂损,焊缝不开裂;防火板不脱落;端门、侧开门开闭灵活,锁闭良好;下层附加地板作用良好,不影响使用;上层端部托架和中部托架配件齐全、作用灵活;车窗无漏水。P80 型大容积通用棚车通风器罩无裂损,内、外车窗板无裂损,竹材地板无裂损、断裂。

（2）车钩缓冲装置。钩体、牵引杆、钩尾框无旧痕裂损;钩舌无旧痕裂损;车钩闭锁位不超过运用限度;13 号、13A 型、13B 型上作用车钩钩锁铁移动量不大于 12mm,其他型号车钩防跳作用不失效;钩尾销无旧痕断裂。

(3)转向架。铸钢摇枕、侧架、副构架及一体式构架无旧痕裂损;交叉支撑装置各金属零部件(安全索除外)无旧痕裂损;重新组装的交叉支撑装置无组装质量问题,质保至下次组装;新焊支撑座焊缝无裂纹,质保至剩余厂修期;承载鞍无旧痕裂损。

(4)制动装置。组合式制动梁闸瓦托不松动,制动梁弓形杆、梁架及支柱、闸瓦托、闸瓦托吊、各拉杆及链、滚子轴或滑块无旧痕裂损,转 K3 型制动梁撑杆及端头无旧痕裂损。制动软管连接器和金属护套橡胶软管不漏泄,制动软管连接器无旧痕裂损。GK 型三通阀、103型分配阀不发生故障,非密封式制动缸不漏泄、外观无旧痕裂损。120/120-1 型控制阀、传感阀、调整阀不发生故障;球芯折角塞门、球芯截断塞门、组合式集尘器、密封式或半密封式制动缸、法兰接头不漏泄、外观无旧痕裂损;脱轨自动制动装置安装尺寸正确,不漏泄、外观无旧痕裂损;KCF1-1 型空车安全阀、CZ-1 型传感阀外观无旧痕裂损,试验台试验正常;E 形密封圈不因安装问题发生漏泄;单元制动缸不失效。闸瓦间隙自动调整器(简称闸调器)和各型手制动机不发生故障;制动缸推杆复原装置不失效;手制动拉杆导框座及导框无旧痕裂损。制动主管、支管无旧痕裂损,不漏泄。

2)厂修质量保证

货车整车实行厂修质量保证,厂修单位必须对整车厂修质量负责。经过厂修的车辆在正常运用、维修的情况下,在质量保证期限内由于厂修质量不良,不能满足一个厂修质量保证期限内质量保证内容时,由责任单位承担质量责任。一个厂修质量保证期限内质量保证内容如下。

(1)车体。中梁、牵引梁、侧梁、枕梁、端梁、大横梁及中梁下盖板新焊、新补强、新截换处不裂;罐体(含散装货物罐车罐体)新焊、新挖补、新补强处不漏,流化床不裂损、不倒塌。

(2)转向架。交叉支撑装置无组装质量问题;新焊支撑座不裂;铁道铺轨机组车辆、架桥机组车辆小底架(中枕梁、摇枕组成、焊接构架)新焊、新补强处不裂,承载球面旁承体、五轴转向架上心盘无裂损、磨耗不超限。

(3)制动装置。铁路铺轨机组车辆、架桥机组车辆改进型制动梁无裂损、不变形。

3)造修源头质量保证

货车主要零部件实行造修源头质量保证,有制造质量保证期限的新制零部件应有制造时间和制造厂代号标记,标记应清晰,位置应在非磨耗部位。除另有规定外,在正常使用条件下,凡在制造质量保证期限内有零部件发生质量问题时,必须由零部件制造单位承担质量保证责任,装用单位承担装用责任。货车在检修中因设计、制造原因,需改造的项目或零部件在质量保证期限内超过段修限度或产生裂损等影响使用的缺陷,需更换的零部件由货车制造或检修单位无偿以旧换新,货车制造或检修单位继续向零部件生产单位进行质量追溯。在寿命期限内,因制造缺陷造成事故、车辆故障时由零部件制造单位负责。质量保证期限时间统计精确到月,运行里程统计精确到万 km,按时间或运行里程保证的零部件,满足两者之一视为质保到期。

零部件制造质量保证内容和保证期限(以车体及附属件为例):保证操纵阀、给风调整阀、减压阀阀体无裂损,铸造缺陷不超限 8 年;保证底门开闭机构作用正常;保证各传动部件无裂损 8 年;保证棚车复合材料内衬板不因产品质量原因出现影响使用的问题 3 年,无粉化、脱落,受撞击时无脆裂性脱落 10 年;保证内铆式专用拉铆钉不因自身原因发生脱落、断裂 9 年;保证 JSQ7 型车气液辅助翻转装置作用良好 8 年;保证 JSQ7 型车车窗组装无破损 8 年;保证罐车用保温旋塞下卸阀阀体、旋塞、接头盖无裂损 5 年;保证罐车用球芯下卸阀阀体、球芯无裂损 5 年。

4)轮轴质量保证

货车车轴、车轮、轮对、轮轴、轴承实行质量保证,时间统计精确到月。实行寿命管理的车轴、轴承,当剩余寿命小于货车一个段修质量保证期限时,经检查确认质量状态良好可继续装车使用,并由装车单位承担超出质量保证期限部分的质量保证责任。在正常运用和维护条件下,其质量保证要求如下。

(1)车轴制造。在规定的车轴寿命期限内,因车轴材质和制造质量问题导致的行车事故,由车轴制造单位承担事故责任;因车轴材质和制造质量问题危及行车安全的缺陷车轴,由车轴制造单位免费更换。

(2)车轮制造。在车轮的整个使用期内,凡由于车轮材质和制造质量问题而造成的行车事故,应由车轮制造单位承担事故责任;凡由于车轮材质和制造质量问题危及行车安全的缺陷车轮,由车轮制造单位免费更换。

5)轮对组装质量保证

(1)质量保证期限。

双列圆锥滚子轴承 LZ40 钢车轴的轮对质量保证期限为 5 年,LZ50 钢、LZ45CrV 钢车轴的轮对质量保证期限为 6 年,圆柱滚子轴承的轮对质量保证期限为 4 年。

(2)质量保证内容。

在组装质量保证期限内轮毂松动、轮座裂损时由组装单位负责。

第一次组装(即新组装和四级修更换新制车轴组装)的轮对在组装质量保证期限内,轮座镶入部、轴颈、防尘板座或轮座外侧的外露部位发生断轴事故时,由组装单位承担责任;但轴承若经退卸,轴颈发生断轴事故时,由重新压装轴承的单位负责。超过轮对组装质量保证期限时,由向车辆上安装轮对的单位负责。

两次及以上组装(即四级修使用旧车轴组装)的轮对在组装质量保证期限内,轮座镶入部、轮座外侧的外露部位及防尘板座部位发生断轴事故时,由轮对末次组装单位承担责任;但轴承若经退卸,轴颈部位、防尘板座部位及轮座外侧的外露部位发生断轴事故时,由重新压装轴承的单位负责。超过轮对组装质量保证期限时,由向车辆上安装轮对的单位负责。

6)轴承压装质量保证

轴承自压装之日起至被退卸之日期间出现轴承压装松动等压装质量问题时,由轴承压装单位和末次关盖单位共同负责。

7)轮轴检修质量保证

(1)一级修。

经外观技术状态检查确认良好的轴承,由装车单位承担自轮轴装车之日起 30 天的外观技术状态检查质量保证责任。

（2）二级修、三级修、四级修。

轮轴：在货车一个段修质量保证期限内不发生因检修质量问题而造成的行车事故。

车轮：在货车一个段修质量保证期限内保证无旧痕裂损。

车轴：在货车一个段修质量保证期限内保证车轴经超声波探伤的部位和磁粉探伤的部位不裂损。

轴承：轮轴二级修、三级修时，经外观技术状态检查确认良好而不需退卸的轴承，可继续装车使用，并由装车单位承担自装车之日起3个月的外观技术状态检查质量保证责任。

8）轴承质量保证

（1）新造轴承。

新造轴承自首次装车之日起，在质量保证期限内，因轴承材料缺陷问题导致的行车事故，由轴承制造单位承担事故责任；因轴承制造质量问题导致的行车事故，由轴承制造单位承担事故责任；车辆运用中发现的因材料缺陷或制造质量问题导致的故障轴承，由轴承制造单位免费更换。

（2）大修轴承。

大修轴承自首次装车之日起，在质量保证期限内，因轴承大修质量问题导致的行车事故，由轴承大修单位承担事故责任；车辆运用中发现的因大修质量问题导致的故障轴承，由轴承大修单位免费更换；因轴承零部件材料及热处理缺陷问题导致的行车事故，由轴承零部件制造单位承担事故责任。

（3）货车新造、大修轴承的质量保证期限见表1-7。

货车新造、大修轴承的质量保证期限   表1-7

序号	轴承型号	新造轴承的质量保证期限	大修轴承的质量保证期限
1	353130B（C353130）	8年或80万km	8年或80万km
2	352226X2-2RZ	8年或80万km	7年或70万km
3	SKF 197726	8年或80万km	7年或70万km
4	353132A（352132A）	8年或80万km	8年或80万km
5	353132B（353132X2-2RS）	8年或80万km	8年或80万km

注：1. 使用时间和运用里程以先到者为准。

2. 其他型号轴承按相应技术条件执行。

（4）一般检修轴承。

一般检修轴承自首次装车之日起，在货车一个段修质量保证期限内，因一般检修质量问题导致的行车事故，由一般检修单位承担事故主要责任；车辆运用中发生的因一般检修质量问题导致的故障轴承，由轴承一般检修单位负责。一般检修轴承自装车之日起，车辆运用中发生的因一般检修质量问题导致的密封罩脱出故障，由轴承一般检修单位负责，轴承在外观技术状态检查质量保证期限内时，该检查单位承担同等责任。

四、货车检修基本管理制度

货车检修基本管理制度包含诸多内容,厂修、段修管理基本相同。以段修为例,段修管理主要遵循以下原则。

1. 统一管理,分级负责

中国国家铁路集团有限公司(简称国铁集团)车辆主管部门对货车段修工作标准、素质要求、装备条件、评价标准等实施统一专业管理;并对货车段修的安全和质量进行指导、监控、评价。铁路局集团公司是段修工作的业务管理者,负责组织、检查段修单位贯彻落实国铁集团的技术、质量标准和管理要求,保证段修任务的完成;按国铁集团要求负责所辖范围的工艺制定、业务指导、质量监督、安全评估、信息分析、情况报告等工作。段修单位是段修工作的实施主体,全面落实、执行国铁集团的各项技术、质量标准和管理要求,完成段修任务,对铁路货车段修质量负责。

2. 技术文件管理

凡国铁集团颁布的规程、规章、标准、文件、电报等有技术要求或技术工作安排内容的书面或电子文件均为技术文件。段修管理单位及实施单位依据上级技术要求,做好文件转化。文件转化做到"五明确",即明确执行范围、对象、负责部门、培训安排;明确所涉及的检修工艺、作业程序、岗位作业指导书;明确工装设备、材料准备、工作量、人员配置、劳动组织的要求和安排;明确执行、报告时间和检查要求;明确反馈渠道和要求。

3. 人员素质管理

职工队伍素质是企业生产力发展关键要素,加快提高职工队伍素质、培养造就高素质职工队伍既是适应铁路企业高质量发展的前提保证,也是确保铁路运输安全的现实需要。近年来,我国货车车辆新技术不断更新,新规章全面实施,检修质量逐步提升,这就要求岗位职工全面掌握本岗位的专业知识,做好知识与技能储备,将学习成果转化为生产力,在实际生产中发挥示范引领作用,形成职工队伍素质整体提高的良好氛围。对新职人员培训可通过岗前资格性培训、实作脱产培训、"师带徒"培训、实作阶段性考核等不同形式开展,同时,根据"四新(新设备、新技术、新工艺、新材料)"知识的变化要求,对新职人员适时开展岗位适应性培训以满足生产要求。从事货车段修的生产人员和辅助生产人员上岗、转岗应先经过段级培训合格;有专业上岗资质要求的操作人员,需具备相应的资格。

4. 修车作业管理

修车作业管理包含检修车间人员设置、分工、生产组织、班组划分及作业范围、作业方式、会议制度、计划制度、预检制度等基本内容。

5. "三检一验"管理

"三检一验"即工作者自检、班组工长检查、质检员检查、验收员验收。工作者自检合格的在配件规定位置标注"人",班组工长检查合格的在"人"下面标注"一",质检员检查合格的在"一"下面标注"口",形成"合"字标识,验收员验收合格的在"合"字标识外标注"O"形成"⑥"。

6.定置管理

现场的设备、材料、配件、工具、样板、量具、工艺文件等所有物品划分区域,按定置标识和定置区域存放。按照"有物必有区,有区必有牌,按类存放,账物一致"的要求,将待检修配件、合格配件及报废配件分区域定置存放。

7.检修能力建设管理

依照检修工艺要求开展货车段修单位检修能力建设,促进检修能力、工艺布局、检修管理、生产能力、作业方式、检测手段、管理制度、生产组织的转变;优化资源配置,推进修制改革,全面提升检修能力,使货车检修工作适应新技术、新体制下质量、安全、效率要求,满足安全和运输需要。

五、客车检修制度

1.维修理念和维修制度

维修实践需要一种理念作为指导,将其称为维修理念。在一定的维修理念指导下,将制定出的相应规定与制度(维修计划、维修类别、维修方式、维修等级、维修组织和维修指标等)称为维修制度。

维修理念和维修制度大致可分为3个体系,即"事后维修"理念、"计划预防修"理念、"以可靠性为中心的维修"理念及其制度体系。

1)"事后维修"理念

"事后维修"是比较原始的一种维修理念,这种维修理念是在装备发生故障后进行的维修保养。在20世纪40年代中期之前,装备维修普遍采用"事后维修"理念。这种维修理念实际上是当时使用装备的自然反应,由于装备简单,平时也不保养,只有在损坏后才进行修理。同时,由于装备简单,排除故障容易,因此并未形成系统的维修制度。

2)"计划预防修"理念

"计划预防修"理念是从20世纪40年代开始逐渐发展起来的,这种维修理念要求装备及其零部件在尺寸位置变化到限或损坏前要及时更换、修理,将维修工作开展在故障发生前。在这种维修理念指导下,形成了以磨损理论为基础的计划预防修制度。计划预防修制度以机械装备故障率曲线(浴盆曲线)中耗损故障起始点来确定大修时机。由于设备磨损或故障随时间变化,因此定期维修和拆卸分解就成为了这种维修制度的主要做法。计划预防修制度的具体实施可以概括为"定期检查、按时保养、计划修理"。计划预防修制度的关键是确定装备及其主要零部件的维修周期,合理划分维修等级及维修周期结构,制定维修规程与规范。

3)"以可靠性为中心的维修"理念

"以可靠性为中心的维修"理念及其维修制度是在"计划预防修"理念及其制度体系的基础上发展起来的。人们在实践中发现,并不是维修越勤、修理范围越大就越能减少故障,相反装备可能会因为频繁拆装而出现更多的故障。装备的可靠性是由设计制造所决定的,除非对装备实施改进性维修,否则有效的维修只能保持其固有可靠性。对于复杂装备,大多只有早期故障期和偶然故障期,没有耗损故障期。也就是说,复杂装备的故障率曲线没有上升趋势,因此定期计划维修对许多故障是无效的。"以可靠性为中心的维修"理念认为,一切维修活动(改进性维修除外)归根结底都是为了保持和恢复装备的固有可靠性。因此,在这种维修理念指导下所制定的维修制度就是根据装备及其零部件的可靠性状况,以最少的维修资源消耗,运用逻辑决断分析方法来确定所需的维修内容、维修类型、维修间隔期和维修等级,制定出维修大纲,从而达到优化维修的目的。

2. 维修方式

维修方式是指对装备维修时机的控制,即对维修时机的掌握是通过采用不同的维修方式来实现的。目前常见的维修方式主要有 3 种:故障维修、定期维修和视情维修。

1)故障维修

故障维修基于"事后维修"理念,又称修复性维修或事后维修,是指装备发生故障后,使其恢复到规定状态所进行的维修活动。

故障维修按照修理是否及时,可分为及时修理和延迟修理,对于不影响安全和生产任务的故障可继续使用,严加监控,延迟修理。随着信息技术的发展,监控手段的提高,逐渐形成了状态监控维修,即从总体上对装备进行连续监控,确定装备的可靠性水平,从而决定维修时机。状态监控维修不规定装备的维修时间,因此能最大限度地利用装备的使用寿命,使维修工作量最少。这种维修方式被认为是最经济的一种维修模式,也被称为监控可靠性水平的视情维修或故障后的视情维修。

2)定期维修

定期维修基于"计划预防修"理念,又称计划维修,其以运行里程、使用时间等累积工作量作为维修期限,只要装备达到了预先规定的累积量,不管其技术状态如何,都要进行规定的维修工作,这是一种强制性的预防性维修。定期维修的关键是如何确定维修周期。正确的定期维修时机应该是偶然故障期的结束点,即在进入耗损故障期急剧上升前的点。定期维修方式的优点是容易掌握维修时机,便于安排维修计划,维修组织管理工作也比较简单、明确。其缺点是只适用于已知寿命分布规律,并有耗损故障期的装备,这种装备的故障与使用时间有明确的关系,而对于那些没有耗损期的复杂装备则不适用。此外,定期维修中的大拆大卸方法也不利于发挥机件的固有可靠性。

3)视情维修

视情维修基于"以可靠性为中心的维修"理念,又称状态修,其以装备实际技术状况确定维修时机和任务。这种维修方式不对装备规定维修期限,不固定拆卸分解范围,而是在检查、检测、监控其定量分析装备的某些参数和状态数据,确定装备的最佳维修时机和维修项目。视情维修适用于故障初期有明显劣化征兆,且故障发展缓慢的装备,以及故障直接危及安全或有重大经济损失(功能性故障),并有适当的检测手段,能制定出技术状况标准的情况。显然,这是一种按需维修的方式。它的优点是针对性强,可以充分发挥装备的寿命,提高维修的有效性,减少维修工作量和人为差错。它的缺点是维修方式费用高,需要适当的检测、诊断条件和较高的维修人员素质,因此适用于贵重的关键装备和危及安全的关键机件。

在维修实践中,如何选择维修方式是十分重要的,维修方式的选择应从故障后果,即装备发生故障后对安全和经济性的影响来考虑。由上述 3 种维修方式的特点可以看出,定期维修和视情维修属于预防性维修,而故障维修则是非预防性的。定期维修是按照规定期限标准进行维修,视情维修是按实际状况标准进行维修,而故障维修则不控制维修时间。3 种维修方式各有特点,各有其适用范围。从这个意义上讲,它们并没有先进、落后之分,应根据故障的具体情况,正确地选择维修方式。维修方式的选择步骤一般是先确定复杂装备中哪些零部件有重要功能,这些零部件发生故障会对装备产生严重影响(安全性、环境性、经济性等)。在选择分析时只分析这些重要功能的零部件,而没必要对所有零部件逐一进行分析。然后对这些重要功能零部件采用适合的维修方式进行分析和逻辑判断,一般根据其功能、条件、故障的可能形式(隐蔽性、潜在性)等,来选择是采用定期维修、视情维修、还是故障维修。当然,还可以将维修方式细分,如定期维修还可以细分为定期拆修和定期报废等工作类型。在近代复杂装备的维修中,往往 3 种维修方式并存,相互配合使用,以充分利用各个机件的固有可靠性。

3. 检修制度

为及时消除客车潜在缺陷,保持车辆良好技术状态,我国客车检修实行的是以可靠性为目标,以"运行里程为主、时间周期为辅"的计划预防修检修制度。

1)检修修程等级和检修周期

为使客车在运营中保持性能良好、安全可靠,必须进行定期检修。根据修程级别不同,客车检修分为 A1、A2、A3、A4、A5 修 5 个检修修程等级。按照检修地点不同,客车检修又可分为辅修(A1 修)、段修(A2、A3 修)和厂修(A4、A5 修)。表 1-8 给出了客车检修修程等级和检修周期。

客车检修修程等级和检修周期　　　　　　　　　　　　　　表 1-8

检修修程等级	A1 修	A2 修	A3 修	A4 修	A5 修
检修周期	运行(20±2)万 km 或距前次 A1 修以上修程 1 年	运行(40±4)万 km 或距前次 A2 修以上修程 2 年	运行(80±10)万 km 或运行不足 80 万 km 但已做过一次 A2 修且距上次 A2 修超过 2 年	运行 240 万 km (±40 万 km 或 ±24 万 km)或距新造或上次 A4 修超过 10 年	运行 480 万 km (±24 万 km),或距新造或上次 A4 修超过 8 年

注:运行里程和时间周期以先到者为准,A1 修时间周期计算到日,其余计算到月。

以客车运行里程确定检修修程等级和检修周期如下(单位:万 km)。

车电装置和柴油发电机组根据自身产品特点,检修级别与周期略有不同。车电装置(柴油发电机组除外)检修按使用时间分为 E1、E2、E3、E4、E5 修 5 个检修修程等级。E1 修对应客车运用维修的专项修(不属于检修周期,故 E1 修不在表中),E2 ~ E5 修原则上应与客车定期检修同步进行,其中 E2、E3 结合客车 A2 修或 A3 修进行,E4 修、E5 修结合客车 A4 修或 A5 修进行。表 1-9 给出了车电装置(柴油发电机组除外)检修修程等级和检修周期。

车电装置(柴油发电机组除外)检修修程等级和检修周期　　　表 1-9

检修修程等级	E2 修	E3 修	E4 修	E5 修
检修周期	距新造或上次 E2 修以上修程不超过 2.5 年	距上次 E2 修不超过 2.5 年	距新造或上次 E5 修不超过 10 年	距上次 E4 修不超过 10 年

注:时间周期计算到月。

　　柴油发电机组检修按运转小时分为 A、B、C、D、E、F 修 6 个检修修程等级,A、B、C 修为客车运用维修,D、E、F 修的检修周期见表 1-10,其中 D 修结合客车 A2 或 A3 修进行,E、F 修结合客车 A4 或 A5 修进行。D、E、F 修如与客车检修周期相差不超过 6 个月,应提前或延后与客车定期检修同步执行;超过 6 个月可单独实施,对柴油发电机组实行换件修。表 1-10 给出了柴油发电机组检修周期。

柴油发电机组检修周期(单位:h)　　　表 1-10

对应的机组名称	D 修	E 修	F 修
小功率风冷机组	1500 ± 500	8000 ± 500	24000 ± 500
康明斯(KTA19)机组	4500 ± 500	13500 ± 1000	40500 ± 1000
MTU183 型机组	6000 ± 500	12000 ± 1000	36000 ± 1000
MTU396 型机组	6000 ± 500	24000 ± 1000	72000 ± 1000
QSK45 型机组	6000 ± 500	12000 ± 1000	36000 ± 1000

2)主要内容

A1 修:又称辅修,一般在运用车列中不解编进行,对轮对尺寸进行检测,核对车辆运行品质轨边动态监测系统的轮对冲击当量,按限度规定对车轮踏面进行修形;对 104 分配阀等配件实施换件修;对非密封式制动缸、远心集尘器等配件进行分解检修;对制动机、电子防滑器等进行单车试验。

A2 修:在车辆段检修车间进行,对零部件实施分单元、分部件的换件修和状态修,恢复车辆基本性能,包括车钩缓冲装置、转向架、分配阀、基础制动装置等部件分解检修,车内设施、空气弹簧、高度阀、差压阀、油压减振器状态检修,油漆局部补漆,电气部件的现车检查、试验等。

A3 修:在车辆段检修车间进行,在 A2 修基础上,对重点部位实施扩大范围的分解或换件检修,包括高度阀、差压阀、油压减振器分解检修,除 25T 和 25G 型客车外,其他车型外皮油漆全部重新喷涂,电气部件现车检查或落地检修。

A4 修:在车辆检修工厂进行,主要包括车体、车钩缓冲装置、转向架、制动供风装置、车内设备设施和车电装置分解检修,油漆重新喷涂,全面恢复车辆基本性能。

A5 修:在车辆检修工厂进行,在 A4 修基础上,外部涂层全部清除,木结构全部分解,给水卫生各配件全部分解,电气装置以扩大必换件的方式彻底修理。

4.检修基本要求

客车检修原则上按现车原形结构检修,结合检修进行的加装改造必须按规定程序办理。

客车检修能力需配置合理,关键工序做到分解与检测、修理分开,修理与组装分开,待修配件与修竣配件分开。

客车检修配备的工装设备及检测计量器具应满足检修工艺要求,逐步实现检修和检测的机械化、自动化。检测、探伤、试验设备和计量器具需按规定定期校验、检定。

客车检修单位必须建立并完善质量保证体系,健全质量管理机构,全面落实质量责任制。

客车检修单位必须建立健全专业技术管理体系,配齐各级专业技术管理人员,配备检修所需的技术规章、技术标准、工艺文件、产品图样、维护使用说明书等技术资料,并编制岗位作业指导书。

客车检修单位应在贯彻零部件标准化、通用化的基础上,积极推行新技术、新工艺、新材料、新装备,不断提高客车检修技术水平。

六、动车组检修修程设置

我国动车组的检修以可靠性为基础,建立了"运行里程为主、时间周期为辅"的计划预防修检修制度,实行换件修和状态修相结合的检修模式。动车组检修修程设置为一~五级,其中一、二级修为运用维修,一般称运用修;三、四、五级修为高级检修,一般称高级修。

目前,我国动车组高级修周期间隔一般为120万~165万km或3~3.5年,按三→四→三→五循环。动车组高级修循环周期如图1-23所示。

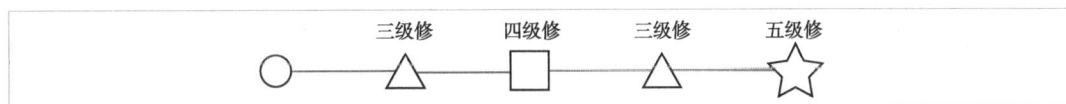

图1-23 动车组高级修循环周期

动车组高级修是对关键系统、部件实施的分解检修和整车的全面检查、试验,主要目的是恢复动车组基本性能。

三级修主要是对转向架进行分解检修,对车体、制动、牵引、辅助、网络、空调、内装等系统进行状态检查和功能测试。

四级修主要是对转向架、制动、牵引、空调等系统进行分解检修,对车体、辅助、网络、内装等进行状态检查,对电气部件进行性能测试等。

五级修主要是对整车各系统进行较为全面的分解检修和性能测试,较大范围地更新零部件,根据需要对动车组进行升级和改造。

七、我国动车组高级修特点

经过多年的检修技术发展和经验沉淀,我国动车组高级修主要呈现如下特点。

1. 计划预防修

高级修一般建立在计划预防修框架下,以运行里程、运用时间等为标准制定检修周期,并按计划定期实施检修。在动车组保有量较多的情况下,计划预防修在计划管理、生产组织、现场实施等方面具有明显的优势。在此基础上,随着检测技术和故障导向安全设计理念的发展,精准状态预防修和事后维修也逐步得到发展应用。通过对动车组故障规律和机理进行全面、深入分析,应用"以可靠性为中心的维修"制度,强调更加科学地确定维修对象、选择维修方式、控制维修时机。

2. 高效互换修

为提高检修效率、缩短检修停时,对动车组高级修中修时较长的系统及部件通常采用换件修方式,即将新件或修理合格的部件作为高级修周转件,检修时用周转件替换待修部件,从而实现快速修理。例如,在动车组三级修时普遍采用牵引电机、油压减振器等周转检修的方式,检修停时明显缩短。

3. 分散均衡修

分散均衡修是指将高级修作业内容和工作量重新进行分解、均衡打包,一般在运用单位就地实施,以便动车组在节假日或周末客流高峰时能够上线运营,然后利用非周末客流低谷下线期间分散而均衡地完成高级修作业内容。欧洲动车组在低级别的高级修中多采用此种方式,我国部分动车所也进行了这种尝试,即利用周一至周四客流低谷、车组空闲期间开展三级修均衡修,实现了运营与检修两不误,最大限度地提升了动车组利用率。

4. 专业化集中修

高级修需要对整车、系统及部件进行不同程度的检修,检修作业较为复杂,对检修技术、人员和设备设施等均有较高要求。为确保检修质量和效率,通常在专门场所集中对相关部件进行专业化检修。我国在整车检修单位推进部件的自主检修和属地化检修,对于技术复杂、设备投入高的部件推进全路集中布点检修。

复习与思考

一、填空题

1. 铁道车辆应具备(　　)、(　　)、(　　)、(　　)这4个特点。

2. 货车主要由(　　)、(　　)、(　　)、(　　)、(　　)组成。

3. 客车是指供运送旅客和为此服务的或原则上编组在(　　)中使用的车辆。

4. 控制车是指在动车组中具有控制装置而无(　　)的车辆。

5. 货车按用途可分为(　　)和(　　)。

6. 货车是指供运输货物和为此服务的或原则上编组在(　　)中使用的车辆。

7. 动车组由(　　)和(　　)组成固定编组使用的车组。

8. 根据铁路客车的用途,铁路客车主要分为(　　)、(　　)、(　　)这3类。

二、选择题(以下至少有一项是正确的,请将正确的选项填入括号内)

1. 以下选项中,(　　)是自重系数。

    A. 车辆自重与标记载重之比值

    B. 设计容积与标记载重之比值

    C. 车辆总重与车辆长度之比值

2. 以下属于通用货车的是(　　)。

    A. 敞车　　　　　　　　　　　　B. 棚车

    C. 平车　　　　　　　　　　　　D. 集装箱车

3. 铁路客车电气系统一般由(　　)等组成。

    A. 供配电装置　　　　　　　　　B. 旅客信息系统

    C. 视频监控系统　　　　　　　　D. 车载安全监测装置、网络

4. 以下属于专用货车的是(　　)。

    A. 保温车　　　　　　　　　　　B. 集装箱车

    C. 漏斗车　　　　　　　　　　　D. 平车

三、判断题(以下描述正确的打"√",不正确的打"×")

1. 铁道车辆是指在铁路轨道上用于运送旅客、货物和为此服务或原则上编组在旅客列车、货物列车中使用的单元载运工具。(　　)

2. 广义地说,所谓铁道车辆是指必须沿着专设的轨道运行的车辆。(　　)

3. 货车主要由车体、转向架、制动装置、车端连接装置、电气系统、车内设备设施组成。(　　)

4. 动车组检修修程设置为一～五级,其中一、二级修为运用维修,一般称运用修;三、四、五级修为高级检修,一般称高级修。(　　)

5. 车体是车辆的主体结构,是容纳旅客、行李或货物的地方,同时也是安装与连接其他设备和部件的基础。(　　)

四、简答题

1. 如何判断铁道车辆前后的方向?

2. 简述我国铁道车辆的种类。

3. 简述我国铁道车辆是如何进行分类的。

4. 简述客车定期检修各修程的主要任务是什么。

5. 我国动车组检修修程是如何设置的?

轮对的构造与检修

✦ 项目导读

　　两个车轮和一根车轴按规定的压力和尺寸牢固地压装在一起叫作轮对,如图 2-1 所示。在轮轴接合部位应采用过盈配合使两者牢固地结合在一起,为保证安全,绝不允许有任何松动现象发生。

　　轮对是车辆的重要部件之一,它承受着来自车辆的全部静、动载荷,并传递给钢轨,引导车辆沿钢轨运行,还与钢轨相互作用产生各种作用力。其技术状态直接影响行车安全,因此,对轮对的制造、检修均有严格的要求:要有足够的强度,以保证在容许的最高速度和最大载荷下安全运行;在保证安全的条件下,质量最小,并有一定的弹性,以减小轮轨之间的相互作用力;应具备阻力小和耐磨性强的优点,这样可节省牵引力并能提高寿命;应能适应车辆直线运行,同时又能顺利通过曲线,还应具备必要

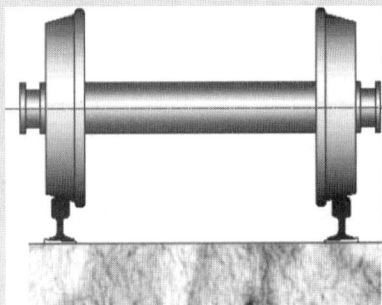

图 2-1　轮对

的抵抗脱轨的安全性;在尺寸上,两车轮内侧面之间的距离必须保证在(1353 ± 3) mm(120km/h < v ≤160km/h 客车其允许偏差为 ±2mm)的范围以内。那么,车轮和车轴的构造都有哪些呢? 在日常使用过程中,轮对可能会出现哪些故障? 如何进行故障检查?

✦ 学习目标

　　1. 知识目标

　　(1)熟知车轴各部分的名称及作用。

　　(2)熟知车轴尺寸及材质要求。

　　(3)掌握车轮各部分的名称及作用。

　　(4)掌握轮对各种检查器的使用。

　　2. 技能目标

　　(1)培养自主学习习惯、能力。

　　(2)培养自主学习新技术的能力。

　　(3)培养逻辑思维和处理信息的能力。

3. 素质目标

(1) 培养良好的科学文化和专业业务素质。

(2) 树立良好的职业道德和劳动安全思维。

(3) 培养精益求精的品质。

任务 2.1　认识车轴的构造

一、车轴各部分的名称及作用

车轴是轮对的主要配件，是轮对转动的中枢。车辆用的车轴绝大多数是圆截面实心轴。目前我国所有客车和货车均采用滚动轴承车轴。根据结构不同，滚动轴承车轴分为非盘形轮对车轴和盘形轮对车轴，主要由中心孔、轴颈、防尘板座、轮座、制动盘座、轴身、轴端螺栓孔、皮带轮安装座、轴颈后肩、轮座前肩、轮座后肩等组成。

车轴各组成部分的作用如下。

中心孔：加工基准。

轴颈：与滚动轴承过盈配合并承受载荷的部位。

防尘板座：与防尘板过盈配合的部位，其直径比轴颈直径大，比轮座直径小。

轮座：车轴与车轮过盈配合的部位，是车轴受力最大的部位。

制动盘座：安装制动盘的部位。

轴身：车轴的中央部分，连接两端轮座。为增加其强度和减少应力集中，车轴轴身呈圆柱形。

轴端螺栓孔：安装轴端压板的部位，防止滚动轴承内圈从轴颈窜出。3个螺栓孔将车轴每端圆周分为3个扇形面，两端共6个扇形，供刻打车轴标记使用。

皮带轮安装座：安装发电机皮带轮的部位。

轴颈后肩、轮座前肩、轮座后肩：为了减少应力集中，把车轴不同的各相邻截面交接处做成缓的圆弧过渡。

车轴的分类及尺寸如下。

RB_2、RD_2、RE_2——货车转向架。

RC_3、RD_3——客车转向架。

RC_4、RD_4——轴驱式发电机传动车轴。

RD_{3p}——盘形制动车轴。

二、标准车轴尺寸及材质要求

1. 车轴尺寸

货车用滚动轴承车轴如图2-2所示，货车用滚动轴承车轴各部分尺寸应符合表2-1的规定。

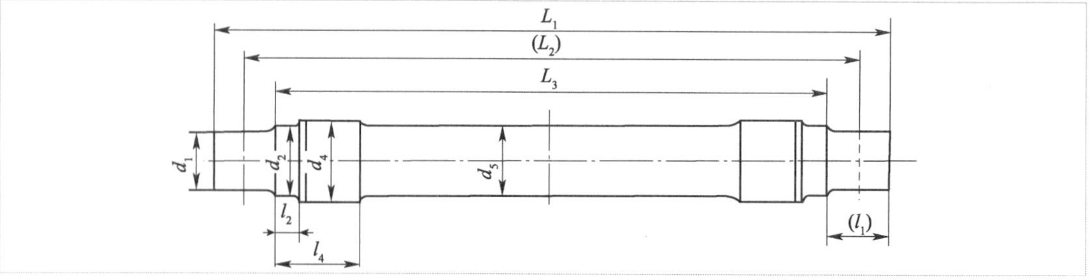

图 2-2 货车用滚动轴承车轴

d_1-轴颈直径;d_2-防尘板座直径;d_4-轮座直径;d_5-轴身直径;l_1-轴颈长度;l_2-防尘板座长度;l_4-防尘板座和轮座长度;L_1-车轴长度;L_2-两轴颈中心线之间的距离;L_3-防尘板座间长度

货车用滚动轴承车轴各部分尺寸 表 2-1

车轴型号	尺寸(mm)										计算质量(kg)
	d_1	d_2	d_4	d_5	L_1	L_2	L_3	l_1	l_2	l_4	
R1	180 + (0.068/0.043)	190	230^{+1}_{-2}	200^{+2}_{0}	2214^{+1}_{0}	2006.6	$1\,776.6\pm1$	218.7	95^{+1}_{0}	274.3	528.7
RE$_{2B}$	150 + (0.068/0.043)	180 + (0.085/0.058)	210^{+1}_{-2}	184^{+2}_{0}	2191^{+1}_{0}	1981	1761 ± 1	210	83	266.5	451
RE$_{2A}$	150 + (0.068/0.043)	180 + (0.085/0.058)	210^{+1}_{-2}	184^{+2}_{0}	2191^{+1}_{0}	1981	1731 ± 1	230	68	251.5	451
RE$_2$	150 + (0.068/0.043)	180 + (0.085/0.058)	206^{+1}_{-2}	184^{+2}_{0}	2166^{+1}_{0}	1956	1686 ± 1	240	68	251.5	440
RD$_2$	130 + (0.052/0.025)	165 + (0.085/0.058)	194^{+1}_{-2}	174^{+2}_{0}	2146^{+1}_{0}	1\,956	1706 ± 1	220	53	239	380

客车用滚动轴承车轴基本信息应符合表 2-2 的规定。

客车用滚动轴承车轴基本信息 表 2-2

车轴型号	车轴主要尺寸 $d_1\times l_1\times L_2$ (mm×mm×mm)	最高运行速度对应轴重(t)		
		120km/h	140km/h	160km/h
RC$_3$	120×191×1930	15.5	—	—
RD$_3$	130×195×1956	18.0	—	—
RC$_4$	120×191×1930	15.5	—	—
RD$_4$	130×195×1956	18.0	—	—
RD$_{3A}$	130×195×1956	18.0	17.5	16.5
RD$_{4A}$	130×195×1956	18.0	17.5	16.5
RD$_{3AI}$	130×195×2000	18.0	17.5	16.5
RD$_{3B}$	130×195×2000	18.0	17.5	16.5

2.车轴材质

车轴采用优质碳素结构钢,例如,平炉钢、电炉钢钢锭或专门的车轴钢坯,加热锻压成型,经过热处理(正火或正火后再回火)和机械加工制成。

车轴钢可分为 LZ40 钢、LZ45CrV 钢和 LZ50 钢 3 种,LZ50 钢主要用于重载提速的车辆上,它们的化学成分应符合表2-3 的规定。

LZ40 钢、LZ45CrV 钢和 LZ50 钢车轴化学成分　　表 2-3

车轴钢钢种	化学成分(质量分数)(%)										
	C	Mn	Si	P	S	Cr	Ni	Cu	Al	V	Mo
LZ50 钢 (模铸)	0.47 ~ 0.57	0.60 ~ 0.90	0.17 ~ 0.40	≤0.030	≤0.30	≤0.30	≤0.30	≤0.25	—	—	—
LZ50 钢 (连铸)	0.47 ~ 0.57	0.60 ~ 0.90	0.17 ~ 0.40	≤0.020	≤0.020	≤0.30	≤0.30	≤0.25	—	—	—
LZ40 钢	0.37 ~ 0.45	0.50 ~ 0.80	0.15 ~ 0.35	≤0.040	≤0.045	≤0.30	≤0.30	≤0.25	—	—	—
LZ45CrV 钢	0.40 ~ 0.48	0.55 ~ 0.85	0.17 ~ 0.37	≤0.020	≤0.020	0.40 ~ 0.65	0.15 ~ 0.30	≤0.25	0.020 ~ 0.045	0.06 ~ 0.15	0.07 ~ 0.15

车轴热处理后,其机械性能应符合表2-4 的规定。在金相检查时,其晶粒度应为 5 ~ 8 级。

LZ40 钢、LZ45CrV 钢和 LZ50 钢车轴机械性能　　表 2-4

车轴钢钢种	抗拉强度(N·mm^{-2})	伸长率(%)	冲击值(J·cm^{-2})	
			4 个试样平均值	个别试样最小值
LZ40 钢	≥549 ~ 569	≥22	≥59	≥39
	>569 ~ 598	≥21	≥49	≥34
	>598	≥20	≥39	≥29
LZ50 钢	≥610	≥22	≥37	≥29
LZ45CrV 钢	≥610	≥20	≥37	—

任务 2.2　认识车轮的构造

【任务导入】

车轮是车辆直接与钢轨接触的部分,它将车辆的载荷传给钢轨,并在钢轨上滚动,使车辆运行。目前,我国车辆上使用的车轮为辗钢整体车轮和铸钢整体车轮,简称整体车轮。车轮按其辐板形状分为直辐板车轮和 S 形辐板车轮。车轮是如何引导车辆运行的呢?

一、车轮各部分的名称及作用

车轮的结构如图 2-3 所示。

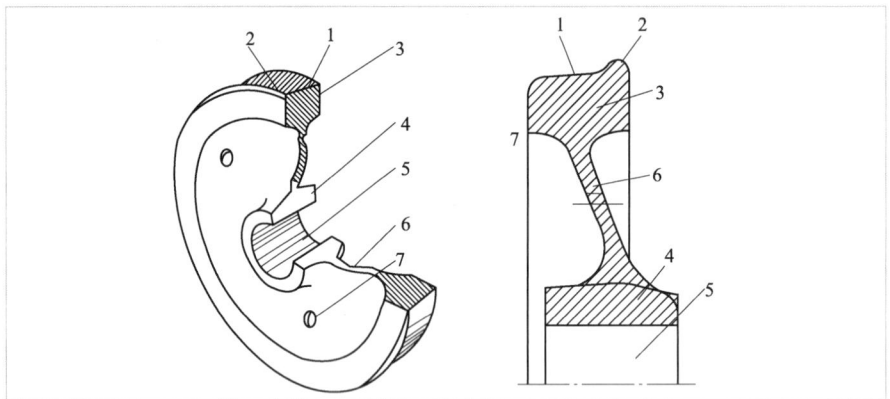

图 2-3　车轮的结构
1-踏面;2-轮缘;3-轮辋;4-轮毂;5-轮毂孔;6-辐板;7-辐板孔

(1)踏面:车轮与钢轨接触的外圆周面,具有一定的斜度,其与轨面在一定摩擦力下完成滚动运行。

(2)轮缘:车轮内侧面的径向圆周凸起部分,是为保持车轮沿钢轨运动,起导向作用,防止脱轨的重要部分。

(3)轮辋:车轮具有完整踏面的径向厚度部分,以保证踏面具有足够的强度,同时便于维修。

(4)轮毂:轮与轴相互配合的部分,轮毂是连接车轮和车轴,并提供足够压装力的部分。

(5)轮毂孔:安装车轴的孔,它与车轴上的轮座部分实现过盈配合。

轮对的构造

（6）辐板：轮辋与轮毂的板状连接部分。

（7）辐板孔：用于轮对在切削加工时与机床固定，以及吊运轮对的孔结构（新造车轮已取消）。

二、踏面与轮缘的形状

为使轮对在钢轨上平稳运行，能顺利通过曲线和道岔，且使踏面磨耗比较均匀，对轮缘和踏面的外形尺寸必须有严格的规定。我国车辆所使用的车轮踏面和轮缘有锥形（TB 型）、磨耗型（LM 型）和高速磨耗型（HLM 型）三种。其中，锥形踏面已沿用多年，在长期使用过程中，发现其外形与钢轨头部断面形状不匹配，造成运用初期踏面、轮缘及钢轨磨耗快、车轮寿命短等问题。针对这些问题，有关部门对踏面形状和钢轨头部断面形状进行了大量的研究和试验，设计制造了磨耗型踏面，并于 1984 年开始逐步在全路车辆上使用。磨耗型踏面是在锥形踏面的基础上发展起来的，其几何形状与锥形踏面相比，主要不同之处在于该踏面采用由三段弧线（$R100\text{mm}$、$R500\text{mm}$ 和 $R220\text{mm}$）圆滑连接成的一条曲线和斜度为 1∶8 的一段直线所组成的几何图形，并具有非线性的等效斜度特性。锥形踏面有两个斜度，在轮缘内侧 48～100mm 范围内设有 1∶20 的斜度，在离轮缘内侧 100mm 以外的部分设有 1∶10 的斜度。车轮踏面及轮缘必须按磨耗型踏面的外形加工及测量，车轮踏面及轮缘采用数控的方式加工。

车轮内侧面为加工基准面，车轮内侧面和踏面外侧面之间的距离称为轮辋宽度，标准车轮的轮辋宽度为 135^{+5}_{0}mm。

由车轮内侧面向外 70mm 处踏面上一点称为基点，基点沿车轮一周组成的圆称为滚动圆，车轮的直径、轮辋的厚度、踏面的圆周磨耗深度都在此处测量。

以磨耗型为例，由车轮内侧面向外 16mm 处轮缘上一点称为轮缘顶点，过踏面上基点作一水平线，为轮缘高度测定线。由轮缘顶点至轮缘高度测定线的垂直距离为轮缘高度，标准轮缘高度为 27mm。由轮缘高度测定线铅垂线上 12mm 作一水平线与轮缘相交，两交点间的距离称为轮缘厚度，标准轮缘厚度为 32mm。

三、车轮的种类、尺寸及材质要求

车轮的结构、形状、尺寸和材质是多种多样的，按其用途可以分为客车用、货车用、机车用车轮；按其结构可分为整体车轮和轮箍车轮，整体车轮按其材质又可分为辗钢整体车轮、铸钢整体车轮等，轮箍车轮又可分为铸钢辐板轮心、辗钢辐板轮心及铸钢辐条轮心的车轮。为了降低噪声，减小簧下质量，国外还采用弹性车轮、消声车轮、S 形辐板车轮等新型车轮。车轮的种类如图 2-4 所示。

我国车辆标准轮径如下。

货车的标准轮径：840mm。

客车的标准轮径：915mm。

柴油机车的标准轮径：1050mm。

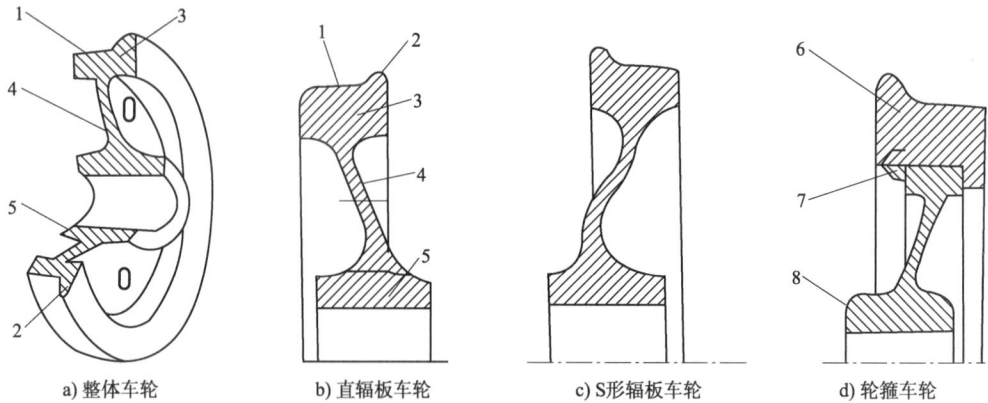

图 2-4　车轮的种类

a) 整体车轮　　b) 直辐板车轮　　c) S形辐板车轮　　d) 轮箍车轮

1-踏面;2-轮缘;3-轮辋;4-辐板;5-轮毂;6-轮箍;7-扣环;8-轮心

电力机车的标准轮径:1250mm。

蒸汽机车的标准轮径:1370~2000mm。

下面介绍几种主要的车轮。

1. 辗钢整体车轮

目前,我国车辆上主要采用辗钢整体车轮,也有部分铸钢整体车轮。辗钢整体车轮最大的优点是强度高,韧性好,适应载重大和速度高的要求,其次是自重较轻,轮缘磨耗后可以堆焊,踏面磨耗后可以旋削,维修费用较低。但辗钢整体车轮存在制造技术较复杂,设备投资较大,踏面耐磨性较差等缺点。

2. S形辐板车轮

为了适应高速、重载运输发展的需求,近些年来又开发、研制了S形辐板车轮。它主要的结构特点是辐板为不同圆弧连接成的S形状、磨耗型踏面,取消了辐板孔,适当减薄轮毂孔壁厚度(为40mm)。S形辐板车轮大多采用CL60车轮钢,要求严格控制其纯净度,以提高车轮内在质量。采用先进的间歇淬火或三面淬火工艺,提高轮辋的淬透性和轮辋断面的硬度分布均匀性。车轮为全加工、全喷丸、全探伤,有效消除了由尺寸公差超差所造成的踏面不圆、车轮偏心等问题,故明显有别于现有国际车轮。

3. 新型铸钢整体车轮

新型铸钢整体车轮采用的生产工艺有电弧炉炼钢、石墨铸型、雨淋式浇口浇铸。

新型铸钢整体车轮与辗钢整体车轮相比,明显的区别有以下几点。

(1)新型铸钢整体车轮是由钢水在生产线上直接铸造成型,与辗钢整体车轮相比,省去了铸锭、截断再加热、水压机压型、冲孔等许多工序,劳动力消耗少、生产能耗低。

(2)由于采用石墨型浇注工艺,避免了辗钢整体车轮由下料偏差引起的尺寸和重量偏差,因此尺寸精确,几何形状好,内部工艺组织均匀,质量分布均匀,轮轨之间的动力作用相对小。

(3)新型铸钢整体车轮辐板为流线形结构,耐疲劳、抗热裂性的性能均优于辗钢轮。

新型铸钢整体车轮的化学成分与辗钢整体车轮相近,二者的标准中所有技术要求相同,探伤和检验的标准也相同。但新型铸钢整体车轮轮辋的要求更高一些。

四、轮对的型号和标记

客车滚动轴承轮对型号与车轴型号一致。

车轮上应有如下基本标记:制造年月、车轮型号、制造厂代号(标记)、车轮钢种标记、熔炼炉罐号。

车轴标记内容一般包括车轴制造标记、轮对组装标记。

五、轮对的故障与检修限度

(一)车轴的故障

1. 拉伤

1)现象

车轴在压装或退卸车轮/制动盘时,车轮/制动盘与车轴表面产生的机械性损伤。拉伤一般与轴线平行,严重时有金属移位或表面有附着金属。

2)原因

(1)压装或退卸车轮/制动盘时,车轮轮毂内孔/制动盘毂内孔与轮座/制动盘座表面有硬性颗粒。

(2)车轮轮毂内孔/制动盘毂内孔与轮座/制动盘座的内径倒角过渡不圆滑。

(3)组装时不正位。

(4)过盈配合量过大。

二维码

轮对故障

2. 磕碰伤

1)现象

车轴与其他硬物间相互碰击而产生的零件表面机械性损坏。磕碰伤多呈棱角形或半月形的刻印状;边缘凸起,手感明显,有时在尖角处产生微裂纹。

2)原因

违章作业及相互碰撞而致。

3. 划伤

1)现象

硬性颗粒或物体尖刃部与车轴接触,并有相对移动而产生的表面线状机械性损伤。划伤呈线状,方向不定,有手感的光亮沟纹。

2)原因

(1)违章作业。

(2)防锈油脂中含杂质。

4.裂纹

1)现象

主要表现为表面或内部的线性断裂痕迹,可能伴随锈蚀、金属疲劳或应力集中导致的可见缝隙或扩展性裂痕。

2)原因

(1)长期交变应力产生疲劳裂纹。

(2)轮座、盘座处的微动磨损。

(二)车轮损伤

1.轮辋内部疲劳裂纹

1)现象

轮辋内部疲劳裂纹(简称辋裂)特征主要表现为轮辋外侧面裂纹、轮辋内侧面裂纹、发展到轮缘的裂纹,裂纹源通常位于踏面下15mm,通过超声波探伤可大致判断其裂纹扩展区域及深度。

2)原因

制造方面存在缺陷。除特殊情况外,裂纹源处存在较大颗粒的非金属杂质物,在轮轨作用力下产生裂纹并扩展,导致辋裂。

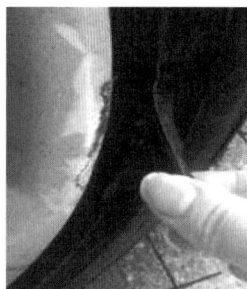

图2-5 踏面擦伤

2.踏面擦伤

1)现象

踏面呈现类似椭圆形擦伤,该部位局部凹陷,一般情况一条轮对的两个车轮或轮毂对称部位均能看到擦伤形貌。踏面擦伤如图2-5所示。

2)原因

踏面与钢轨间发生相对滑动,导致强烈摩擦,摩擦热使踏面局部金属发生马氏体相变,形成硬脆层,严重时会导致擦伤处剥离掉块。

3.踏面制动热裂纹

1)现象

踏面周向存在较规则的刻度状裂纹(热裂纹),一般出现在闸瓦制动工况下。

2)原因

制动条件恶劣,制动系统作用不良,使车轮承受过高的热载荷,导致表面出现热裂纹。

4.制动剥离

1)现象

踏面整个圆周出现不规则网状裂纹、龟纹状裂纹或层状金属剥离。

2)原因

在不合适的制动条件下,闸瓦与踏面摩擦产生高热,使表面金属发生马氏体相变,形成硬脆层,该层在轮轨接触力作用下碎裂脱落后形成剥离。

5. 擦伤剥离

1) 现象

踏面局部出现不规则网状裂纹、龟纹状裂纹或层状金属剥离,通常剥离处呈现局部凹陷,周边有擦伤痕迹(滚动擦伤剥离除外)。

2) 原因

由于车轮、轮毂与钢轨强烈摩擦造成的热伤损。车轮或轮毂与钢轨之间出现局部摩擦或滑动摩擦,摩擦产生高热导致车轮或轮毂表面金属发生马氏体相变,形成硬脆层,并在随后轮轨接触作用力下该部位脱落形成剥离。

6. 轮辋碾边

1) 现象

踏面在轮辋外侧面处受碾压而形成的圆周凸起。

2) 原因

轮轨接触疲劳或轮轨接触应力过大。车轮、轮毂硬度不能满足运用条件(轮轨接触应力)的要求时,在轮轨接触应力作用下,该部位发生金属累积塑性流动变形。

7. 轮缘异常磨耗

1) 现象

轮缘外形磨耗变形。

2) 原因

轮轨接触应力过大导致轮缘处产生异常磨耗。

(三) 轴承损伤

1. 麻点

1) 现象

零件表面呈分散或群集状的细小坑点,呈黑色针孔状凹坑,有一定深度,个别存在或密集分布。常出现在轴承内、外圈滚道面和滚子滚动面上,也出现在滚子球基面或内圈滚子引导面上。

2) 原因

(1) 金属表面疲劳。在滚动接触应力的循环作用下,在金属亚表层形成微观裂纹,并逐渐发展成凹坑状的微小剥离。

(2) 金属的亚表层存在夹杂物或大颗粒碳化物形成应力集中,过早产生微观裂纹并逐渐发展成剥离。

(3) 装配不当或润滑不良。

2. 碾皮

1) 现象

零件表面由于疲劳而发生极薄的金属起皮。在呈不规则形状的一定面积上产生的极薄的表面起皮或脱落,一般有手感,碾皮后的金属表面失去原有光泽,在滚子滚动面上最为常见。

2）原因

（1）金属表面早期疲劳。由于滚动接触应力滑动摩擦的作用而产生的极浅层的疲劳剥落。

（2）材质热处理不良。

（3）润滑不良。

（4）过载应力作用。

3. 剥离

1）现象

零件表面在高接触应力的循环作用下产生金属片状剥落。剥离表面具有一定的深度和面积,呈凹凸不平的鳞状,具有尖锐的沟角。常出现在轴承内、外圈滚道面和滚子滚动面上。

2）原因

（1）过载应力作用。

（2）材质不良或热处理不当。

（3）润滑不良。

（4）装配不当。

4. 擦伤

1）现象

零件表面因滑动摩擦而产生金属迁移。沿滑动方向,具有一定长度和深度的表面机械性损伤。常出现在轴承零件工作面上。

2）原因

（1）轴承游隙过小。

（2）润滑不良或润滑脂中含有杂质。

（3）轴向预负荷过大。

5. 烧附

1）现象

零件表面产生热熔性金属黏着。金属表面黏附有被迁移的熔融性金属。常出现在轴承零件工作面上。

2）原因

（1）轴承游隙过大或过小。

（2）润滑不良或润滑脂中含有杂质。

（3）擦伤严重引起急剧温升。

6. 热变色

1）现象

温度升高致使零件表面氧化变色。变色部位局部或全部呈现淡黄色、黄色、棕红色、紫蓝色及蓝黑色。严重变色将导致表面硬度降低。在确认零件变色时,应考虑润滑脂黏附表面的影响。常出现在轴承内、外圈滚道面和滚子滚动面上。

2)原因

(1)润滑不良或油脂老化变质。

(2)轴承游隙过小。

(3)轴承滚动表面加工粗糙。

(4)轴承过载。

7.腐蚀

1)现象

零件表面与周围环境介质发生化学或电化学反应产生表面损伤。腐蚀按不同程度分为锈迹、蚀刻和蚀坑。

(1)锈迹:呈点状、斑块状或条状,颜色呈淡黄色、黄色、浅灰色或红褐色,尚无深度。

(2)蚀刻:呈点状、条状或片状,颜色呈灰黑色,稍有手感。

(3)蚀坑:呈点状、条状或片状,颜色呈红褐色或黑色,手感明显。

2)原因

(1)轴承内部或润滑脂中混有水、酸、碱类物质。

(2)密封不良。

(3)轴承在空气湿度较大的工作环境中发热,在停止运转时迅速冷却形成冷凝水。

(4)清洗、组装、存放或使用不当。

8.微振磨蚀

1)现象

静止状态下的轴承受到小角度回摆和振动在滚子与滚道面间产生磨蚀,或转动状态下的轴承在载荷循环作用下发生车轴挠曲,导致配合面间反复张合产生磨蚀。内、外圈滚道面上呈现等间距的褐色或黑色假压痕;配合接触表面产生磨损,表面附有黑色或红褐色的氧化铁粉末。常出现在轴承内、外圈滚道面,内圈端面及内径面上。

2)原因

(1)装用轴承较长时间处于非转动状态并受振动影响。

(2)几何形状不良或配合过盈量不足。

(3)轴向紧固力不足。

9.凹痕

1)现象

轴承内混有金属或其他硬性颗粒而使零件表面产生点状或条状塑性凹陷。形状、大小不规则,有一定深度;边缘光滑,略有手感。常出现在轴承内、外圈滚道面上,也出现在滚子滚动面上。

2)原因

(1)轴承清洁度不够,内部含有金属或其他杂物。

(2)轴承密封不良。

10.压痕

1)现象

因过大冲击载荷作用,滚子使轴承内、外圈滚动面产生塑性凹陷。压痕呈条状,有深度,其中心线与滚子中心线平行,边缘光滑且与滚子轮廓相吻合。常出现在轴承内、外圈滚道面上。

2)原因

(1)轴承受过大冲击载荷的作用。

(2)内、外圈滚道面硬度不足。

11. 拉伤

1)现象

轴承向轴颈上压装或从轴颈上退卸时,滚道直径及轴颈表面产生机械性损伤。伤痕一般与轴线平行,严重时会发生金属移位或表面有附着金属。常出现在轴承滚道直径表面和轴颈表面上。

2)原因

(1)压装或退卸轴承时,滚道直径面或轴颈表面有硬性颗粒。

(2)轴承内圈或密封座的内径倒角过渡不圆滑。

(3)轴承组装时不正位。

(4)过盈量过大。

12. 磕碰伤

1)现象

轴承零件间或轴承零件与其他硬物间相互碰击而产生零件表面机械性损坏。磕碰伤多呈棱角形或半月形的刻印状;边缘凸起,手感明显,有时会在尖角处产生微裂纹。

2)原因

违章作业及相互碰撞。

13. 划伤

1)现象

硬性颗粒或物体尖刃部与轴承零件接触并有相对移动而产生零件表面线状机械性损伤。划伤呈线状,方向不定,有手感的光亮沟纹。

2)原因

(1)违章作业。

(2)油脂中含杂质。

14. 裂损

1)现象

轴承零件金属的连续性遭到破坏而产生裂损。裂损按其损伤程度可分为裂纹和破损,可发生在轴承零件的任何部位。

(1)裂纹:呈线状,方向不定,有一定长度和深度;有时肉眼不可见,磁化后有聚粉现象;多发生在外圈牙口和滚子工作面上。

(2)破损:零件出现局部掉块。

2)原因

(1)材质不良(如夹杂物、折叠、白点等冶金缺陷)。

（2）热处理中渗碳或淬火不当。

（3）磨削操作不当。

（4）轴承受非正常冲击力。

（5）材质疲劳。

（6）由其他缺陷诱发产生。

15. 电蚀

1）现象

当电流通过轴承时,在接触点或面击穿油膜放电,产生高热,造成金属表面局部熔融进而形成弧坑或沟蚀。弧坑在放大镜下观察呈火山喷口状。当电流通过运转中的轴承连续击穿油膜时,形成条状平行沟蚀(俗称洗衣板状)。电蚀会降低蚀点周围区域金属的硬度,严重时形成剥离,常出现在轴承内、外圈滚道面和滚子滚动面上。

2）原因

电流通过轴承。

16. 其他缺陷

1）表面斑纹

现象:有些轴承在外圈滚道面上存在形态不定的斑纹,目视纹理清晰,有浮雕感。原因:材质成分偏析经锻造扩孔后分布不均。

2）环形条纹

现象:在轴承内、外圈滚道面和滚子滚动面上同时呈现规则的周向环形条纹。同一列的轴承内、外圈滚道面和滚子滚动面上,条纹间距吻合,且同一列滚子都有轻重不同的环形条纹。原因:机械加工、热处理和表面处理,以及其他原因。

3）其他变色

轴承零件由于其他原因造成变色。

任务 2.3   使用常用轮对检查器

一、第四种检查器

车辆车轮第四种检查器是国内测量车轮尺寸的一种新型测量工具,具有 12 个检测功能。其主要特点是改变了我国铁路原以车轮轮缘顶点为基点测量轮缘厚度的方法,能够以车轮踏面滚动圆(即距车轮内侧 70mm 处的基线)为基点测量轮缘厚度,车辆轮对的轮缘厚度测点始终距车轮滚动圆保持恒定距离值(踏面滚动圆向上 12mm),不会因踏面磨耗变化而变化。

1. 功能

第四种检查器具有测量车轮踏面圆周磨耗、踏面擦伤、剥离深度和长度、轮缘厚度、轮缘垂直磨耗、轮缘高度、轮辋宽度、轮辋厚度、车轮外侧碾宽、车钩闭锁位钩舌与钩腕内侧距离等功能。

2. 结构

第四种检查器主要由轮缘厚度测尺、踏面磨耗测尺、轮辋宽度测尺、轮辋厚度测尺等组成,其结构如图 2-6 所示。

主尺为直角形,其垂直尺身(又称轮辋厚度测尺)正面刻有两端 0 ~ 70mm 的刻线,用于测量踏面剥离长度和轮辋厚度,水平尺身的背面刻有车轮滚动圆中心定位刻线、踏面磨耗测尺和轮缘厚度测尺,通过踏面磨耗测尺尺框和轮缘厚度测尺尺框组合在一起,从而形成了整体的联动结构形式。在轮辋厚度测尺的背面还装有定位角铁,这样能够保证第四种检查器测量操作的稳定性和数据的准确可靠性。

3. 使用方法

1)测量踏面圆周磨耗

首先将踏面磨耗测尺尺框车轮滚动圆刻线与主尺背面上的滚动圆中心定位刻线对齐,或者用定位挡块定位(方法是先把踏面磨耗测尺尺框 2 推向最左侧,再把踏面磨耗测尺推向最上方后,将踏面磨耗测尺尺框向右拉,直到拉不动为止)。拧紧踏面磨耗测尺尺框紧固螺钉,先将踏面磨耗测尺推向上方,再将轮缘厚度测尺推向最右侧,然后将第四种检查器立放在车轮踏面

二维码

实操课

二维码

常用轮对检查器
与技术测量

上,主尺上的轮辋厚度测尺贴靠在轮辋内侧面上,其尾端指向车轴中心线,使第四种检查器的轮缘高度测量定位面与车轮轮缘顶部接触。推动踏面磨耗测尺,使其测头接触车轮踏面。踏面圆周磨耗数即为踏面磨耗测尺上面刻线与踏面磨耗测尺尺框刻线相重合的数值。

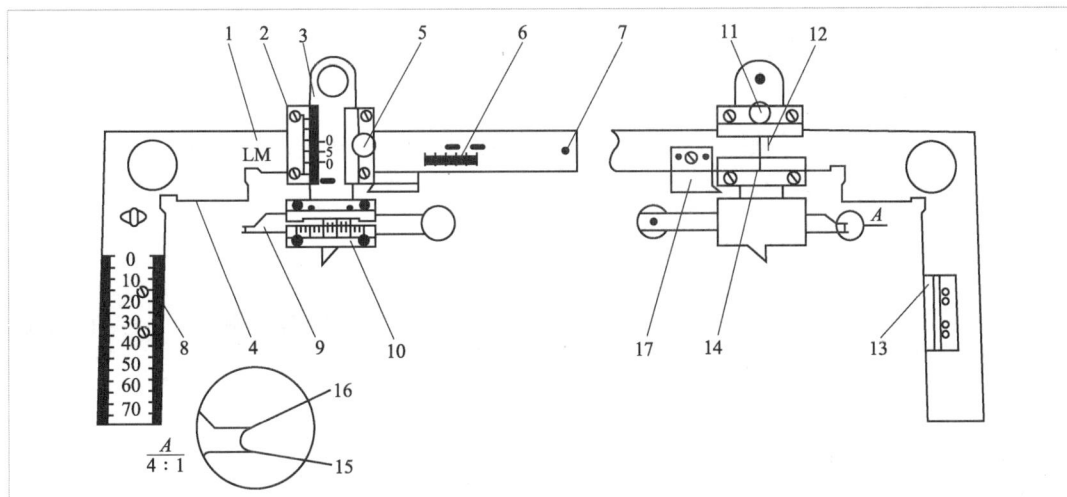

图 2-6　第四种检查器的结构

1-主尺;2-踏面磨耗测尺尺框;3-踏面磨耗测尺;4-轮缘高度测量定位面;5-踏面磨耗测尺尺框紧固螺钉;6-轮辋宽度测尺;7-锁止螺钉;8-轮辋厚度测尺;9-轮缘厚度测尺;10-轮缘厚度测尺尺框;11-踏面磨耗测尺紧固螺钉;12-滚动圆中心定位刻线;13-定位角铁;14-踏面磨耗测尺尺框车轮滚动圆刻线;15-轮缘厚度测头;16-垂直磨耗测头;17-定位挡块

2)测量轮缘厚度

测量踏面磨耗的同时,推动轮缘厚度测尺,使其测头接触轮缘,轮缘厚度数值为轮缘厚度测尺上面刻线与轮缘厚度测尺尺框刻线相重合的数值。

3)测量轮缘垂直磨耗

测量轮缘厚度的同时,如果垂直磨耗测头接触轮缘,说明车轮轮缘垂直磨耗到限。

4)测量轮缘高度

轮缘高度数值为标准轮缘高度数值(27mm)加上踏面磨耗正、负数值。

5)测量轮辋厚度

轮辋厚度数值为轮辋内侧边缘与轮辋厚度测尺内侧刻度线对应的数值减去踏面磨耗数值。

6)测量轮辋宽度

将踏面磨耗测尺尺框推向右侧,使踏面磨耗测尺的测头贴靠(或指向)车轮外侧面,轮辋宽度数值即为踏面磨耗测尺尺框左侧面对应轮辋宽度测尺的数值。如果踏面有碾宽,轮辋实际宽度应再减去踏面碾宽数值。

7)测量车轮外侧碾宽

将踏面磨耗测尺尺框推向右侧,使踏面磨耗测尺的测头贴靠(或指向)车轮外侧边缘,用钢板尺接触轮辋外侧面,车轮外侧碾宽数值即为踏面磨耗测尺测头对应的刻度线。

8)测量踏面擦伤深度

移动踏面磨耗测尺尺框和踏面磨耗测尺,使踏面磨耗测尺的测头对准踏面擦伤部位最深处,并紧固踏面磨耗测尺尺框紧固螺钉,读取踏面磨耗测尺上面刻线与踏面磨耗测尺框刻线相重合的数值,做好记录,然后沿车轮圆周方向移动主尺,测量同一圆周未擦伤部位的踏面磨耗深度,踏面擦伤深度即两个量值的差值。

9)测量踏面剥离深度

测量方法与测量踏面擦伤深度的相同。

10)测量踏面擦伤长度

用轮辋厚度测尺的外刻线,沿车轮圆周方向测量擦伤的长度,即为踏面擦伤长度。

11)测量踏面剥离长度

测量方法与测量踏面擦伤长度相同。

12)测量车钩闭锁位钩舌与钩腕内侧距离

用轮辋厚度测尺外形尺寸 135mm 的长度,水平插向钩舌与钩腕内侧之间,上、中、下位置测量三点,其中有一处能通过时即为不合格。

二、车轮直径检查尺

车轮直径检查尺用于检查各型车轮直径,其结构如图 2-7 所示。测量车轮直径时,根据轮径大小先固定检查尺一端,再将检查尺从轮背内侧放到车轮上,使检查尺 A 边紧靠车轮内侧面(用于确定刻码尺就处于踏面基线位置),移动刻码尺测量直径。然后将检查尺中段距离加两端刻码尺数字,即为车轮直径。同一车轮必须检查三处,其最大与最小之差,即为车轮直径差。

三、轮对内侧距离检查尺

轮对内侧距离检查尺用于检查同一轴两轮对内侧距离,其结构如图 2-8 所示。测量轮对内侧距离时,将检查尺 C、D 两部均放在轮缘顶点上,使 C 部先推向一侧车轮轮缘内侧面并靠紧 B 边,然后推动 E 部,使 A 边靠紧另一侧轮缘内侧面,将 E 部锁止螺钉拧紧,E 部上的中间刻线所对 D 部上的刻度即为轮对内侧距离的尺寸。测量时,应沿车轮圆周方向每 120°测量一处,共测量三处。

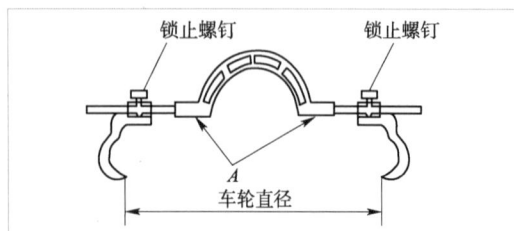

图 2-7　车轮直径检查尺的结构

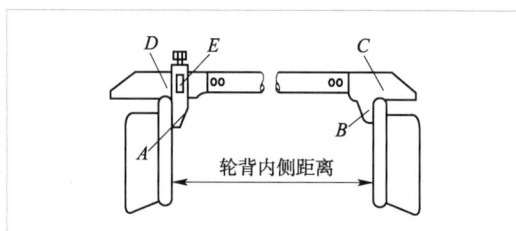

图 2-8　轮对内侧距离检查尺的结构

四、轮缘垂直磨耗检查器

轮缘垂直磨耗检查器用于检查轮缘垂直磨耗限度,其结构如图 2-9 所示。测量轮缘垂直磨耗时,将主尺靠紧轮缘内侧面。水平推动游标,使其靠紧轮缘外侧,其底部 A 边接触踏面,然后检查轮缘外侧垂直磨耗的角点,如角点密贴于游标,并超过游标刻线上规定限度(15mm)则为过限。

五、轮辋厚度检查器

轮辋厚度检查器用于测量轮辋厚度,如图 2-10 所示。测量轮辋厚度时,先将游标在横尺上移动,使其正对踏面基准线 70mm 刻线,拧紧游标锁止螺钉,然后将尺杆的下端弯钩托住轮辋的内弧处,使尺杆紧靠轮缘内侧面,再沿尺杆上下滑动横尺,使游标下尖端接触踏面;拧紧横尺锁止螺钉,即可在尺杆上读出轮辋厚度值。

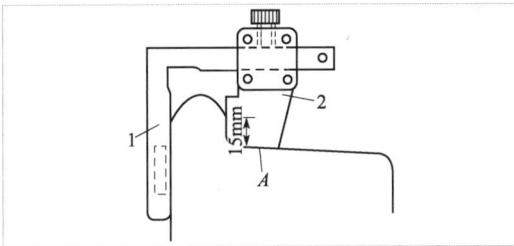

图 2-9　轮对垂直磨耗检查器的结构
1-主尺;2-游标

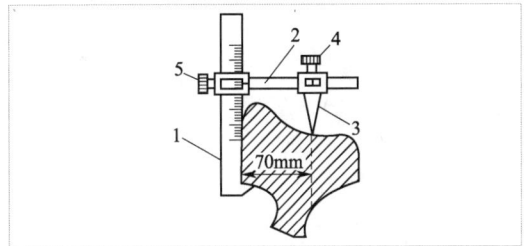

图 2-10　轮辋厚度检查器的结构
1-尺杆;2-横尺;3-游标;4-游标锁止螺钉;5-横尺锁止螺钉

六、轮对检查器的管理

轮对检查器应保持清洁和干净,不得碰伤或上锈,刻度尺码必须明显准确。检查器每三个月或六个月需检查一次,并填入轮对检查器定期检查校对记录本以备存查。如果发现不合格者,应及时更换新品或加修。

复习与思考

一、填空题

1. 看图2-11,写出对应序号的车轮各部分名称:1是( ),2是( ),3是( ),4是( ),5是( ),6是( ),7是( )。

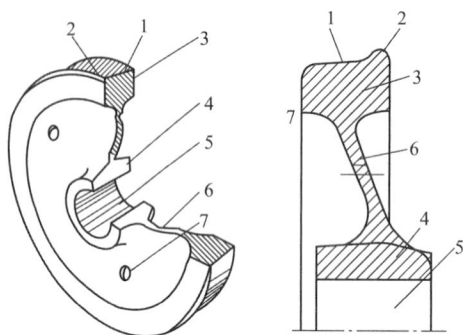

图2-11　车轮

2. 写出我国各种车型标准轮径长度。

货车:( )　客车:( )　柴油机车:( )蒸汽机车:( )

3. 车轴故障的种类有( )、( )、( )、( ),车轮损伤的种类有( )、( )、( )、( )、( )、( )、( )。

4. 车辆车轮第四种检查器是国内测量车轮尺寸的一种新型测量工具,具有( )个检测功能。

5. 第四种检查器主要由( )、( )、( )、( )等部分组成。

二、选择题(以下至少有一项是正确的,请将正确的选项填入括号内)

1. 我国铁道车辆所使用的车轮踏面和轮缘有( )。

A. 锥形　　　　B. 磨耗型　　　　C. 高速磨耗型　　　D. 低速磨耗型

2. 车轮的结构、形状、尺寸和材质是多种多样的,按其结构可分为( )。

A. 整体车轮　　　B. 轮箍车轮　　　C. 辗钢整体车轮　　D. 铸钢整体车轮

3. 以下属于轴承损伤类型的有( )。

A. 麻点　　　　B. 碾皮　　　　C. 擦伤　　　　D. 热变色

4. 以下属于第四种检查器功能的有( )。

A. 车轮踏面圆周磨耗　　　　　　　B. 剥离深度和长度

C. 轮缘厚度　　　　　　　　　　　D. 轮缘高度、轮辋宽度、轮辋厚度

5. 我国铁路原以车轮轮缘顶点为基点测量轮缘厚度的方法,能够以车轮踏面滚动圆,即距车轮内侧( )处的基线为基点测量轮缘厚度。

A. 60mm　　　　B. 70mm　　　　C. 80mm　　　　D. 90mm

三、判断题(以下描述正确的打"√",不正确的打"×")

1. 车轮的结构、形状、尺寸和材质是多种多样的,按其用途可以分为客车用、货车用、机

车用车轮。　　　　　　　　　　　　　　　　　　　　　　　　（　　）

　　2.车轴标记内容一般包括车轴制造标记、轮对组装标记,且客车滚动轴承轮对型号与车轴型号一致。　　　　　　　　　　　　　　　　　　　　　　（　　）

　　3.车轮上应有如下基本标记:制造年月、车轮型号、制造厂代号(标记)、车轮钢种标记、熔炼炉罐号。　　　　　　　　　　　　　　　　　　　　　　（　　）

　　4.制动盘座是安装制动装置的地方。　　　　　　　　　　　　（　　）

　　5.车轮按其辐板形状分为直辐板车轮和 S 形辐板车轮。　　　　（　　）

四、简答题

1.简述新型铸钢整体车轮和辗钢整体车轮的特点。

2.简述车轴各部分的名称及作用。

3.简述如何使用第四种检查器及检测部位。

4.轮对检查器按规定检查器每多久须检查一次?

5.铁道车辆用的车轴绝大多数是圆截面实心轴还是圆截面空心轴?

滚动轴承及轴箱装置的构造与检修

❈ 项目导读

　　轴箱装置是车辆的重要组成部分,它不仅将车辆的垂直、水平载荷传递给轮对,而且不断地保持轴承的正常润滑,减小摩擦,降低运行阻力,限制轮对过大的横向移动,防止雨水、灰尘等异物侵入,使车辆不间断地运行。如果轴箱装置发生故障,轻微的会延误行车,严重的会使轴颈因激烈磨损而折断,造成严重铁路交通事故。因此,车辆检修人员应加强对轴箱装置的维护和检修,防止发生燃轴事故,确保行车安全。

　　目前,我国车辆的全部客车和绝大部分货车采用的是滚动轴承轴箱装置。

❋ 学习目标

1. 知识目标

(1)了解滚动轴承工作原理、特点和代号。

(2)掌握车辆用滚动轴承的结构特点和种类。

(3)掌握滚动轴承的常见故障及产生原因。

(4)掌握滚动轴承轴箱装置的检修。

2. 技能目标

(1)培养自主学习习惯、能力。

(2)培养动手能力、空间理解能力、沟通能力和团队协作能力。

(3)培养逻辑思维和处理信息的能力。

3. 素质目标

(1)培养良好的科学文化和专业业务素质。

(2)树立良好的职业道德和劳动安全思维。

(3)培养服务大众出行的责任感。

任务 3.1   认识滚动轴承及轴箱装置

一、滚动轴承工作原理及特点

运动物体与支承物体之间的接触点是在不断地变化的摩擦叫滚动摩擦。滚动轴承的摩擦就是属于这种摩擦。滚动轴承一般由外圈、内圈、滚动体(滚子)、保持架组成,如图 3-1 所示。滚动轴承是借助于在内、外圈之间的滚动体滚动实现传力和滚动的。内圈紧密配合于轴颈上,外圈与轴箱之间允许有少许的转动,当车轮转动时内圈随轴颈转动,同时带动保持架与滚动体转动,滚动体一方面沿内圈、外圈滚道公转,另一方面绕自身轴心自转,它们之间的接触点是在不断地发生变化,零件之间没有滑动摩擦,因此其摩擦阻力小,这是滚动摩擦的主要特点。

图 3-1   滚动轴承组成

滚动轴承有径向游隙和轴向游隙,以保证滚动体能自由转动。保持架用以维持各滚动体之间的位置,防止歪斜和相互碰撞,保证滚动体能沿滚道均匀分布。

由于滚动轴承依靠主要元件间的滚动接触支承转动零件,以滚动摩擦取代了滑动轴承中的滑动摩擦,因此具有摩擦阻力小,功率消耗少,启动容易等优点。

车辆采用滚动轴承与采用滑动轴承相比有以下优点。

(1)由于滚动摩擦的启动及运行阻力都较小,可增加机车牵引吨数。

二维码

滚动轴承概述

（2）产生热量少，适合高速度、长距离行驶，且很少发生热轴故障。

（3）节省大量润滑油、油卷和白合金以及从事此项工作的劳动力。

（4）检修周期延长，降低维修费用。

（5）轴颈不磨耗，车轴寿命延长。

二、滚动轴承的代号

滚动轴承的代号由前置代号、基本代号、后置代号构成，如图3-2所示。

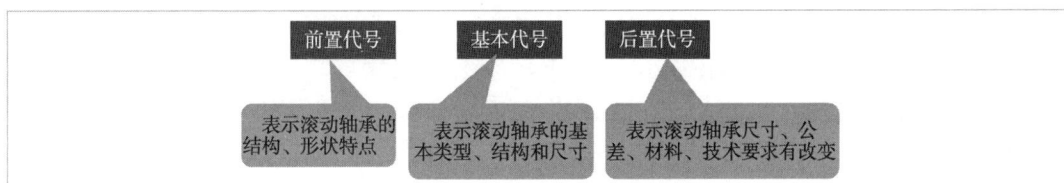

图 3-2　滚动轴承的代号

这里主要介绍基本代号。

基本代号表示滚动轴承的基本类型、结构和尺寸，是轴承代号的基础。滚动轴承的基本代号由类型代号、尺寸系列代号、内径代号构成，如图3-3所示。

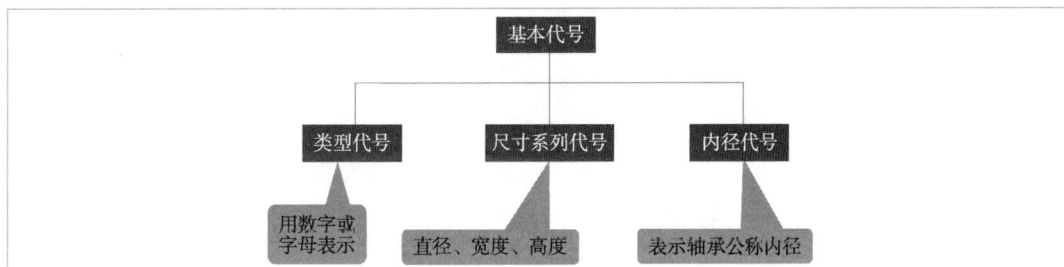

图 3-3　基本代号

现以我国客车用新型滚动轴承为例说明其代号表示方法。每轴箱内一对轴承，其代号为 NJP3226X1 或 NJ3226X1，滚动轴承代号表示方法示例如图3-4所示。

图 3-4　轴承代号表示方法示例

三、车辆用滚动轴承的结构特点和种类

车辆用滚动轴承均配置在簧下，除承受车辆载荷外，还直接承受着轮轨间长发生的振

动、冲击,其可靠性直接关系行车安全。因此,要求轴承耐振、耐冲击、寿命长、维护检修方便,并有较小的尺寸和质量。车辆用滚动轴承均设计为非标准系列的形式,并多采用滚动体为向心滚子的轴承,我国车辆主要采用圆柱滚子轴承和圆锥滚子轴承。

1.客车用圆柱滚子轴承

我国客车上应用的滚动轴承均为单列向心短圆柱滚子轴承(简称圆柱轴承),主要有以下几种形式:42724QT、152724QT 型、42726QT、152726QT 型,NJ3226X1、NJP3226X1 型。42726QT、152726QT 型曾是我国客车主型轴承,大量装用于各型客车车辆转向架上,但随着铁路运输的不断发展,列车运行速度的不断提高,该型轴承已不能满足运用要求。因此,我国自 2001 年 1 月 1 日起停止生产42726QT、152726QT 型轴承(现有库存产品允许继续使用,用完为止)而生产 NJ3226X1、NJP3226X1 型轴承,其外形尺寸与原 42726QT、152726QT 型相同。本任务将着重介绍 NJ3226X1、NJP3226X1 型新型轴承。我国客车用圆柱滚子轴承的主要规格见表3-1。

我国客车用圆柱滚子轴承的主要规格(单位:mm)　　　　表 3-1

轴承代号	外形尺寸			滚子			使用轴型
	内径	外径	宽度	数量	直径	长度	
42724QT 152724QT	$\phi120$	$\phi240$	80	14	$\phi30$	48	RC_3、RC_4
42726QT 152627QT	$\phi130$	$\phi250$	80	14	$\phi32$	52	RD_3、RD_4
NJ3226X1 NJP3226X1	$\phi130$	$\phi250$	80	14	$\phi32$	52	RD_3、RD_4 RD_3P

此外,近年来为了适应铁路运输大提速及准高速线路 160km/h 及以上运行速度要求,我国还引进了瑞典 SKF 公司生产的 BC1B322880、BC1B322881 型轴承和日本 NSK 公司生产的 NSK42726T、NSK152726T 型轴承,它们的外形尺寸与我国 42726QT、152726QT 型轴承相同。

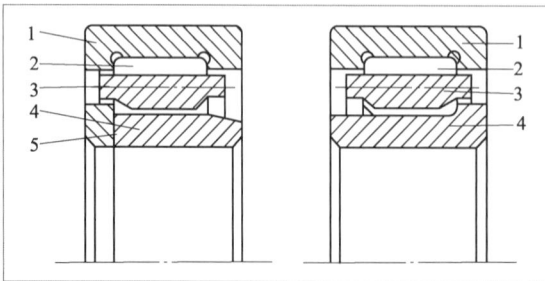

图 3-5　圆柱滚子轴承的结构
1-外圈;2-圆柱滚子;3-保持架;4-内圈;5-平挡圈

圆柱滚子轴承的结构如图 3-5 所示,该轴承由内圈、外圈、圆柱滚子、保持架、平挡圈组成,外圈两侧带有挡边,内圈只有一侧有固定单挡边(或平挡圈),保持架、圆柱滚子和外圈组合成一个组件,与内圈可以互相分离。

1)内圈

内圈与轴颈为过盈配合。NJ3226X1 型的内圈有固定单挡边;NJP3226X1 型的内圈没有固定挡边,而设有平挡圈,如图 3-5 所示。内圈及平挡圈采用 GCr18Mo 轴承钢,电渣重熔法制造,并采用贝氏体等温淬火方法进行热处理,表面硬度为 58～62HRC。内圈、平挡圈按内径大小不同分为三个级别,其标志与内径尺寸见表3-2。内圈的制造标志刻打在内圈大端面,平挡圈的制造标志机械刻打在无槽端面,在圆周上间隔120°均匀分布,内容包括内圈标志(或平挡圈标志)、制造厂代号、制造年月(采用制造年份后 2 位及月份,用阿拉伯数字表示)。

内圈、平挡圈标志与内径尺寸(单位:mm)　　　　　　　　　表 3-2

等级	项目			
	内圈标志	内圈内径尺寸	平挡圈标志	平挡圈内径尺寸
原型	NJ3226X1	$\phi130$	NJP3226X1	$\phi130$
第一等级	NJ3226X1K1	$\phi129.5$	NJP3226X1K1	$\phi129.5$
第二等级	NJ3226X1K2	$\phi129$	NJP3226X1K2	$\phi129$

2)外圈

外圈与轴箱筒体为间隙配合,外圈内滚道面为滚道,且两边都有固定挡边。NJ3226X1 型外圈与 NJP3226X1 型外圈完全一致,可互换使用。外圈采用 GCr18Mo 轴承钢,电渣重熔法制造,并采用贝氏体等温淬火方法进行热处理,表面硬度为 58～62HRC。

外圈的制造标志机械刻打在外圈外端面,在圆周上间隔离 120°均匀分布,内容包括外圈标志、制造厂代号、制造年月(采用制造年份后 2 位及月份,用阿拉伯数字表示)。

3)圆柱滚子

为了使圆柱滚子受力后应力均匀分布,圆柱滚子两端允许按双点线(18.5mm)制作平端面,平端面的表面粗糙度为 $Ra0.2\mu m$,并可制作 $\phi14mm$、深 1mm 凹穴。圆柱滚子采用 GCr15 轴承钢,电渣重熔法制造,并采用马氏体淬火、回火方法进行热处理,表面硬度为 59～63HRC。圆柱滚子承受载荷并产生滚动作用,圆柱滚子处于轴径水平中心线上侧时受力,处于下侧时不受力。NJ3226X1 型(NJP3226X1 型)每套轴承由 14 个圆柱滚子组成滚动体,同一组圆柱滚子的直径变动量≤0.002mm;同一组圆柱滚子长度变动量≤0.010mm。

4)保持架

保持架采用 ZCuAl10Fe3Mn2 或 ZCuAlFe3 整体拉孔制成,其作用是保持圆柱滚子沿滚道均匀分布,不发生偏斜,从而合理分布载荷。

保持架的制造标志机械刻打在保持架的外端面,在圆周上间隔 120°均匀分布,内容包括保持架标志、制造厂代号、制造年份(用 2 位阿拉伯数字表示)。

圆柱滚子从保持架兜孔外侧放入保持架正常位置后再向内移动一段距离,但不能从兜孔内侧脱出,使圆柱滚子装入后整体外圆直径小于外圈挡边内径。然后套上外圈,再装进内圈,使轴承成为一个整体。

5)平挡圈

平挡圈(也称为活动挡圈或弹性挡圈)是轴承组件中的一个关键零件,通常由弹簧钢或不锈钢制成,呈环形或开口环状结构。其主要作用是轴向固定轴承内圈或外圈,防止轴承在运行过程中发生轴向窜动,同时承受一定的动态载荷。平挡圈通过弹性变形卡入轴承或轴端的沟槽中,利用自身的弹力保持紧固,确保轴承在高速旋转或承受振动时仍能稳定工作。

2. 货车用无轴箱密封式双列圆锥滚子轴承

我国货车用滚动轴承,主要是无轴箱密封式双列圆锥滚子轴承,有以下几种型号:用于 D 型车轴的 352226X2-2RZ(197726)型、SKF197726 型、TBU130 型及 AP130 型;用于 E 型车轴的 352230X2-2RZ(197730)型、353130A 型、SKF353130-2RS、AP150 型等。D 型车轴与 E 型车轴所使用的轴承除内径及外形尺寸有所不同外,其他基本相同。

无轴箱密封式双列圆锥滚子轴承具有结构紧凑、质量轻、装卸方便、无维修化设计等优点,在货车上得到广泛采用。其主要规格见表 3-3。

无轴箱密封式双列圆锥滚子轴承的主要规格(单位:mm)　　　　表 3-3

轴承代号	外形尺寸			径向游隙		轴向游隙	
	内径	外径	宽度	最小	最大	最小	最大
352220X3-2RZ	100	182	117	—	—	0.60	0.70
352226X2-2RZ	130	230	150	—	—	0.60	0.70
352230X2-2RZ	150	250	156	—	—	0.60	0.75
NJ3226X1	130	250	80	0.12	0.17	—	—
NJP3226X1	130	250	80	0.12	0.17	—	—

以 197730 型圆锥滚子轴承为例进行介绍,其由外圈与内圈、滚子、保持架、中隔圈、密封装置等组成。

1)外圈与内圈

轴承的外圈内圆面有两个倾斜的滚道,滚道的倾角为 10°0′,两端设有牙口和油沟,用以嵌入密封罩凸台,保持密封罩不至于发生脱落和防止润滑油脂外泄。内圈外圆面有圆锥滚道和大、小两个挡边,内圆面与车轴轴颈为过盈配合,以冷压方式装配,为防止拉伤轴颈,两端都设有倒角。每套轴承两个内圈,两小端相对安装。内、外圈均采用渗碳轴承钢,经过渗碳淬火热处理,获得表层硬度高、心部韧性好的良好组织结构,不仅提高了轴承内、外圈表面的耐磨性,而且保持了较高的韧性,从而提高其抗压强度和冲击韧性。为了防止内、外圈锈蚀和提高润滑效果,其表面全部进行了磷化处理。

2)滚子

滚子为 GCr15 轴承钢制造的圆锥体结构,经过完全淬火热处理,硬度为 60~64HRC。为使滚子与滚道的接触应力分布均匀,避免滚子端部产生应力集中,滚子两端均带有弧坡。

3)保持架

保持架由 10 低碳钢冲压而成,它将滚子和内圈组合在一起,其表面也进行了磷化处理。

4)中隔圈

中隔圈由 45 钢制造,其表面经磷化处理,放置在两内圈之间,除起隔离作用以外,还可通过选择不同宽度的中隔圈,来调整轴承的轴向游隙。

5)密封装置

圆锥滚子轴承的密封装置由密封罩、油封、密封座组成,轴承前、后端各装一套。其作用是防止油脂外泄及外部沙尘及雨雪的侵入。密封罩由 2.2mm 钢板压制成形后经磷化处理,它的大端外径以过盈压入外圈牙口,另一端压装有油封。密封罩大端外径设有凸台,当压入外圈牙口后,凸台卡在油沟内,以防密封罩在使用过程中脱出。油封由橡胶密封圈、钢骨架、自紧弹簧组成。橡胶密封圈由耐油丁腈橡胶硫化在钢骨架上,压入密封罩内。骨架是用1.5mm厚的钢板冲压而成的,用于保持橡胶密封圈的几何形状,且在压装和退卸时不易变形。油封的两个唇口与密封座外圆面过盈配合,主唇口的作用主要是密封,防止油脂外泄;副唇口的作用主要是防止外部异物侵入。自紧弹簧由直径0.5mm的钢绕制成环形再对接成圆形,套在橡胶密封圈弹簧槽内,使油封主唇口与密封座保持合适的过盈量,保证唇口有稳定的密封性。

密封座由GCrl5钢制成,其内圆断面为n形,形成两个圆孔结构,小孔与轴颈过盈配合,大圆孔内圆面与轴颈表面的缝隙形成进油(前密封座)和排气通路。其圆柱壁上有4个油孔,以供加油时油脂进出和排气使用。密封座与轴承内圈接触一端的外径面加工成一段锥形,以免在插入油封的过程中,使油封副唇口翻边或损伤唇口。密封座外圆面表面粗糙度值较低,以减小与油封的阻力和磨损。

四、客车用滚动轴承轴箱装置

客车用滚动轴承轴箱装置根据密封形式不同,分为橡胶迷宫式轴箱装置和金属迷宫式轴箱装置,这两种密封形式的轴箱装置都具有良好的密封性能。

1.橡胶迷宫式轴箱装置

橡胶迷宫式轴箱装置由轴箱体、后盖、防尘挡圈、油封、前盖、压板等组成,如图3-6所示。

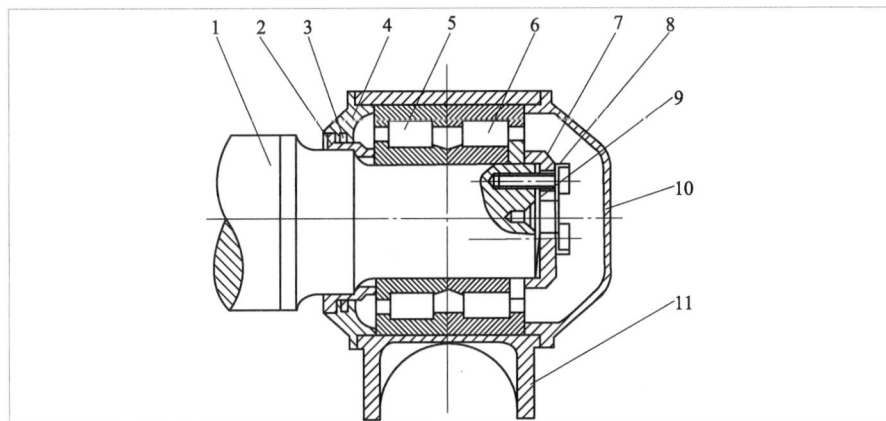

图3-6 橡胶迷宫式轴箱装置

1-车轴;2-防尘挡圈;3-油封;4-后盖;5-NP3226X1(42726)轴承;6-NJP3226X1(152726)轴承;7-压板;8-防松片;9-螺栓;10-前盖;11-轴箱体

1)轴箱体

轴箱体为铸钢筒形结构,两侧铸有弹簧托盘,以安装轴箱弹簧等配件。筒两端各有四个轴箱耳,分别与前、后盖用螺栓连接,如图3-7所示。轴箱筒内安装滚动轴承,与滚动轴承外圈为间隙配合。其主要作用是组装、支承各零件,连接构架,传递载荷。

2)后盖

后盖如图 3-8 所示,内侧凸起缘嵌入轴箱体筒内,支承内侧滚动轴承外圈。在凸起缘外圆周面上和根部设有密封圈槽,用以安装密封圈。在内圆周面安装油封座。

图 3-7 轴箱体

1-轴箱筒;2-轴箱耳;3-弹簧托盘

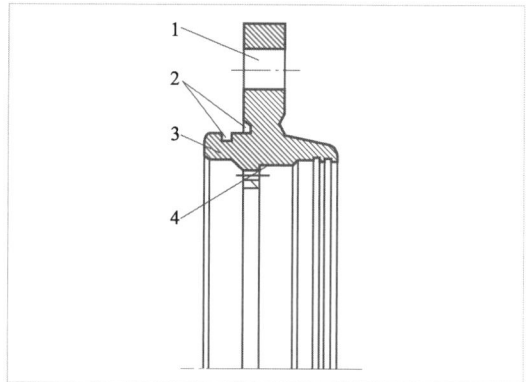

图 3-8 后盖

1-螺栓孔;2-密封圈槽;3-凸起缘;4-橡胶油封座

3)防尘挡圈

防尘挡圈如图 3-9 所示,过盈配合于车轴防尘板座上,与油封配合起密封作用,其内圆周端面支承内侧滚动轴承内圈端面。

4)油封

油封如图 3-10 所示,其内有钢骨架,以增加刚度。油封安装在后盖内圆周面上,与防尘挡圈配合。

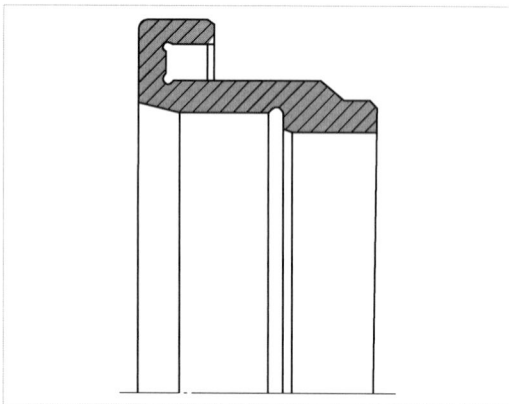

图 3-9 防尘挡圈

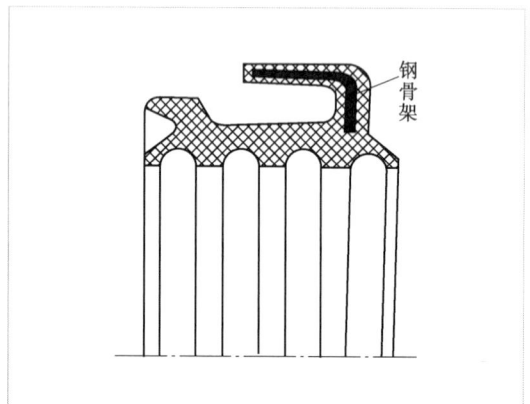

图 3-10 油封

5)前盖

前盖如图 3-11 所示,内侧凸起缘嵌入轴箱体筒内,支承外侧滚动轴承外圈。在凸起缘外圆周上和根部设有密封圈槽,以安装密封圈。前盖的作用是密封轴箱前部。橡胶迷宫式和金属迷宫式两种轴箱密封装置的前盖构造相同。

前盖组装时,其凸起缘必须压紧外侧滚动轴承外圈端面。因此,前盖外缘与轴箱体前端面必须留有 0.5～1.5mm 间隙。

6)压板

压板用三个螺栓固定在车轴端面上,在螺栓和压板之间安装防松片,以防止螺栓松动。压板内侧凸起缘顶在外侧滚动轴承内圈端面,起支承作用。橡胶迷宫式和金属迷宫式两种轴箱密封装置的压板结构相同,压板如图 3-12 所示。

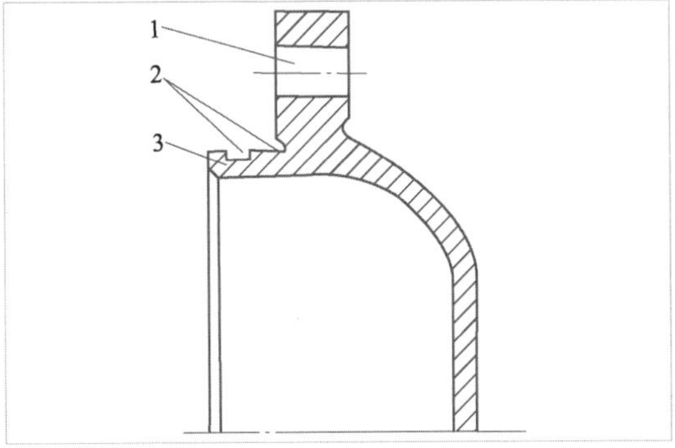

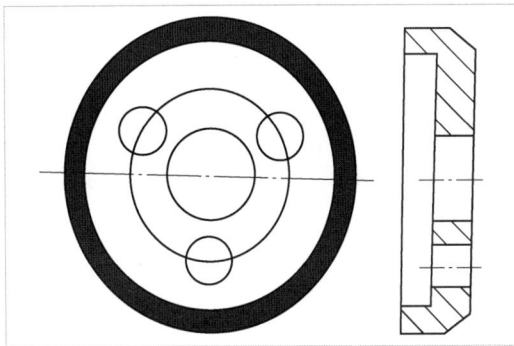

图 3-11 前盖
1-螺栓孔;2-密封圈槽;3-凸起缘

图 3-12 压板

2.金属迷宫式轴箱装置

金属迷宫式轴箱装置由轴箱体、防尘挡圈、前盖、压板组成。其中,前盖、压板与橡胶迷宫式轴箱装置的前盖、压板通用。

1)轴箱体

轴箱体与橡胶迷宫式轴箱装置的轴箱体基本相同。所不同的是,后端不设轴箱耳(没有后盖),而是设有迷宫槽,与防尘挡圈迷宫槽配合起密封作用,并在后端筒内设有台阶,以支承内侧轴承外圈。

CW-2 型准高速客车转向架采用了转臂式轴箱定位装置,其轴箱装置采用金属迷宫式密封,轴承为短圆柱滚子轴承。轴箱只有一侧铸有弹簧托盘,弹簧托盘外侧铸有垂直液压减振器安装孔和轴箱控制杆定位销孔;轴箱的另一侧铸有弹性定位套孔。通过弹性定位套与构架上的定位座相连。轴箱结构的设计可使垂直载荷在轴箱弹簧和弹性定位套之间的分配比例为 2:1,这样可改善轴箱弹簧受力状态。

2)防尘挡圈

防尘挡圈与防尘板座过盈配合,其外圆设有迷宫槽,与轴箱体上迷宫槽配合。内圆端面支承内侧轴承内圈端面,如图 3-13 所示。

安装发电机皮带轮车轴轴箱前盖装置也属于金属迷宫式轴箱装置。这种装置是一种特殊的结构,只针对一些特殊的车辆才采用。

发电机皮带轮车轴轴箱前盖装置主要由前盖和顶套等组成,如图 3-14 所示。

(1)前盖:与一般前盖基本相同,中间为透孔,设有迷宫槽,与顶套迷宫槽配合起密封作用,如图 3-15 所示。

图 3-13　防尘挡圈

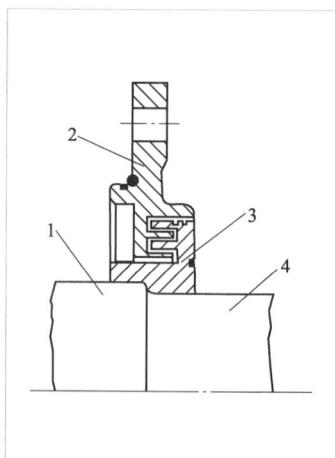

图 3-14　发电机皮带轮车轴轴箱前盖装置
1-轴劲;2-前盖;3-顶套;4-皮带轮座

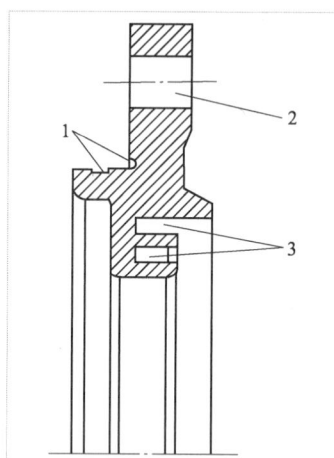

图 3-15　前盖
1-密封圈槽;2-螺栓孔;3-迷宫槽

(2)顶套:外圆设有迷宫槽,与前盖迷宫槽配合。内圆端面支承外侧轴承内圈。外端面上设有密封圈槽,以安装密封圈,与皮带轮配合起密封作用。

五、货车用无轴箱的圆锥滚子轴承轴箱装置

货车滚动轴承都不使用轴箱(用在转 K3 型转向架上除外),除双列圆锥滚子轴承外,还有后挡、前盖、防松片、标志板、承载鞍、施封锁、轴端螺栓等附属配件。

1. 后挡

后挡的结构如图 3-16 所示。其凸起檐遮住密封罩后端起保护作用;密封座槽为内侧密封座支撑,在老式后挡上有一个通气栓孔,内装通气栓,新式后挡现已取消通气栓。后挡的防尘座槽过盈配合于防尘板座上,后挡的组装如图 3-17 所示。

2. 前盖

前盖的结构如图 3-18 所示,其上有三个 M22 螺栓孔,用螺栓固定在车轴端面,作为轴承前端主要支承,压紧外侧密封座。其上凸起檐起保护密封罩作用。因前盖随车轴转动,又称旋转前盖。

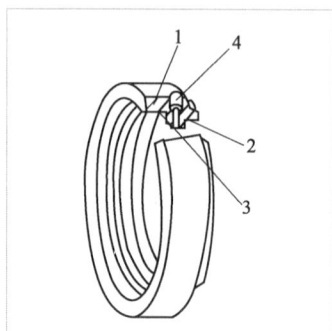

图 3-16　后挡的结构
1-凸起檐;2-防尘座槽;3-密封座槽;
4-通气栓孔

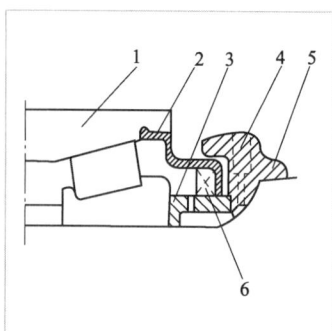

图 3-17　后挡的组装
1-外圈;2-密封罩;3-密封座;4-通气栓孔;5-后挡;6-密封圈

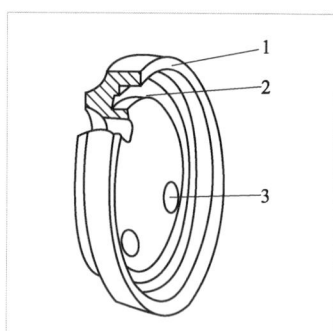

图 3-18　前盖的结构
1-凸起檐;2-密封座槽;3-螺栓孔

3. 防松片

防松片由厚1.5mm钢板压制而成,如图3-19所示,安装在前盖与螺栓之间,螺栓拧紧后,将止耳翘起,挡住螺栓头部,防止其松动。每个防松片只可以使用一次,以免止耳裂损失去止转作用。

4. 标志板

标志板是刻打滚动轴承在检修及运用中的重要检修记录的部件,它一般使用0.5～1mm的软性不锈钢板按图纸规定制作,安装时必须按《铁路货车轮轴组装检修及管理规则》(TG/CL 224—2016)的规定刻打标记,标记必须清晰、准确。

无轴箱双列圆锥滚子轴承的标志板共分为 A、B、C、D 四栏,如图3-20所示。使用中标志板又分为车轴左端轴承标志板和车轴右端轴承标志板,刻打内容分别如下。

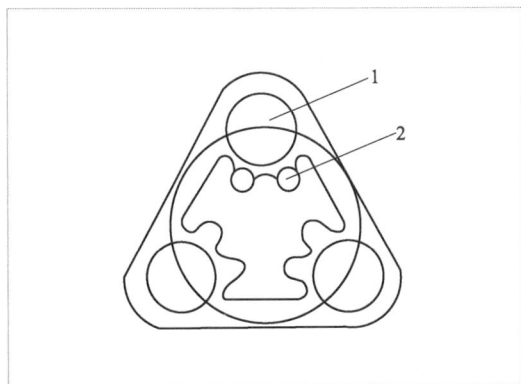

图3-19　防松片
1-螺栓孔;2-止耳

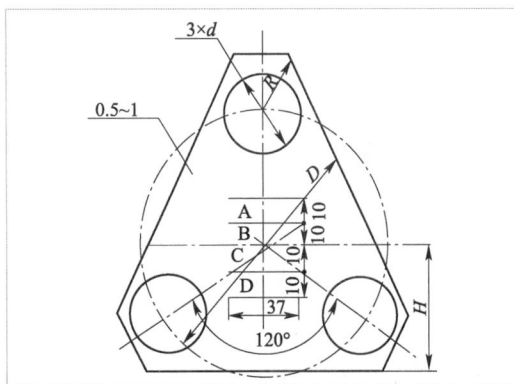

图3-20　标志板(尺寸单位:mm)
注:1.分栏线可以不设,也可以设虚线。
　　2.A、B、C、D 不打在标志板上。

(1)左端。

①A 栏:轴承首次装用年月,轴承制造(大修)单位代号,轴承分类代号,轴承等级标记。

②B 栏:轮对第一次组装年月日,左,轴号。

③C 栏:轴承本次装用年月日。

④D 栏:轴承本次装用单位代号,轴承一般检修标记及检修单位代号。

(2)右端。

①A 栏:轴承首次装用年月,轴承制造(大修)单位代号,轴承分类代号,轴承等级标记。

②B 栏:轮对最后一次组装年月日,轮对组装单位代号。

③C 栏:轴承本次装用年月日。

④D 栏:轴承本次组装单位代号,轴承一般检修标记及检修单位代号。

标志板刻打时的注意事项如下。

(1)标志板上的标记使用钢印刻打或激光刻写,深度不小于0.2mm,字体高5mm,行距3mm,右端 B 栏、左端 C 栏不同内容间空2个字的距离。

(2)轴承分类代号中,新造轴承代号为高度10mm的等边三角形,大修轴承代号为直径

10mm 的圆形,轴承分类代号套打在轴承制造(大修)单位代号外边。

(3)新造轴承或大修轴承首次装用时,D 栏内只刻打轴承本次装用单位代号;如果轴承是经过本单位进行一般检修并压装的,在轴承本次装用单位代号外边套打轴承一般检修标记,即高度 10mm、长度 22mm 的菱形框;如果轴承是经过外单位进行一般检修而本单位压装的,在轴承本次装用单位代号后面刻打轴承一般检修单位代号并套打轴承一般检修标记。

(4)等级轴承装用时,必须在 A 栏轴承首次装用年月后面增加刻打轴承等级标记"D1"。

(5)滚动轴承装用在冷冰车上时,必须在 C 栏轴承本次装用年月日后面增加刻打标记"B"。

(6)197720 型和 197730 型滚动轴承可不刻打轴承分类代号。标志板标记刻打示例如图 3-21 所示。

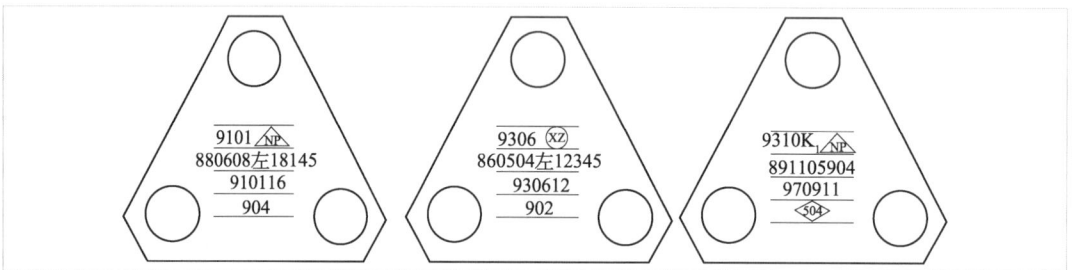

图 3-21 标志板刻打示例

5. 承载鞍

承载鞍由铸钢制成,它是无轴箱轴承与转向架的连接部件,目前与货车滚动轴承配套使用的承载鞍主要有三种形式,分别是普通型(用于转 8AG、转 8G 型转向架)、窄型(用于转 K2 型转向架)和摆动型(用于转 K4 型转向架)。承载鞍如图 3-22 所示。

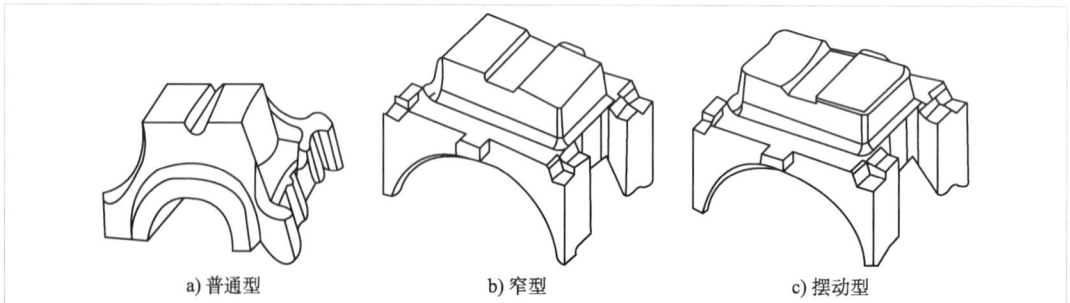

a) 普通型   b) 窄型   c) 摆动型

图 3-22 承载鞍

普通型和窄型承载鞍在顶部制有 $R2000\text{mm}$ 的凸圆弧面,以使车体传来的载荷集中在圆弧中部,然后均匀分布到轴承及轴颈上。摆动型承载鞍则在顶部制有 $R250\text{mm}$ 的凹圆弧面,与侧架导框上部的摇动座配合以实现侧架的左右摆动。普通型承载鞍与侧架导框的配合是外卡式,而窄型承载鞍、摆动型承载鞍与侧架导框的配合是内卡式。

承载鞍与侧架导框的间隙:普通型承载鞍前后间隙之和为 3～5mm,左右间隙之和为 9～12mm;窄型承载鞍前后间隙之和为 3～6mm,左右间隙之和为 6～12.5mm;摆动型承载鞍前后间隙之和为 3～5mm,左右间隙之和为 6～12mm。

6. 施封锁

施封锁又称铅封,即整个滚动轴承装置完全安装完毕后最后贴的封条,同时可以起到防止螺栓松动的作用。在它的六菱柱锁头上还刻打有施封锁的生产厂家及使用单位的代号,若刻有"TJ""601",则表示施封锁由天津东车辆段生产、株洲车辆段衡阳检修车间装车使用。

7. 轴端螺栓

每套轴承有三个轴端螺栓,通过压紧前盖起到防止轴承外移的作用。轴端螺栓必须为35钢制成的M22标准螺栓,螺栓的六角面顶端必须锻造(或刻打)生产厂代号标记、制造年份标记及"35"字样。此外,螺栓头部的侧面还开有两条通孔,以供穿施封锁使用。轴端螺栓在整个轴承中起到了较为重要的作用,如果检查中发现轴端螺栓全部松动或丢失一条及以上,应退检轴承。

任务 3.2　掌握滚动轴承及轴箱装置的检修

【任务导入】

引导问题 1：车辆滚动轴承在使用过程中，会出现哪些故障？

引导问题 2：如何对车辆滚动轴承进行检修，避免事故的发生？

一、滚动轴承的常见故障及产生原因

1. 裂损

凡是轴承内圈、外圈、滚子或保持架上所发生的裂纹、裂断、破碎及缺损统称为轴承的裂损。裂损的缺陷状态有以下四种。

（1）裂纹。发生在轴承上的裂纹，大多数肉眼难以辨别，发现裂纹的主要方法是探伤检查。采用磁粉探伤时，裂纹处有磁粉聚集现象。产生裂纹的主要原因：一是轴承在制造过程中，原材料内部缺陷（如气孔、夹渣等）、轧制时的变形使工件表面形成裂纹；二是热处理不良，锻造和冷热加工不当，使工件表面出现工艺裂纹；三是轴承长期使用，在交变应力的作用下出现疲劳裂纹。

（2）裂断。裂纹扩展到一定程度，使工件在某一截面上分成两半，即形成裂断。裂断是裂纹的扩展结果，多发生在滚子和保持架上以及采用轴承钢的套圈上。

（3）破碎。裂纹扩展会使零件裂断，出现多条裂纹的扩展使得轴承断裂成多块的现象，即为破碎。容易产生破碎的零件是滚子和保持架。

（4）缺损。轴承在组装拆卸、清洗、搬运或运用中受到碰撞或不正常的冲击力，使得轴承某部或多部断掉、形成缺口，零件不再完整，这种现象称为缺损。缺损缺陷对轴承性能和使用安全性有严重影响，一般不可再修复使用，应予以报废。

2. 电蚀

轴承内圈、外圈滚道面或滚子滚动面上有凹坑或洗衣板状条沟损伤，这种因电流通过滚子与套圈接触面时，击穿油膜而产生的金属熔融现象称为电蚀。电蚀凹坑以 10 ~ 20 倍的放大镜观察，发现从表至里呈变质层、硬化层、回火层和正常层。该局部组织变化使材质早期剥离。

形成电蚀的主要原因：在转向架或车辆上部进行电焊作业时，地线未接在焊接部附近，电流通过轴承内部，产生电火花打伤轴承零件工作面。只要

滚动轴承轴箱油润装置的检修

发生过电蚀损伤的轴承都必须报废。

3. 烧附

轴承在发生极严重的擦伤、咬伤时,套圈滚道面或内圈大挡边滚子引导面、滚子滚动面或大端球基面出现热熔性金属黏着现象,这种现象称为烧附。发生烧附时,金属硬度将降低。

发生烧附的主要原因:轴向游隙过小;润滑脂缺少或变质;润滑脂内混有金属粉或其他硬性杂质。凡发生烧附的轴承零件不能再使用,必须报废。

4. 麻点

轴承内、外圈滚道面或滚子滚动面上产生的微小坑点称为麻点,一般直径在 $\phi 0.2$mm 左右,常呈群集状态。

产生麻点的主要原因:滚动疲劳;有时由于腐蚀、电蚀或轴承材质有夹杂物也能形成麻点。麻点直径 <0.2mm 时,可视具体情况予以修理后继续使用;麻点直径 >0.2mm 时,应予报废。

5. 碾皮

轴承内、外圈滚道面或滚子滚动面上,由于滚动疲劳而发生的鳞片状的金属起皮现象称为碾皮。它是由于轴承工作时,在接近材料表层处反复作用最大的剪切应力,产生微细裂纹而发展形成的一种破坏形式。

形成碾皮的主要原因:材质或热处理不良;局部外伤、锈蚀或偏载过载;材质疲劳破坏。

6. 剥离

轴承内圈、外圈的滚道面或滚子的滚动面上,由于产生麻点、碾皮等缺陷,这些缺陷持续发展,逐步形成鳞片状乃至不规则的更大面积的金属剥落现象,这种片状掉落称为剥离,它是材料严重疲劳破坏的结果。

发生剥离的主要原因与形成碾皮的原因基本相同。剥离、碾皮和麻点都会使轴承寿命缩短。

7. 碰伤

轴承内、外圈或滚子表面产生凹坑,一般呈刻印状,这种局部伤痕称为碰伤,它是机械性损伤。

产生碰伤的主要原因:轴承在组装、拆卸、清洗、搬运等作业过程中与硬物碰击。

轴承内圈、外圈和滚子,碰伤长度≤0.5mm,修复后可继续使用;内圈、外圈碰伤面积≤3mm×3mm,滚子碰伤面积≤1mm×1mm,可将伤痕周围向上凸起部分修磨掉,研磨光滑后再使用。严重碰伤应予报废。

8. 划伤

轴承内、外圈或滚子各部产生的划伤,一般呈轴向、周向或其他方向的线状凸陷。

造成划伤的原因:轴承在组装、拆卸、清洗、搬运作业过程中,硬物侵入零件表面,并有相对移动,或轴承内部不清洁、润滑脂里混有硬性杂质。

划伤无手感者,可以不作处理继续使用;划伤有手感者,可将伤痕周边向上凸起部和锐边消除后再使用。

9. 擦伤

轴承内圈、外圈滚道面或滚子滚动面上产生的一定长度和面积乃至全部的带周向擦纹的粗糙损伤,以及滚子大端面和内圈滚子引导面上产生的回线状粗糙损伤,称为擦伤。该类损伤使金属表面组织产生滑移,同时受热影响,表面硬度降低,严重擦伤者即发生烧伤、熔化。

形成擦伤的主要原因:润滑不良;轴承游隙过小;轴承内含有杂质。

当擦伤深度≤0.025mm 时,可抛光修复后再使用;当擦伤深度 > 0.025mm 时,应予报废。

10. 咬伤

在接触面上产生的一定长度和面积的条状粗糙面称为咬伤。在轴承内圈或外圈滚道面上,该缺陷通常沿圆周等距分布,其间距与滚子相互间距对应。

发生咬伤的主要原因:轴承在静止状态受到振动负荷,窜动或零件的弹性变形,在滚子和轴承内圈或外圈之间产生微小的滑动;轴承在组装、搬运和拆卸过程中,受到了摔碰等不正常的冲击力。

轻微的咬伤可继续使用;转动有手感和出现噪声等咬伤严重者,应予报废。

11. 压痕

轴承内圈、外圈滚道面或滚子滚动面上呈现的边缘圆滑的点状凹痕或条状凹痕称为无痕。

形成压痕的主要原因:轴承内混有金属或其他硬性颗粒;轴承偏载或超载、轴承零件硬度低。通常点状凹痕出现的数量最多;条状凹痕在套圈滚道上等距出现。

发生点状凹痕的轴承零件,轻度的可不作处理继续使用;若旋转轴承其粗糙度能察觉而有手感者,不能再用;轴承内圈、外圈有条状凹痕者,应予报废。

12. 热变色

轴承内圈、外圈滚道面及滚子滚动面的局部或全部呈现淡黄色、黄色、棕红色及紫蓝色的现象,称为热变色。

引起热变色的原因:轴承发热可引起热变色,热变色可由淡黄色直至变为紫蓝色;锈蚀和润滑脂受热变质引起的变色一般呈淡黄色、黄褐色或棕红色;电蚀也能引起热变色。

由锈蚀、润滑脂变质引起的热变色通常可以用溶剂去除,轴承零件一般可以继续使用。锈蚀零件应除锈,同时根据锈蚀程度加以处理。由轴承发热和电蚀引起的热变色伴随着材料组织变化和硬度降低。而发生过电蚀损伤的零件应予以报废。热变色应按以下不同情况处理:淡黄色者可继续使用;紫蓝色者应报废;对于黄色者和棕红色者,应依据其程度轻重进行处理。凡伴有硬度降低者,都不能再使用。

13. 锈蚀

锈蚀有以下三种状态。

(1)色斑:在轴承内圈、外圈滚道面或滚子滚动面上,由润滑脂内所含水酸引起的不规则形状的表面变色,是轻度的尚无深度的腐蚀现象,有时非工作表面也有此现象。

(2)蚀刻:比色斑程度稍重,是深度较浅的腐蚀现象,常呈灰色或浅黑色。

(3)蚀坑:比蚀刻程度还严重的呈黑色并有一定深度的腐蚀现象。蚀坑除呈不规则的形状外,常呈密集点状。

引起轴承锈蚀的原因如下。

（1）润滑脂内含有水分或酸与金属表面接触发生电化学反应,产生锈蚀。

（2）润滑脂变质。润滑脂中抗氧化剂的消耗及添加剂和水起反应变成酸,都能使轴承零件表面腐蚀。

（3）轴承清洗、存放不当,维护不好。

对于锈蚀的轴承零件,可做如下处理。

轴承零件表面出现色斑,无论抛光与否,都可继续使用。对于蚀刻零件,可将蚀刻表面抛光除锈,抛光后有轻微凹痕的可继续使用。对于产生蚀坑的轴承零件,应予报废。

14. 摩擦腐蚀

轴承内圈与轴的配合面上产生类似锈蚀、有褐色粉末的不太规则,且具有一定的深度和光泽的面,称为摩擦腐蚀。

产生摩擦腐蚀的原因:轴承内圈与轴颈配合过盈量不足,两金属面间接触压力不够,当承受负荷时,在接触面间产生微观的反复的相对滑动。这种腐蚀在轴承内径和轴颈上同时产生。

轻的摩擦腐蚀,加修后尺寸精度在限度以内的可继续使用;摩擦腐蚀严重,尺寸超限者,应予报废。

15. 拉伤

轴承压装在轴颈上或从轴颈上拆下时,在轴颈表面或内圈内径表面产生的机械性损伤,称为拉伤,严重时表面有附着金属。

引起拉伤的主要原因如下。

（1）装卸轴承时,轴承内径或轴颈表面有硬性杂质。

（2）装卸轴承时不正位。

（3）密封座或内圈内径倒角不良。

对于内径表面轻微的机械性损伤,加修后尺寸精度在限度内,可继续使用;内径表面严重拉伤者,不能再用。

16. 蠕变

轴承内圈与轴的配合面上产生相对滑移甚至转动,出现有光泽的面,称为蠕变。蠕变发生时,常伴有摩擦腐蚀、材料松弛和内径扩大现象。

发生蠕变的原因:轴承内圈与轴颈配合过盈量不足;轴承内圈材质或热处理不良;轴承负荷过大、温升过高。

由配合过盈量不足引起的蠕变,轴承内圈可选配适当的过盈量继续使用;由轴承材质或热处理不当引起的内圈蠕变,应予报废,不能再使用。

17. 磨耗

轴承各零件间相对滚动或滑动造成的材质均匀或不均匀的消耗称为磨耗。

磨耗可分为正常磨耗和非正常磨耗,非正常磨耗发生的原因主要是润滑条件和润滑脂性能不好,润滑脂内混入了杂质,或是保持架变形安装不正位,或是材质硬度不高。

二、客车圆柱滚子轴承及轴箱装置的检修

我国客车圆柱滚子轴承检修基本工艺流程如图 3-23 所示。

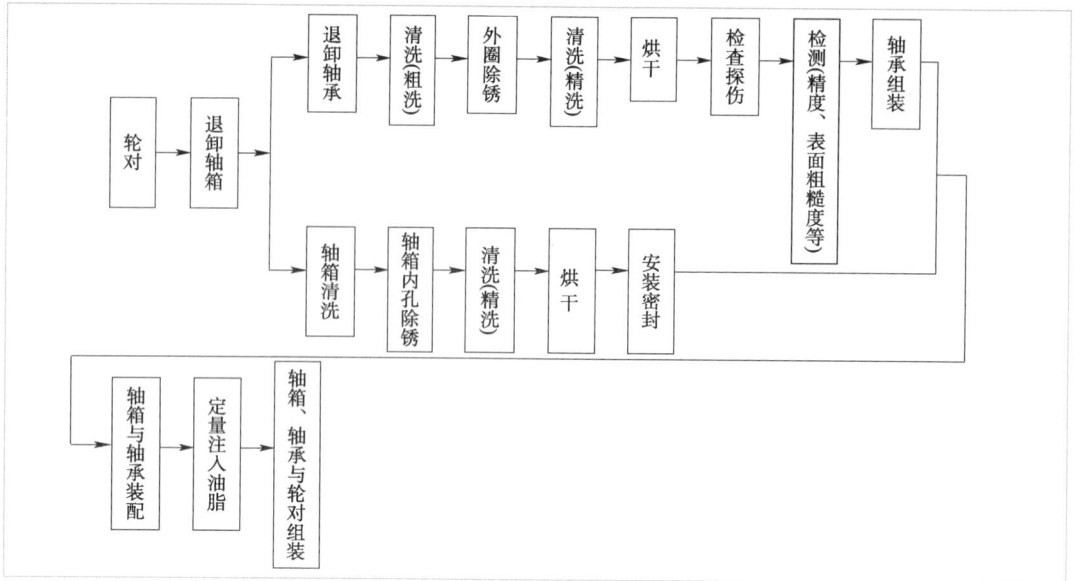

图 3-23　客车圆柱滚子轴承检修基本工艺流程

在检修过程中,要重点抓好以下几个重要环节。

1. 轴箱装置的拆卸和清洗

1)外部冲洗

滚动轴承和轴箱装置在拆卸前,应清除轴箱外部油垢或经转向架冲洗机冲洗,但不允许在碱水池中煮洗,以免碱水进入轴箱而腐蚀轴承。

2)轴箱和轴承的拆卸

拆卸时应注意避免擦伤、碰伤轴颈及轴承滚动表面。轴箱轴承拆卸过程和组装过程正好相反。

拆卸轴箱时,先用油压机拔出前轴承楔套,再用多钩拆卸工具拆卸前轴承。

在使用感应加热器拆卸两轴承内圈及防尘挡圈时,应严格控制加热时间和温度,防止轴承过热变色,并需彻底退磁。拆卸时严禁锤打或冷拉。

在轴箱和轴承的拆卸过程中,应仔细观察轴端螺母的紧固状况,轴承与轴箱配合状况,楔套、内圈和轴颈相互之间的配合状况,轴箱后部密封状况、油脂状态等。若有不良现象应分析原因并将其消除。拆卸下来的轴箱零件应整齐地放置在架上,废油脂收于专用油桶。

3)滚动轴承和轴箱的清洗

滚动轴承和轴箱分解后(RD₃型滚动轴承和轴箱内各零部件如图 3-24 所示),应彻底清除油垢、水分和杂物,以便检查修理和再组装。

新轴承一般先在煤油或柴油中清洗,再在渗有 6% ~8% 变压器油的汽油内清洗,清洗后汽油很快挥发掉,而在轴承表面上遗留一层很薄的变压器油,以防止轴承锈蚀。

拆卸下来的轴承,应先在清洗机内冲洗,再在汽油或煤油槽中清洗,也可使用三氯乙烯蒸气洗涤法来清洗轴承。轴承清洗后先用干净抹布拭净,再送检查室分解检查。

2. 滚动轴承的检修

滚动轴承厂修时,必须全部分解检查、探伤、抛光和修理。

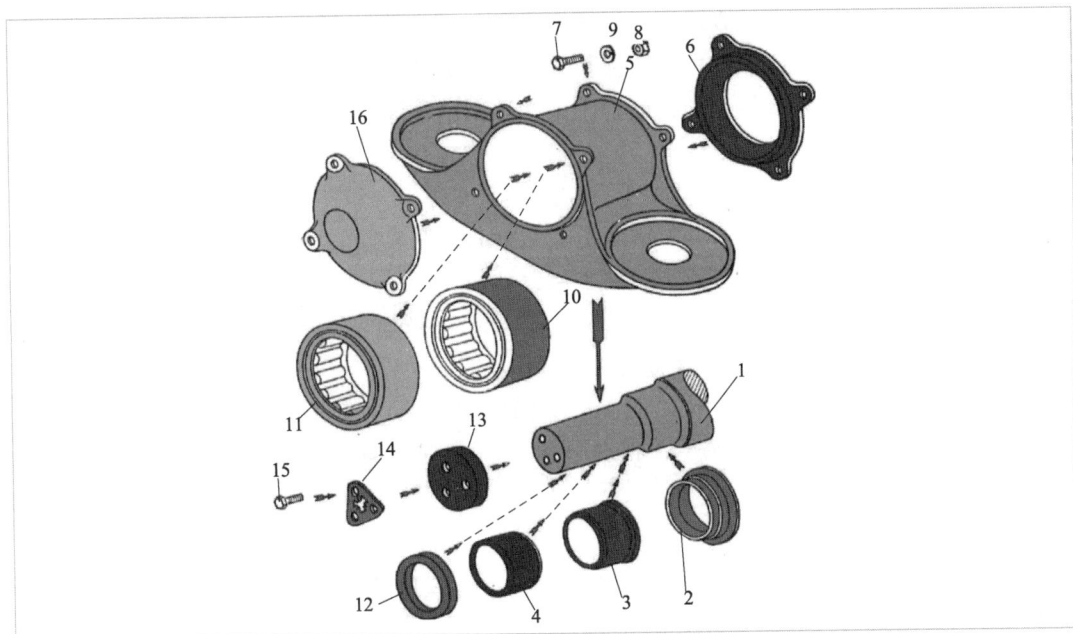

图 3-24 RD₃ 型滚动轴承轴箱内各零部件

1-车轴;2-防尘挡圈;3-42726T 轴承内圈;4-152726T 轴承内圈;5-轴箱体;6-后盖;7-螺栓;8-螺母;9-弹簧垫圈;10-42726T 轴承外圈;11-152726T 轴承外圈;12-152726T 轴承挡圈;13-压板;14-防松片;15-螺钉;16-前盖

　　段修时,整体保持架的圆柱轴承应全部分解检查。

　　所有滚动轴承不得有裂损、擦伤、麻点、剥离、锈蚀、电蚀、保持架折断和热变色等使硬度降低的缺陷。

　　圆柱滚动轴承检修工艺过程如下。

　　1)轴承分解

　　分解整体保持架时,将轴承平放,把滚子逐一向中心移动,全部移出外圈滚道后,滚子便随同保持架一起落下。

　　2)轴承检查

　　轴承分解后用细布擦净,检查各个零件,若发现有裂纹等不允许的缺陷,则应更换。厂修时,内圈、外圈和滚子应进行探伤,检查有无裂纹,探伤后应退磁。

　　3)轴承修理

　　滚子滚动表面有划痕、压痕等缺陷时,应用研磨机研磨除去。若缺陷过深、过大、不易研磨消除,则应更换。

　　套圈非工作表面上的锈垢,应用细砂布擦去。在滚道表面上的轻微划痕、锈蚀、擦伤等缺陷,可用 00 号砂布均匀打磨,并可用氧化铬抛光布进行抛光处理。

　　外圈挡边表面的擦伤、划痕等缺陷,可用挡边研磨机研磨修整。外圈滚道有局部压点、划痕等缺陷,可用油石打磨或在磨床上修整(仅限于大修轴承)。

　　保持架横挡允许有轻微磨耗,但以不掉出滚子为限,横挡上不得磨出毛刺。

　　若轴承径向游隙过小或内圈滚道上有麻点等缺陷,可磨削内圈滚道表面,使径向游隙在规定的限度值内。若轴承轴向游隙过小,可研磨外圈挡边或磨削外圈基准端面(非打字面)。

更换滚子时,应用轴承检查仪测量滚子直径和长度,按照标准规定的尺寸进行选配。若无所需尺寸的滚子备品配成组,则应更换整套滚子。更换轴承内圈、外圈时,内、外径尺寸应符合规定,并应保证轴承有规定的径向游隙值和轴向游隙值。

4)轴承的组装

经检查修理确认符合要求的轴承零件应原套组装使用。组装后的轴承检查其转动灵活性,用检测仪器测量轴承外径、内径、径向游隙和轴向游隙等数值并填入检查记录卡片,以便在向轴颈上组装时选配。

轴承自由状态下的径向游隙,应测量三处,每转120°测量一处,其平均值应为 0.12 ~ 0.20mm。单个轴承的轴向游隙,应为 0.4 ~ 0.9mm。

经检验确认合格的轴承,应在刻写制造厂代号的外圈端面和内圈斜面上,按顺时针方向刻写轴承检修标记。标记内容为"厂、段代号、年、月、轴承编号"。

3. 轴箱及其附件的检修

1)轴箱的检修

轴箱除锈清洗后应仔细检查有无裂纹、磨损,报警器安装孔螺纹是否良好;圆筒内表面有无划痕、擦伤、磨耗等缺陷。对配合面上的锈蚀擦伤应清除。

轴箱内径表面有纵向擦伤或划痕,其深度不超过 1mm 时,允许将边缘的棱角磨除后使用。局部磨耗深度不得超过 0.3mm,超过时应加修或更换。金属迷宫式轴箱的密封沟槽上,若有凹陷、变形,有锈蚀、尖角及毛刺,应及时消除。轴箱弹簧座有磨伤、腐蚀、裂纹时,应焊修或更换。检修后的轴箱应在其外表面涂刷防锈漆。

2)其他零件的检修

前盖、后盖、防尘挡圈、压板及螺栓清洗后进行检查,对撞伤、锈蚀、变形等缺陷应进行修理或更换。

O 形密封圈、防松片、后盖油封应换用新品。

更换油封时,将后盖内端面向上平放,用圆冲通过后盖的拆卸孔将油封打出。向后盖压装油封时,应使用专用压套。压装前,应在油封外径和端面及后盖油封座的装配面上涂少量变压器油。油封压装后应检查其压装状态,不得有不到位或过压变形现象。油封与后盖油封座的配合过盈量为 0.078 ~ 0.35mm。

4. 轴承、轴箱的组装选配

准备选配组装的零件:轴承、轴箱和防尘挡圈等应在同一室温下测量,以保证各部分的尺寸测值准确,不致因温差造成测量误差,从而影响相互配合。测量前,被测各零件及量具应同温 8h 以上,若同温未在同一室内进行,则各室间的温差应不大于 5℃。

5. 轴箱装置的组装

滚动轴承轴箱装置的组装质量直接影响轴承的运用性能,因此,组装时必须认真检查并确保各项工序符合技术要求。

1)组装准备工作

车轴轴颈和防尘板座表面应用汽油或煤油洗擦干净后涂抹一层变压器油,轴承应在加入 6% ~ 8% 变压器油的汽油中清洗干净,其余零件需在煤油或柴油中洗净。轴箱体和前、后盖外表面应清洗干净。轴箱体两端面及其内孔和前、后盖配合部(或金属迷宫槽沟),均应用汽油或煤油浸透的干净棉布擦干净。

2)安装防尘挡圈、轴承内圈

选配好的防尘挡圈、轴承内圈放入恒温箱内加热(不超过150℃)并保温10~15min,取出防尘挡圈迅速套在车轴防尘板座上,并用组装套筒撞击防尘挡圈,使其与轴肩端面密贴;然后取出轴承内圈套在轴颈上,装上平挡圈、压板、轴端螺栓和紧固螺栓,使两个轴承内圈及其与防尘挡圈端面接触严密。待轴承内圈冷却后,卸下螺栓、压板和平挡圈,用塞尺检查轴承内圈之间及轴承内圈与防尘挡圈之间的间隙,应不大于0.05mm。

3)轴箱体与后盖、轴承外圈组成

将轴箱体倒放在干净的木板上,使后端面向上,在后盖与轴箱体接触面上涂一层变压器油,把两个O形密封圈嵌入后盖凸缘外径上的沟槽内,然后将后盖盖在轴箱孔上,均匀拧紧紧固螺栓,使两者端面密贴,局部间隙不得大于0.5mm。

翻转轴箱体使其前端向上,在轴箱体内孔表面涂上一薄层变压器油,将洗净的轴承外圈外表面涂上变压器油后,连同滚子组件一起轻轻放入轴箱体内,注意两轴承外圈应是非刻字面相靠,不得装反。若轴承外圈不能顺利落入轴箱内,可振动轴箱体或用紫铜棒轻敲外圈端面,但禁止用铁锤敲打轴承。

测量前轴承外圈端面至轴箱前端面的距离,选配前盖凸缘高度,以保证前盖压紧轴承外圈端面。

4)轴箱装置总组装

将轴颈上内圈防尘挡圈和轴端螺纹孔擦拭干净后均匀涂抹上一层润滑脂,在轴箱后部密封的环形曲路处也涂以适量油脂。向轴箱内填充Ⅳ型润滑脂,每个轴箱填充量为:RC$_3$、RC$_4$轴箱0.5~0.7kg,RD$_3$、RD$_4$轴箱0.7~0.9kg。

将填好润滑脂的轴箱体连同轴承外圈和滚子抬起,在两列滚子间插入一个比内圈外径小0.05mm的衬套,待轴箱对准轴颈中心后,将其推到轴颈的两个内圈上,衬套则被前轴承内圈顶出。放入平挡圈,套上压板,在压板与三个紧固螺栓之间装上防松片,用力矩扳手拧紧固螺栓,紧固螺栓应用35钢制作,拧紧力矩为216~226N·m。然后把防松片的每个止耳翘起,紧贴在螺栓头的六角面上。

在选配好的前盖凸缘表面涂上层变压器油,套上两道橡胶密封圈后装于轴箱体上,均匀拧紧轴箱盖紧固螺栓。螺栓紧固后,前盖与轴箱端面应有0.2~1.5mm的间隙。

5)轴箱窜动量检验和磨合试验

轴箱组装完后,应将轴箱向前后移动至两极端位置检查其轴向窜动量。轴箱轴向窜动量应为新装0.8~1.6mm;检修0.8~2.0mm。

转动轴箱,不得有任何卡阻现象。将组装后的滚动轴承轮对吊到磨合转动试验台架上进行15~30min的磨合试验,不得有异声、卡死、发热等现象。

6)标记

组装竣工后应加施封锁,并在车轴"左"字端面右上角安装标志牌。标志牌上应按规定刻打轴号、厂、段代号和组装时间钢印,全部工作完成后应详细填写组装记录。

复习与思考

一、填空题

1.滚动轴承一般由（　　　）、（　　　）、（　　　）、（　　　）组成。

2.滚动轴承的代号由（　　　）、（　　　）、（　　　）构成。

3.客车用滚动轴承轴箱装置根据密封形式不同,分为（　　　）和（　　　）。

4.段修时,整体保持架的圆柱轴承应全部分解检查,所有滚动轴承不得有（　　　）、（　　　）、（　　　）、（　　　）、（　　　）、（　　　）、（　　　）等使硬度降低的缺陷。

二、选择题(以下至少有一项是正确的,请将正确的选项填入括号内)

1.下列属于滚动轴承的常见故障有（　　　）。

　　A.蠕变　　　　　　B.拉伤　　　　　　C.热变色　　　　　　D.咬伤

2.下列属于锈蚀的状态有（　　　）。

　　A.色斑　　　　　　B.蚀刻　　　　　　C.蚀坑　　　　　　D.腐蚀

三、判断题(以下描述正确的打"√",不正确的打"×")

1.滚动摩擦是指运动物体与支承物体之间的接触点是在不断地变化的摩擦。（　　　）

2.滚动轴承滚动体一方面沿内圈、外圈滚道公转,另一方面绕自身轴心自转。（　　　）

3.为保证滚动体能自由转动,滚动轴承只有径向游隙。（　　　）

4.我国货车装用的轴承为滑动轴承。（　　　）

四、简答题

1.简述滚动轴承的工作原理。

2.车辆用滚动轴承与用滑动轴承相比有哪些优点?

3.简述我国客车滚动轴承的检修基本工艺流程。

弹簧及减振装置的构造与检修

项目导读

本项目主要介绍车辆走行部分安装的弹簧及减振装置,主要内容有弹簧的作用及分类,钢弹簧、橡胶弹簧、空气弹簧、高度控制阀及差压阀、减振装置的构造与检修。学习完本项目后,应对车辆弹簧及减振装置的构造和作用原理有一个全面的认识。

学习目标

1. 知识目标

(1)了解车辆弹簧的构造。

(2)掌握空气弹簧、高度控制阀、差压阀的构造与检修。

(3)掌握减振装置的构造与检修。

2. 技能目标

(1)培养自主学习习惯、能力。

(2)培养动手能力、空间理解能力、沟通能力和团队协作能力。

(3)培养逻辑思维和处理信息的能力。

3. 素质目标

(1)培养良好的科学文化和专业业务素质。

(2)树立良好的职业道德和劳动安全思维。

(3)培养服务大众出行的责任感。

任务4.1 认识弹簧的作用及分类

【任务导入】

引导问题1:车辆上安装弹簧能起到什么作用?

引导问题2:车辆上的弹簧有哪些种类?

一、弹簧的作用

车辆在轨道上运行时,将伴随产生复杂的振动现象。运行速度越高,这些振动和冲击的危害就越严重。为减小有害的车辆冲动,提高车辆运行的平稳性,车辆必须在走行部分安装缓和冲击和衰减振动的装置,即弹簧减振装置。

车辆上采用的弹簧减振装置,按其主要作用的不同,大体可分为三类:一是主要起缓和冲击作用的弹簧,如中央及轴箱的圆柱螺旋弹簧(简称圆弹簧)等;二是主要起衰减(消耗能量)振动作用的减振装置,如垂向、横向减振器等;三是主要起定位(弹性约束)作用的定位装置,如轴箱轮对纵、横方向的弹性定位装置,摇动台的横向缓冲器及纵向牵引拉杆等。

上述各类装置在车辆振动系统中也称为弹性悬挂装置。这些装置对车辆运行是否平稳、能否顺利通过曲线并保证车辆安全运行,都起着重要的作用。

车辆弹簧的作用主要体现在两个方面:一是使车辆的质量及载荷较均衡地传递给各轮轴,并使车辆在静载状况下(包括空车、重车)保证正常连挂;二是缓和由线路的不平顺、轨缝、道岔钢轨磨耗和不均匀下沉,以及车轮擦伤、车轮不圆、轴颈偏心等原因引起车辆的振动和冲击。弹簧可以使车辆的弹簧以上部分和弹簧以下部分分成既有联系又有区别的两个部分,即簧上、簧下的作用力相互传递,而运动状态(位移、速度、加速度)又不完全相同。车辆上设置弹簧可以缓和轮轨之间相互作用,也可以提高车辆运行的舒适性和平稳性,保证旅客的舒适和安全,保证货物完整无损,延长车辆零部件及钢轨的寿命。

二维码

弹簧的作用及分类

二、弹簧的分类

车辆上采用的弹簧种类很多,按其材质可分为钢弹簧、橡胶弹簧和空气弹簧三类。

(1)钢弹簧:主要包括叠板弹簧、螺旋弹簧、环形弹簧、抗侧滚扭杆装置等。此外,可将多个多种弹簧组合在一起使用:有的串联使用;有的并联使用;有的同类弹簧使用;有的异形弹簧使用。

(2)橡胶弹簧:车辆上橡胶弹簧主要用于定位装置。此外,车体与摇枕、摇枕与构架、轴箱与构架、弹簧支承面等金属件接触部位之间,常采用橡胶衬垫、衬套、止挡等橡胶元件。

(3)空气弹簧:空气弹簧主要可分为囊式和膜式两类。囊式可分为单曲、双曲和多曲等形式;膜式可分为约束膜式、自由膜式等形式。

任务4.2 认识钢弹簧的结构与检修

【任务导入】

引导问题1：车辆上安装的钢弹簧有哪些类型？

引导问题2：车辆上的钢弹簧如何进行检修？

一、钢弹簧的结构

1.叠板弹簧

叠板弹簧由一组长短不等的钢板重叠而成，其受力近似等强度梁，其结构如图4-1所示。簧板的中央用钢箍加热套上，待冷却后紧密地将钢板组成一体。叠板弹簧按结构形状可分为弓形、椭圆形等。

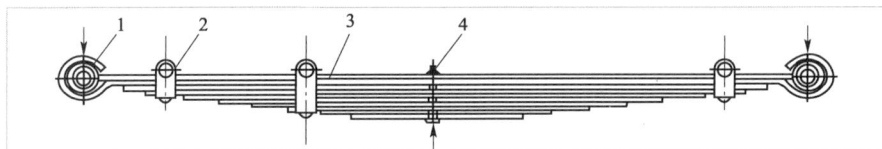

图4-1 叠板弹簧的结构

1-卷耳；2-弹簧夹；3-弹簧钢板；4-中心螺栓

二维码

钢弹簧

图4-2 螺旋弹簧

2.螺旋弹簧

螺旋弹簧呈螺旋状，有圆柱形和圆锥形。

在车辆上通常采用簧条截面为圆形的圆弹簧，如图4-2所示。常用弹簧材质有55Si2Mn或60Si2Mn两种。

制造螺旋弹簧时分为冷卷和热卷，车辆转向架上采用的簧条直径一般较粗，故多为热卷。此外，制造时还要将簧条每端约有3/4圈的长度制成斜面，使螺旋弹簧卷成后，两端成平面，以保证站稳，减小偏载。

3.环形弹簧

环形弹簧由多个带有内锥面的外圆环和带有外锥面的内圆环配合组成，承受轴向力后，各圆环沿着圆锥面相对运动产生轴向变形而起到弹簧作用，如图4-3所示。

4.抗侧滚扭杆装置

高速车辆为了改善垂向动力学性能，克服转向架的二系弹簧刚度较低而导致车辆在运行中的侧滚幅度加大的缺点，从而增加舒适度，在转向架中

增设了抗侧滚扭杆装置。抗侧滚扭杆装置由 1 根扭杆、2 个扭臂、1 个可调节连杆、1 个固定连杆和 2 个支撑座组成。

二、钢弹簧的检修

钢弹簧是转向架上的一个重要零件,它不仅能缓和振动,而且还能承受和传递载荷。若弹簧发生了故障,轻则失去缓和车辆振动的作用,重则会造成车体倾斜影响安全行车,甚至引起车辆颠覆。

在车辆上主要应用圆弹簧,圆弹簧属于钢弹簧的一种类型,下面以圆弹簧为例,简单介绍相关知识。

图 4-3　环形弹簧

1. 裂纹和折损

圆弹簧的裂纹和折损易发生在弹簧两端的 1.5 ~ 2 圈内,裂纹一般从簧条内侧开始。这是因为弹簧受扭转和剪切的最大合成应力产生在簧条截面内侧边缘。此外,当弹簧受冲击载荷作用时,支持圈及其附近又首当其冲,这些情况都使此处最易发生折损。

圆弹簧裂纹和折损的原因,主要是在应用中经受大的冲击、超载或偏载过大,超出了弹簧的负荷能力所致;其次,在弹簧制造或修理时,未能达到工艺要求所引起。此外,在检修和更换弹簧时,过多地用力锤击造成伤痕也是一个重要原因。

在检修圆弹簧时,应注意观察圆弹簧的螺距是否一致,相邻两圈簧条是否接触和听锤敲击的音响来判断圆弹簧是否裂纹或折损。发现裂纹和折损的弹簧应予更换。

2. 弹簧衰弱

弹簧经过长期运用,特别是经过多次修理之后,弹簧易产生自由高降低的现象称为弹簧衰弱。弹簧衰弱的主要原因是在长期使用中,弹簧承受超载和偏载,负荷过大;或因弹簧腐蚀磨耗后使截面积减小,成为最薄弱的一环;由于多次修理进行加热造成弹簧表面氧化和严重脱碳,从而降低了弹簧材质的强度极限。

货车段修规程要求圆弹簧自由高小于规定的下限时更换。

客车圆弹簧自由高度低于基本尺寸 3mm 时调修。

对自由高度低的圆弹簧唯一修理方法,就是重新进行热处理,以使其恢复自由高度。调修工艺如下。

1)劈距

圆钢直径大于 25mm 的圆弹簧可一次加热到 900 ~ 980℃,加热时间越快越好,以减少氧化。劈好螺距后,按下列方法立即进行淬火,且淬火温度不应低于 850℃。

2)淬火

淬火包括油中淬火、水中淬火、水油两段淬火等。

(1)油中淬火:圆弹簧放入不超过 90℃ 的油槽中,应在油中游动,不得露出油面,至完全冷却后取出。

(2)水中淬火:圆弹簧放入不超过 30 ~ 45℃ 的水槽中,应在水中游动,至完全冷却后

取出。

（3）水油两段淬火：圆弹簧放入水中冷却，待表面不现红色（350～400℃）迅速移至油槽中，至完全冷却为止，由水中取出移至油中在空气中停留的时间不得超过3s。

3）回火

将圆弹簧放入炉膛内，各圆弹簧之间应留有间隙，炉温控制在440～530℃，回火时间按圆钢直径计算，每分钟不少于1.5mm，到弹簧整个回火时间的一半时，将弹簧旋转180°使回火均匀，将回火后的弹簧置于空气中缓冷。

淬火与回火的间隔时间越短越好，要求在当天完成。

任务 4.3　认识橡胶弹簧

【任务导入】

引导问题 1：相对于钢弹簧，橡胶弹簧有哪些优、缺点？

引导问题 2：车辆上安装橡胶弹簧有什么优越性？

一、橡胶弹簧的优点和缺点

常见的橡胶弹簧如图 4-4 所示。橡胶弹簧在车辆上的安装如图 4-5 所示。相较于钢弹簧，它的优点和缺点如下。

图 4-4　橡胶弹簧　　　　　　　　　图 4-5　橡胶弹簧在车辆上的安装

1. 优点

（1）可以自由确定形状，使各个方向的刚度根据设计要求确定。利用橡胶的三维特性，可使弹簧能同时承受多个方向载荷，以便简化结构。

（2）可避免金属件之间的磨耗，安装、拆卸简便，并不需润滑，故有利于维修，降低维修成本。

（3）可减轻自重。

（4）具有较高内阻，对高频振动的减振以及隔音性有良好效果。

（5）弹性模量比金属小得多，可以得到较大的弹性变形，容易实现预想的良好的非线性特性。

2. 缺点

（1）不耐高温，不耐低温，耐油性差。

（2）使用时间长容易老化。

（3）性能离散度大,同批产品性能差别可达 10%。

二、橡胶弹簧的主要特性

（1）橡胶弹簧具有特殊的蠕变特性。压缩橡胶弹簧时,载荷加大到一定程度后,虽不再增载,但其变形仍在继续,且卸去载荷后,橡胶弹簧也不能恢复原状。这种特性通常称为时效蠕变或弹性滞后现象。因此,橡胶弹簧的动刚度比静刚度大,其增大的倍率与动载荷的频率和振幅有关,一般要增大 10% ~40%。

（2）橡胶弹簧的性能（弹性、强度）受温度影响较大,当温度变化后这些性能也随之改变。大多数橡胶弹簧随着温度升高,刚度和强度有明显降低,随着温度降低,刚度和强度都有提高,一般先变硬,后变脆。因此,当温度在 −30° ~ +70°时,可依据不同的使用温度,选用不同材质的橡胶弹簧,使其在一定工作温度下具有较稳定的弹性特性。

（3）橡胶弹簧具有体积基本不变的特性,即几乎是不可压缩的,它的弹性变形是由形状的变化所致。因此,在设计制造中,应保证橡胶弹簧形状改变的可能性。

（4）橡胶弹簧的散热性不好,故不能把橡胶弹簧制成很大的整块,需要时应做成多层片状,中间夹以金属板,以增强散热。

（5）橡胶弹簧的疲劳损坏,主要由应力集中处产生裂纹,橡胶和金属黏合处发生的剥离以及在压缩时侧面产生的褶皱现象等逐渐扩展造成。

（6）橡胶弹簧变形受载荷形式影响较大,承受剪切载荷时橡胶弹簧变形最大,承受压缩载荷时其变形最小。因此,承受剪切变形的橡胶弹簧承载能力小而柔度大,承受压缩变形的橡胶弹簧承载能力大而柔度小,受拉伸的橡胶弹簧则很少使用。

任务 4.4　认识空气弹簧并了解其检修知识

> **【任务导入】**
>
> 引导问题 1：相较于钢弹簧和橡胶弹簧，空气弹簧有何优越性？
> 引导问题 2：空气弹簧如何起到减振效果？

一、空气弹簧的优点和缺点

1. 优点

（1）空气弹簧的刚度可选择低值，可以降低车辆的自振频率。

（2）空气弹簧具有非线性特性，可以根据车辆振动性能的需求，设计出理想的弹性特性曲线。在平衡位置振动幅度较小时（正常运行时的振幅）刚度较低，若位移过大，刚度显著增加，以限制车体的振幅。

（3）空气弹簧的刚度随载荷而改变，从而保持空车、重车时车体的自振频率几乎相等，使空车、重车不同状态的运行平稳性接近。

（4）空气弹簧和高度控制阀协同工作时，可使车体在不同静载荷下，保持车辆地板面距轨面的高度不变。

（5）单个空气弹簧可以同时承受三个方向的载荷。利用空气弹簧的横向弹性特性，可以代替传统的转向架摇动台装置，从而简化结构，减轻自重。

（6）在空气弹簧本体和附加空气室之间装设有适宜的节流孔，可以代替垂向安装的液压减振器。

（7）空气弹簧具有良好的吸收高频振动和隔声性能。

2. 缺点

空气弹簧的附件（如高度控制阀、差压阀等）较多，成本较高，并增加了维护与检修的工作量。

空气弹簧的显著特点，使它在车辆上得到了广泛应用。

二维码

空气弹簧的结构
及检修

二、空气弹簧装置的组成

空气弹簧装置如图 4-6 所示，主要由空气弹簧、附加空气室、高度控制阀、差压阀等组成。空气弹簧所需要的压力空气由列车制动主管经 T 形支管、截断塞门、滤尘单向阀进入空气弹簧储风缸，再经纵贯车底的空气弹簧主管向两端转向架上的空气弹簧供气。转向架上的空气弹簧管路与其主管

用连接软管接通,压力空气再经高度控制阀进入附加空气室和空气弹簧。

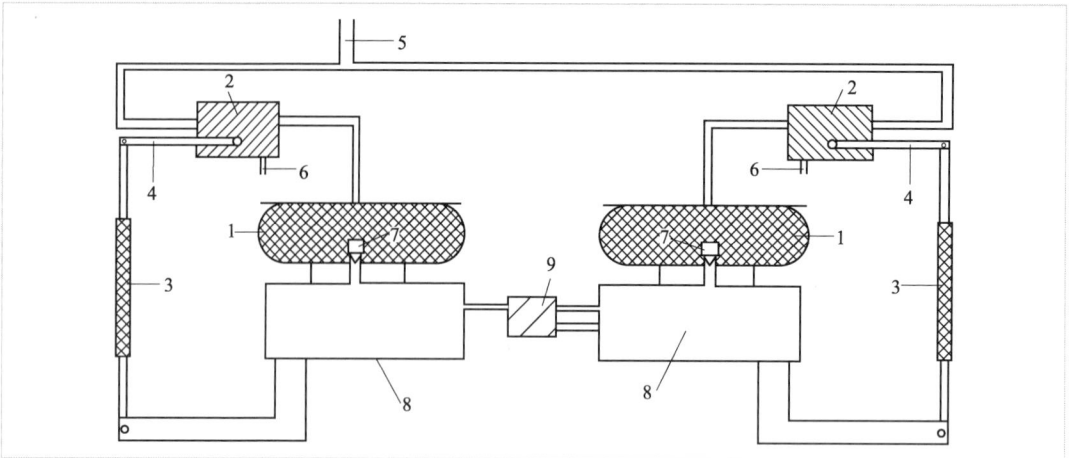

图 4-6　空气弹簧装置
1-空气弹簧;2-高度控制阀;3-高度调整连杆;4- 高度调整杠杆;5-供风管;6-排气口;7-节流孔(阀);8- 附加空气室;9-差压阀

三、空气弹簧的分类

空气弹簧主要可分为囊式和膜式两类。

1. 囊式空气弹簧

囊式空气弹簧可分为单曲、双曲和多曲等形式。由于车辆对悬架系统的承载能力和刚度调节要求较高,故单曲囊式空气弹簧在车辆中的应用相对较少,一些轻轨车辆或低负载的轨道交通设备可能会采用,以满足基本的悬架需求。双曲囊式空气弹簧寿命长,制造工艺较简单;但刚度大,振动频率高,所以车辆上已不采用。多曲囊式空气弹簧在车辆中的应用相对更广泛,因为它们能够提供更高的承载能力和更好的刚度调节性能,主要用于高速列车、重载货运列车、城市轨道交通车辆和普通客运列车。

图 4-7　膜式空气弹簧

2. 膜式空气弹簧

膜式空气弹簧,可分为约束膜式、自由膜式等形式,如图 4-7 所示。

1)约束膜式空气弹簧

约束膜式空气弹簧由内筒、外筒和将两者连接在一起的橡胶囊等组成。这种形式的空气弹簧刚度小,振动频率低,其弹性特性曲线容易通过约束裙(内筒、外筒)的形状来控制,但橡胶囊工作状况复杂,寿命较短。

2)自由膜式空气弹簧

自由膜式空气弹簧由于没有约束橡胶囊变

形的内筒、外筒,可以减轻橡胶囊的磨耗,延长了寿命。它本身的安装高度比较低,可以明显降低车辆地板面距轨面的高度,且其弹性特性可以通过改变上盖板边缘的包角加以适当调整,具有良好的负载特性。因此,在无摇动台装置的空气弹簧转向架上应用较广泛。

空气弹簧的密封要求高,以保证弹簧性能稳定和节省压缩空气。一般采用压力自封式和螺钉紧封式两种密封形式。压力自封式是利用空气囊内部的空气压力将橡胶囊的端面与盖板(或内筒、外筒)卡紧加以密封;螺钉紧封式,是利用金属卡板与螺钉夹紧加以密封。压力自封式的结构简单,组装检修方便,应用较广泛。

空气弹簧橡胶囊是由内、外橡胶层,帘线层和成型钢丝圈组成。内橡胶层主要用于密封,需采用气密性和耐油性较好的材质;外橡胶层除密封外,还起保护作用。因此,外橡胶层应采用能抗太阳辐射和臭氧侵蚀并耐老化的材质,还应满足环境温度的要求,一般为氯丁橡胶。帘线的层数为偶数,一般为两层或四层,层层帘线相交叉,并与空气弹簧橡胶囊的经线方向成一角度布置。由于空气弹簧上的载荷主要由帘线承受,而帘线的材质对空气弹簧的耐压性和耐久性起着决定性的作用,故可采用高强度的人造丝、维尼龙或卡普隆作为帘线。

我国客车全部采用自由膜式空气弹簧,其中绝大多数为压力自封式结构,只有209HS型客车转向架用空气弹簧采用螺钉紧固式结构。下面介绍两种常用型号。

1)SYS600A型空气弹簧

SYS600A型空气弹簧,最初应用于广深线准高速客车,之后大量应用于CW-2型准高速和提速客车转向架,是我国铁道装车数量最多的一种空气弹簧。

SYS600A型空气弹簧是压力自封式密封结构的自由膜式空气弹簧,其结构主要由上盖、橡胶囊、下座、橡胶堆和可调阻尼节流阀等组成。其主要特点如下。

(1)采用压力自密封方式,因而结构简单,组装维修方便,质量轻。

(2)下座为橡胶堆结构,以实现弹性支承,可通过有效利用橡胶堆的剪切与弯曲变形降低横向刚度,并可在无气状态时,保证车辆具有一定的运行品质。

(3)设有可调阻尼节流阀,可在较宽的振动频率范围内提供适中的减振阻尼。

2)SYS600型空气弹簧

SYS600型空气弹簧是一种采用螺钉紧固式密封结构的自由膜式空气弹簧,主要应用于209 HS型提速客车转向架,其结构主要由上盖、扣环、橡胶囊、下座、橡胶堆和可调阻尼节流阀等组成。其主要特点如下。

(1)采用螺钉紧固密封方式,较可靠,但结构复杂,组装麻烦,且质量重。

(2)下座为刚性支承结构,不利于进一步改善振动性能。

(3)下座钢筒内设有橡胶堆,可在无气状态时保证车辆具有一定的运行品质。

(4)设有可调阻尼节流阀,可在较宽的振动频率范围内提供适中的减振阻尼。

四、空气弹簧节流孔

在空气弹簧和附加空气室之间装设有适宜的节流孔,当空气弹簧垂向变位时,上述两者之间将产生压力差。若空气弹簧处于静态变位(缓缓变位)过程,其压力差较小;若空气弹簧处于振动过程(快速变位),则其压力差较大。空气流过节流孔由于阻力而耗散部分的振动能量,使其具有减振作用。采用空气弹簧悬挂装置的车辆,一般都采用这种减振方式。

空气弹簧采用的节流孔也可分为固定节流孔和可变节流孔。节流孔形式的不同,使车体振动特性不同,通过实验结果比较两者得出的结论如下。

当采用固定节流孔时,在低频振动范围,无论振幅或大或小,对于振动的衰减效果,都存在相对阻尼不足(即节流孔开孔过大)或相对阻尼过大(即节流孔开孔不足)的区域;在高频振动范围,因固定节流孔相对开孔不足(可类比过硬的弹簧一样),当振动速度(振幅)大时,存在着对于高频振动隔振不好的区域。当采用可变节流孔时,可依据振动速度的变化而改变节流孔的大小,使之处于最佳节流效应的状态;在低频振动范围,对于不同幅值的振动都可以获得适宜的减振;在高频振动范围内,可变节流孔孔径加大(增加了一个节流孔),而不会发生过硬弹簧的现象,使隔振有良好效果。

在车辆上采用可变节流孔的空气弹簧,不仅可使车辆垂直方向的低频振动、高频振动均有适宜的阻尼,而且对车体侧滚的低频振动也有良好的衰减特性,因此在我国准高速客车转向架上采用了可变节流孔的空气弹簧。中间是固定节流孔,两侧为板阀式节流孔,当右侧(左侧)空气压力高于左侧(右侧)空气压力时,上边(下边)的板阀式节流孔开通,由于压缩弹簧变形挠度与压差成正比,所以压差大,弹簧挠度也大,节流孔开度也大。这样就可避免压差过大而引起空气阻力的急剧增加。

选择适宜的节流孔直径和压缩弹簧的刚度,就可以得到适宜的阻尼特性(近似为线性流量特性)。

五、空气弹簧的检修

1. 空气弹簧的试验

为了考察空气弹簧的特性,对其进行有关的性能试验。试验方法如下。

(1)气密性试验。将空气弹簧保持在标准高度,充入 0.5MPa 的气压后,放入充满水的槽内保压 10min,不得有气泡出现。

(2)垂向静特性试验。将空气弹簧保持在标准高度,分别充入 0.1MPa、0.2MPa、0.3MPa、0.4MPa 和 0.5MPa 的气压,在每种压力下,测定 -30 ~ +30mm 垂向行程内的载荷和位移关系,由此确定空气弹簧的垂向刚度。

(3)横向静特性试验。将空气弹簧保持在标准高度,分别充入 0.1MPa、0.2MPa、0.3MPa、0.4MPa 和 0.5MPa 的气压,在每种压力下,测定 -30 ~ +30mm 横向行程内的载荷和位移关系,由此确定空气弹簧的横向刚度。

(4)耐压强度试验。将空气弹簧保持在标准高度,充入高压水,使其内压慢慢上升至2MPa,若未发生破坏,则认为该空气弹簧具有足够的耐压强度。

(5)疲劳试验。将空气弹簧保持在标准高度,充入 0.5MPa 的气压后,使其处在 -30 ~ +30mm 的垂向和横向行程内,以频率 1 ~ 3Hz 进行振动,在垂向和横向振动次数分别达到 10^6 和 2×10^5 后进行检查,其外观不得出现泄漏、剥离和异常变形等现象。

2.空气弹簧的其他检修要求

(1)空气弹簧上盖与摇枕间胶垫破损老化时应更换,锥形密封胶圈裂纹、缺损、失效时应更换,胶囊老化、龟裂、破损漏气时应更换。

(2)上盖裂纹时分解焊修,加工平整,弯曲变形影响安装和密封时应更换,胶囊安装座、扣环应光滑、平整、清洁;组装螺栓丝扣部分不得与胶囊接触。

(3)底座裂纹时焊修并加工平整,漏泄分解时,内侧应涂刷防锈漆。

(4)橡胶支持座脱胶时应更换,节流阀作用不良时应更换。

(5)经分解检修的空气弹簧均须进行风压试验并符合要求。

任务 4.5 认识高度控制阀及差压阀并了解其检修知识

【任务导入】

车辆上采用的高度控制阀及差压阀是空气弹簧悬挂装置中一个重要组成部件。空气弹簧的优点只有在采用良好的高度控制阀情况下,才能充分体现出来。

一、高度控制阀的相关知识及检修

1.高度控制阀的主要作用、要求与分类

高度控制阀的主要作用及要求:维持车体在不同静载荷下都与轨面保持一定的高度;在直线上运行时,车辆在正常的振动情况下不发生进、排气作用;在车辆通过曲线时,由于车体的倾斜,转向架左右两侧的高度控制阀分别产生进、排气的不同作用,从而减少车辆的倾斜。

高度控制阀一般可分为机械式和电磁式两种,按组成的不同又可分为有延时机构式和无延时机构式;按引起高度控制阀产生进、排气作用的传动方式还可分为直顶式和杠杆式等。

高度控制阀一般由延时机构,进、排气机构和高度控制机构等部分组成。LV5B 型高度控制阀如图 4-8 所示。

二维码

高度控制阀及差压阀

图 4-8 LV5B 型高度控制阀

2.高度控制阀的工作原理

由于车体静载荷的增加(或减小),空气弹簧被压缩(或伸长),空气弹簧高度降低(或增高)。总之,车体距轨面高度发生改变,这样,高度控制机构使进、排气机构工作,向空气弹簧进气(或排气),当空气弹簧内压与所承受的静载荷相平衡时,空气弹簧恢复到原来的高度,高度控制机构停止工作,进、排气机构处于关闭状态,进气(或排气)停止。

延时机构一般由缓冲弹簧和阻尼减振器组成,该机构使得车辆运行时,空气弹簧在正常的振动情况下[即空气弹簧高度(幅度)存在变化],不发生进、排气作用。此时只是该机构的缓冲弹簧伸缩变形,而进、排气机构并不作用。但是,当振动的频率低于某一值时(该频率值要低于车辆正常振动的频率,又称截止频率),进、排气机构工作,使空气弹簧进、排气,为此,需选取适宜的缓冲弹簧刚度和减振器阻尼值。这样,就可实现车辆运行时在正常振动中(振动频率高于截止频率),空气弹簧不进气或不排气,而在静载荷变化或车辆通过曲线时(变化频率低于截止频率),空气弹簧要进气(或排气)的要求。

进、排气机构一般由几组阀门组成,而阀门的开启或关闭受到高度控制机构和延时机构的控制。

高度控制机构一般由杆件组成,按传动方式不同,可分为直顶式和杠杆式。直顶式是由高度控制阀的接触杆直接把空气弹簧高度(即车体距轨面高度)的变化情况(幅值和频率)传递给进、排气机构和延时机构。杠杆式是通过杠杆机构,将空气弹簧的大位移(振幅)转换成小位移,再传递给进、排气机构和延时机构。直顶式比杠杆式减少了一套杠杆传动机构,其结构简单,并克服了杠杆传动中销套连接产生的误差,但对其安装的垂直度要求较严格。

设有延时机构的高度控制阀结构较复杂,为保证其性能稳定,对各件参数的配合要求较严,其工艺加工要求较高。无延时机构的高度控制阀在车辆运行中进气阀和排气阀不断地开启、关闭,因而空气消耗量大,虽然结构简单,但在车辆上较少采用。

电磁式高度控制阀作用灵敏,高度调整迅速,但运用维护较麻烦,工作时需要电源,所以平时调车或长途回送车辆不方便。为节省压力空气的消耗,在行车时需采用切断电源的措施,故对长途车辆是不适合的,所以在干线车辆上几乎不采用,而在市郊和短途车辆上有所采用。高度控制阀的工作原理如图4-9所示,具体如下。

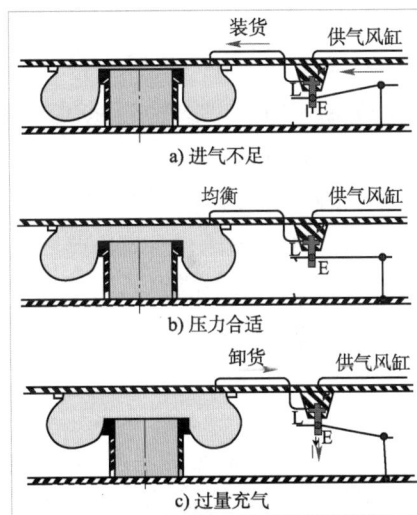

图4-9 高度控制阀的工作原理
L-进气口;E-排气口

正常载荷,车体与转向架距离 $h = H$,(h 是车体与转向架实际距离,H 是车体与转向架标准高度)高度控制阀关闭各通路 L、V、E,气囊保压,维持车体高度不变。

载重加大到一定程度,车体与转向架距离 $h < H$,高度控制阀导通主风管道空气弹簧气囊通路,V→L,气囊进气,直至车体升高到标准位置。

载重减少到一定程度时,车体与转向架距离 $h > H$,高度控制阀导通空气弹簧气囊与大气通路,L→E,气囊排气,直至车体降低到标准位置。

初次启动列车时,二系悬挂空气弹簧气囊不进气。高度调整阀将运行,所以压缩空气流入气囊并使气囊膨胀。

一旦达到了合适的地板高度,高度控制阀使压缩空气停止流入气囊从而将地板高度保持在稳定值。

如果列车上旅客减少或位置移动而气囊过分膨胀,高度控制阀将运行以降低气囊内空气压力直至达到正常的地板高度。

3. 高度控制阀的主要特性及参数

(1)截止频率。为保证在直线运行时,车辆在正常振动过程中,空气弹簧不发生进、排气作用,要求高度控制阀工作的频率必须低于车辆的垂直低主振频率,称为截止频率。只有车体距轨面高度变化的频率低于该值时(如静止状态车辆载荷的发生变化及车辆通过曲线时),高度控制阀才进、排气。对于高速车辆,因弹簧悬挂装置的刚度非常柔软,故要求较低的截止频率。由此可以得出,截止频率是延时机构正常工作的重要参数,一般该值为 1Hz。

(2)无感区。为避免车辆载荷发生微小变化而高度控制阀就发生进、排气作用,以及为安装高度控制阀必然存在的高度差确定允许的适宜值,需要该阀有无感区,在无感区高度变化的范围内,高度控制阀不发生进、排气作用。一般无感区约为 ±4mm。

(3)延迟时间。高度控制阀设有延时机构,目的是使高度控制阀具有"截止频率"和"无感区"的性能。因此需要有确定的延迟时间,一般为 1s。

(4)进、排气时间。设有该参数值是为保证转向架左右高度控制阀进、排气快慢尽可能一致,以减小空气弹簧承载的不均衡性,并保证在规定的时间内,空气弹簧的进、排气量的多少符合所规定的要求,所以它是保证高度控制阀进、排气的快慢符合规定要求的特性参数。例如,规定某容积为 12L 的空气弹簧,内压从 0 升到 0.42MPa 时,进气时间为 5.5s,而从 0.42MPa 降至 0.2MPa 时,排气时间为 7.75s。

(5)供风风压。要求列车供风的风压符合高度控制阀正常工作所需的数值,铁道车辆列车管风压一般为 0.6MPa。

(6)检修期。为保证高度控制阀的正常工作,减少维修量,延长寿命,保证质量,要规定无检修期。例如,对某型高度控制阀规定车辆运行 20 万 km 之内无检修。

上述各主要特性参数值,应结合车辆悬挂参数、运行速度、空气弹簧类型、线路条件及高度控制阀的结构形式等具体条件进行确定。

4. LV-3 型高度控制阀

1)结构

普通双层客车和准高速客车采用的 LV-3 型(国产型号为 GTF-Ⅱ)高度控制阀的结构如图 4-10 所示。高度控制阀的高度控制机构主要包括连杆套筒、连杆和主轴,它们主要是完成进、排气的控制作用。

高度控制阀的进、排气机构主要由高度控制阀体、过滤网、空气节流阀、进气阀体、进气阀、排气阀体和排气阀等组成。进气阀的低压侧和排气阀的高压侧(即空气弹簧侧)组成通道并进行联系。通过控制机构的控制,即打开或关闭进、排气阀来完成进、排气作用。

高度控制阀的延时机构主要由活塞(图中未标出)、吸入阀、缸盖、缓冲弹簧、弹簧支架和减振器支架组成。延时机构以硅油作为阻尼介质,使空气弹簧高度存在变化,不发生进、排气作用,仅是该机构的缓冲弹簧扭转变形,而进、排气机构并不工作,这样一方面可减少高度控制阀的误动作,另一方面可起到节省压力空气的作用。

此外,高度控制阀的主轴、活塞、吸入阀和缸盖等部件全部浸泡在硅油中。在主轴上装有弹簧支架和减振器支架,可在主轴上自由回转,弹簧支架和减振器支架同时接触缓冲弹簧。在主轴旋转时,转动缓冲弹簧,由此产生的力带动减振器支架和连动凸起的活塞,使进气阀和排气阀动作。连杆在水平位置 ±45° 范围内旋转时,设在本体内的限位机构能够限制缓冲弹簧产生过度动作。

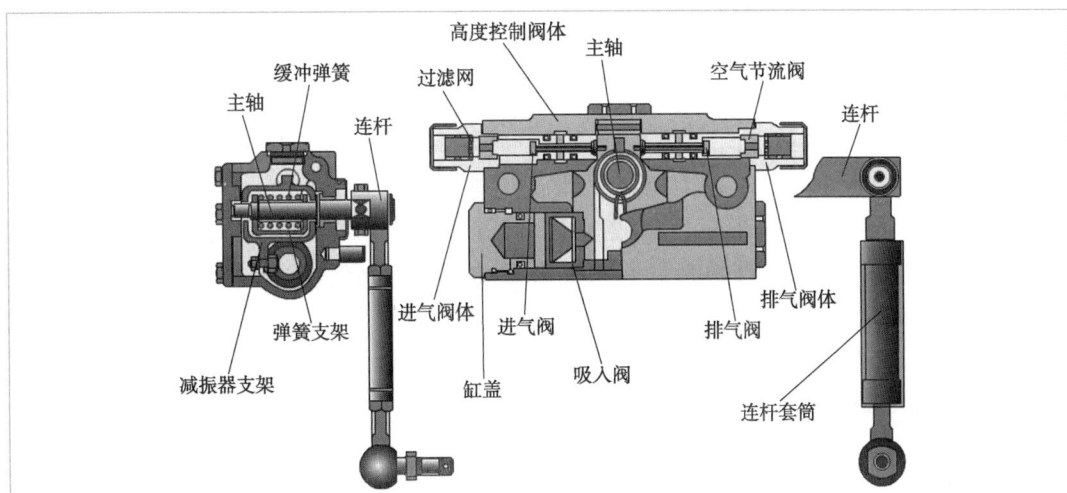

图 4-10　LV-3 型高度控制阀的结构

2)作用原理

当车体载荷增加,高于空气弹簧的内压时,空气弹簧被压缩,其高度降低。此时,高度控制机构的连杆向上动作,带动主轴旋转,由于延时机构的作用,一定时间后打开进气阀,空气弹簧储风缸中的高压空气进入空气弹簧,空气弹簧的高度增加,并使连杆逐渐恢复到水平状态,此时进气阀迅速关闭,空气弹簧的高度恢复至原来设定位置。

相反,当车体载荷减小时,空气弹簧的内压将过剩,因而空气弹簧伸长,其高度增加。此时,高度控制机构的连杆向下动作,带动主轴旋转,由于延时机构的作用,一定时间后打开排气阀,空气弹簧内的压力空气由排气阀排入大气,空气弹簧的高度随之降低,同时连杆逐渐恢复到水平状态,排气阀迅速关闭,空气弹簧的高度恢复至原来设定位置。

进气阀和排气阀的开启动作,需要一定时间的间隔。相较之下,进气阀和排气阀的关闭动作却要迅速得多,这便是高度控制阀的最大特点。这种效果的产生,是由于延时机构的作用。

5.高度控制阀的使用注意事项

(1)运输、搬运必须小心谨慎。如果发生碰撞,可能会使固定部分松动,造成调整困难,产生难以预料的事故。

(2)连杆在停止回转时,禁止施加过度外力。连杆的动作位置,在从中心水平位置开始约 ±45° 范围内,这一设计是为了防止缓冲弹簧产生过大的力量。如果回转到极限位置,仍旧人为地施加力量,连杆、套筒及阀体将可能受损。因此吊起车体时,必须先将连杆从连杆套筒中取出来(吊起车体时,空气弹簧必然伸长)。

(3)在阀体装配时,用两个 M10 的螺栓按标准力矩紧固,并检查螺栓是否干涉连杆的动作。

（4）安装时,认真清扫管道部分,消除管道内部的尘屑。为减少管道附着物,应采用无酸化退火及类似效果的退火方法。

（5）管道方向应正确安装。安装管道时,阀体上铸有箭头的方向是空气弹簧一侧,反方向则是与空气弹簧储风缸连接的方向。若管道方向装反,连杆即使处于水平位置,也会发生空气泄漏。

（6）安装管道时,阀体上的进、排气阀体不能转动。因为不灵敏区域是根据阀体固定的位置进行调整的,所以为了避免阀体移动应将管道螺母拧紧。

（7）连杆套筒应尽量垂直安装。尽管在允许的倾斜度内,不会产生不良现象,但安装倾斜后,车辆行驶过程中连杆在重量倾斜情况下振动,会影响套管的寿命,所以应尽量垂直安装。

（8）螺母、盖之类及其他元件若无特殊要求,不得随便变动改制。

6. 高度控制阀的检修

1）空气泄漏检查

（1）管道部分的空气泄漏检查。

在管道部分检查泄漏,可采用肥皂水和听排气的方法。管道部分空气的泄漏,可能是管道螺母紧固不好造成的。

（2）排气孔处空气泄漏检查。

一般情况下,可以达到排气孔完全不发生泄漏现象。但即使是在正常情况下,也会发生略微泄漏的现象,如果产生较大泄漏,则应按下列各点进行检查。

①车辆是否位于不平坦区。

②连杆套筒的长度是否调整得合适。

③管道是否安装正确。

若以上均正确,但仍存在泄漏,应考虑高度控制阀是否异常。

2）油液泄漏检查

确认阀盖、缸盖、排气孔等处是否存在油液泄漏。若存在,则可能是紧固不良,或密封材料有损伤,或密封材料老化,应及时进行处理。

3）油面检查

油面通常在指定面（进、排气阀中心）±5mm 处。如果从外表看不到油液泄漏,可无须特别检查。

（1）油液不足时,性能受影响,耐久性也会降低。此时按指定规格（硅油 $10mm^2/s$）加油,禁止使用代用油脂。

（2）油量过多时,由于油的膨胀会对油本身产生压缩效应,进而对设备的性能产生不良影响。此外,这种情况还会对其他检查工作带来不利因素。

4）高度控制阀动作检查

连杆一端从套筒往外伸长并经过一定时间后,车体会发生上升或下降现象,连杆恢复水平后,车体的动作即停止,进、排气阀的动作则无异常。但是,如果连杆处于倾斜状态而停止进、排气,空气弹簧伸长到极限,可能会发生事故,因此必须特别注意。

5）高度控制阀性能试验

高度控制阀性能试验在三阀试验台上进行，主要检查无感带区域（不灵敏区域）、作用延迟时间和压力空气流量。

需要特别注意的是，空气泄漏及油液泄漏必须定期检查，检查拆装时，要防止尘埃混入。高度控制阀必须每三年进行一次分解检查，更换受损元件，重新组装试验，但是需配有试验台。

二、差压阀相关知识及检修

1. 差压阀的作用

差压阀用于保证一个转向架两侧空气弹簧的内压之差，不超过为保证行车安全规定的某一定值，若超过，则差压阀自动沟通左右两侧的空气弹簧，使压差维持在该定值以下。所以，差压阀在空气弹簧悬挂装置中主要起保证安全的作用。

在由四个空气弹簧直接支承于车体的车辆悬挂装置中，即使是车辆的几何尺寸、质量等都为对称的参数及结构，空气弹簧的内压往往也不是均衡的，即当车辆斜对角两处的空气弹簧内压增大时，另一对角两处的空气弹簧内压会减小，将斜对角之间内压不均衡状况称为"对角压差"，该状态下各空气弹簧上的承载也是斜对称形的。这是因为在实际中，各空气弹簧充排气时间及速度的差别，线路不平顺，各高度控制阀的高度控制杆有效长度（高度差）的不同及车辆载荷的不均衡等原因，使得静止或运行中的车辆转向架的左右两侧空气弹簧内压有区别。当不采用差压阀时，其压差可达 0.1~0.15MPa。这会使转向架两侧的垂直载荷很不均衡，导致减载侧抵抗脱轨的能力明显降低。为保证车辆平稳、安全地运行，防止脱轨，必须在空气弹簧悬挂系统中采用差压阀。

当左右两侧空气弹簧内压差小于某一定值时（一般小于或等于 0.8MPa），左右两个差压阀都处于关闭状态，左右两个空气弹簧均不相通。若左边空气弹簧内压增高，并超过该定值，即差压阀中下室空气压力高于上室空气压力，左阀的空气弹簧受压缩，打开阀芯，使压力空气从左边流向右边。反之，若上室空气压力高于下室空气压力，右阀的空气弹簧压缩，打开阀芯，使压力空气从右边流向左边。差压阀的这种安全作用，使得空气弹簧的承载符合安全要求。

2. 差压阀差压值的选择

在选择差压阀的差压值时，应注意以下几点。

（1）在转向架左右两侧空气弹簧为均载条件下，车辆正常运行时，该压差值应不影响由车辆振动所引起的空气弹簧内压变化的压差值。

（2）差压阀的差压值应高于车辆在曲线（包括过渡曲线）上运行时，车体两侧增减载的载荷变化，使左右两侧空气弹簧内压变化的压差（包括高度控制阀的进、排气作用）不均衡。

（3）在上述两个要求的允许条件下，尽量取较小的压差，使各空气弹簧承载不会发生过分的不均衡，以提高车辆的运行平稳性和抗脱轨性能。

（4）当转向架一侧空气弹簧发生破裂事故时，另一侧空气弹簧内压不能过高，并仍使车辆能以较低速安全运行，便于事故的处理。

一般差压阀的压差为 0.08~0.12MPa。在取值时应根据车型的结构形式、载重、车体重心高度、运行条件、运行速度以及所采用空气弹簧和高度控制阀的形式等因素确定。

3. DP₃ 型差压阀的结构

DP₃ 型差压阀的结构如图 4-11 所示。阀体上有两个直径 11mm 的螺栓孔,可用两个 M10 螺栓固定在转向架上。从空气弹簧的压力空气管道,通过活节连接在阀体上并压入阀座,用橡胶制的单向阀被弹簧顶在阀座上。此外,接头将过滤网四周固定,而接头穿过密封圈被固定在阀体上。活节和连接螺母又将密封圈紧固在接头上。单向阀和弹簧之间有厚 0.1mm 的垫片和厚 0.2mm 的垫片,通过改变这两类垫片的数量,可进行压力值的微调。

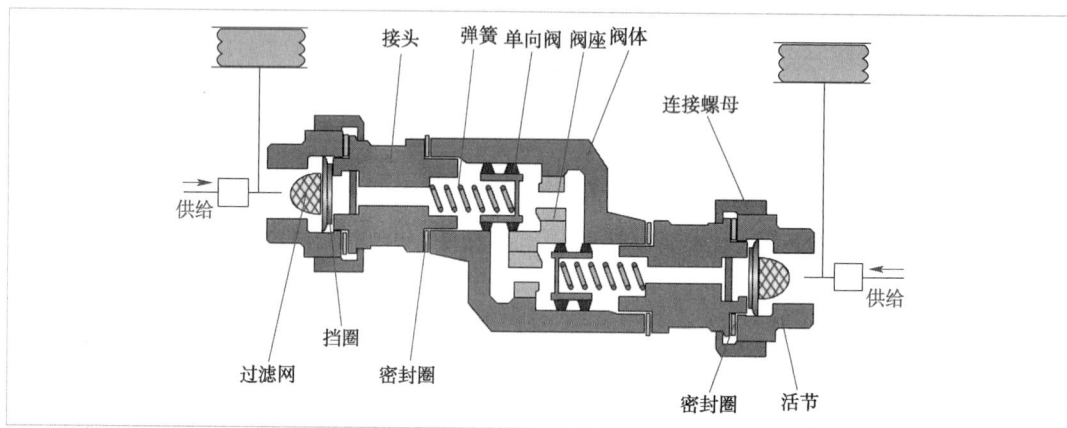

图 4-11 DP₃ 型差压阀的结构

4. DP₃ 型差压阀的工作原理

1) 通常状态

图 4-12a) 所示为差压作用的通常状态,单向阀 1、2 分别在阀座中就位,维持左右两侧空气弹簧的压差值在规定值以下。

2) 产生异常压差的状态

如图 4-12b) 所示,当右侧空气弹簧内压下降,左右两侧空气弹簧压差值超过规定值时,单向阀 2 打开,左右两侧空气弹簧被沟通,左侧空气弹簧内的压力空气向右侧空气弹簧中充入,当压差值降低至规定值时,单向阀 2 关闭,差压阀又处于通常状态。

如图 4-12c) 所示,当左侧空气弹簧内压下降时,右侧空气弹簧内的压力空气向左侧空气弹簧中充入,其工作原理同上,方向相反。

如果一侧的空气弹簧破裂,差压阀就会使另一侧空气弹簧把内部的压力空气也放掉,避免了车体的过大倾斜,保证安全。

5. 差压阀的检修

差压阀检修时,应从车上拆下并分解,其拆装步骤如下。

(1) 单向阀在阀体内能自由滑动。

(2) 阀体周围如果发生锈痕,应用油清洗洁净,禁止用人工锉、机加工方法除锈。

(3) 单向阀的橡胶座损坏时,应更换新品。

（4）弹簧生锈、变形、弹性降低时，应更换新品。

（5）重新组装时，各零件应清洗洁净，仔细装配。

（6）组装后按规定试验。

差压阀的试验主要分为气密性试验和检验两个单向阀的开启是否符合规定的压差值试验。差压阀的试验在三用阀试验台上进行。

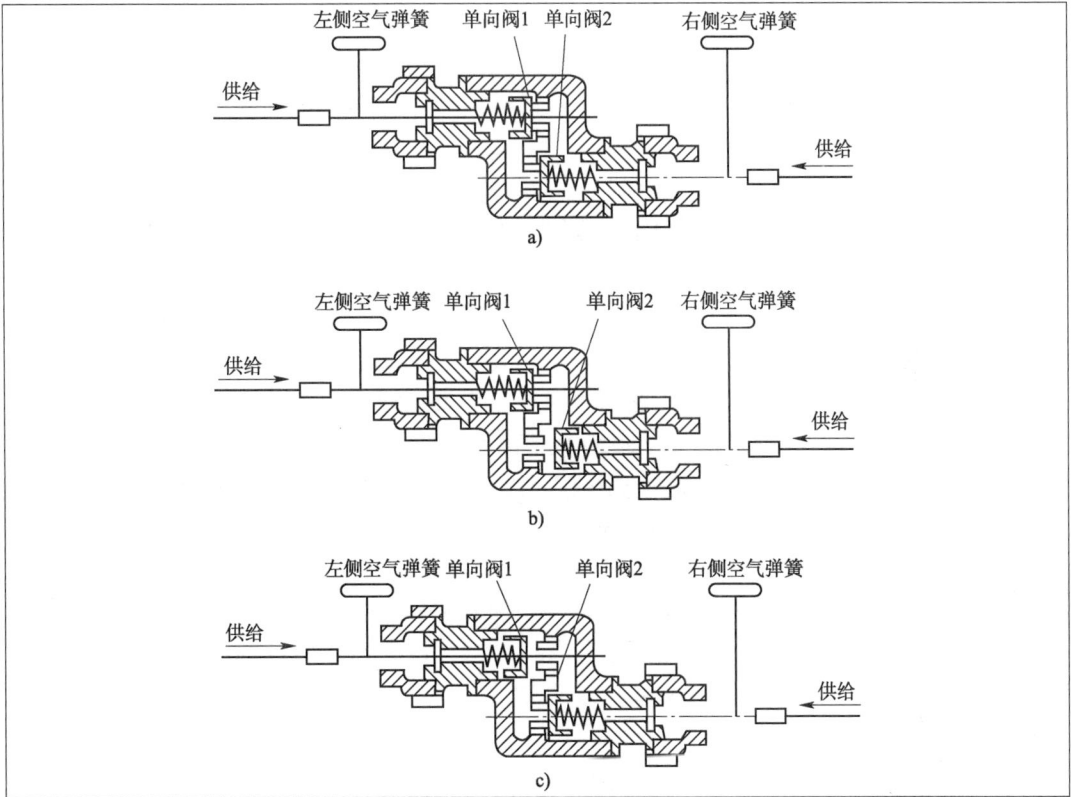

图 4-12　差压阀的工作原理

任务 4.6 认识减振装置并了解其检修知识

【任务导入】

引导问题 1:车辆上安装了弹簧为何还要安装减振装置?

引导问题 2:车辆上的减振装置主要有哪些?

一、车辆减振器的作用及分类

车辆上采用的减振器与弹簧一起构成弹簧减振装置。弹簧主要起缓冲作用,缓和来自轨道的冲击载荷和振动激励;而减振器主要起减小振动的作用,它的作用力总是与运动的方向相反。通常减振器具有变机械能为热能的功能,减振阻力的方式和数值的不同,直接影响到振动性能。

车辆采用的减振器按阻力特性可分为常阻力减振器和变阻力减振器;按安装部位可分为轴箱减振器和中央(摇枕)减振器;按减振方向可分为垂向减振器和横向减振器;按结构特点又可分为摩擦减振器和油压减振器。

此处主要介绍摩擦减振器和油压减振器。

减振装置

二、摩擦减振器

摩擦减振器借助金属摩擦副的相对运动产生摩擦力,使车辆振动动能耗散为热能,从而减小车辆振动。

摩擦减振器结构简单,成本低,制造维修比较方便,故广泛应用在货车转向架上。但它的缺点是摩擦力随摩擦面状态的改变而改变,并且由于摩擦力与振动速度基本无关,有可能出现以下情况:当振幅小时,摩擦阻力过大而形成对车体的硬性冲击;当振幅大时,摩擦阻力又显得不足而不能使振动迅速衰减。

这里主要介绍斜楔式摩擦减振器。该类型减振器主要用于我国转 8A 型货车转向架上,其比较具有代表性。下面以此为例来说明其基本结构组成。

每台转向架摇枕两端各有左右两个摩擦斜楔,每个斜楔在一个双圈螺旋弹簧上,摇枕两端各坐落在五个双圈螺旋弹簧上。所以,摇枕每端的减振装置由摇枕、两个斜楔、两块侧架立柱磨耗板和七组双圈螺旋弹簧共同组成。斜楔呈三角形,如图 4-13 所示,有主、副两个摩擦面。立面为主摩擦面,

它与铅垂线夹角 β 为 2°30′;斜面为副摩擦面,它与水平线夹角 α 为 45°。斜楔底面有凸起圆脐子,对减振弹簧起到定位作用。

侧架立柱磨耗板材质为 45 钢,焊接或铆接在侧架立柱上。两侧架立柱水平距离在 505mm 以下时,磨耗板厚度应为 10mm;两侧架立柱水平距离在 505mm 以上时,磨耗板厚度为 12mm;硬度为 38~50HRC。

图 4-13 斜楔

减振器组装后,斜楔嵌入摇枕的斜楔槽中,减振弹簧受压缩,其弹力使斜楔的主摩擦面与侧架立柱磨耗板密贴,副摩擦面与摇枕的斜楔槽 45°斜面密贴。

三、油压减振器的分类和检修

油压减振器主要是利用液体黏滞阻力所做的负功来吸收振动能量,优点在于它的阻力是振动速度的函数,其特点是振幅的衰减量与幅值的大小有关,振幅大时衰减量也大,反之亦然。这种"自动调节"减振的性能,正符合车辆的需求。因此,为了改善客车的振动性能,广泛采用性能良好的油压减振器。但它具有结构复杂、维护比较困难、成本较高及受外界温度影响等缺点。

1. 油压减振器的分类

用于车辆上的油压减振器一般为双筒、不充气、活塞式、阻尼力不可随机控制。

按作用原理分为循环式减振器和非循环式减振器两类。循环式减振器结构较复杂,阻力对称性好。非循环式减振器结构简单,检修方便。QY-K 和 QY-J 系列油压减振器都为循环式结构。如今生产的其他型号的油压减振器基本都属于非循环式结构。

按用途分为与轴箱弹簧并联的轴箱减振器、与摇枕弹簧(如空气弹簧等)并联的摇枕减振器、设在摇枕与车体之间的横向减振器、连接构架与车体的抗蛇行减振器、协调车体间相对运动的耦合减振器等。

SFK1 型、SFKZ13 型和 MSP602 型减振器,简称为 1A 型减振器(包括横向油压减振器)。1A 型减振器为 20 世纪 60—80 年代初的主型减振器,并一直应用至今。1A 型减振器的密封性能、阻力稳定性等方面尚不够完善。

SLK70 型和 SLK71 型减振器,简称为 2A 型减振器(即横向油压减振器),适用于 120km/h 以下的运行速度。2A 型减振器与 1A 型减振器相比,其阻力稳定性、密封性、防锈性能有较大改进。

3A 型(系列)高速车辆油压减振器在结构方面以改善压缩卸荷特性为主。安装于准高速列车运用后,经过改进,1996 年又研制了 3A1 型(系列)减振器。这种减振器以改进密封性能为目的,结构和材料有较大改进。

3A2 型(系列)油压减振器充分吸取了国内外减振器结构的特点,采用先进的密封材料和动密封技术,具有体积小(较 3A1 型减小 38%)、质量轻、阻力衰减率小、密封性好等优点。3A2 型油压减振器可改换 6 种端部连接形式,阻尼系数为 15~100kN·s/m,改变阻尼系数和安装长度后,可以满足大多数车辆的使用要求。

2. 油压减振器的检修

1)油压减振器的常见故障

油压减振器工作时,缸筒内油压可达 2500MPa,密封圈、油封圈磨损和裂损易造成漏油,故密封性能是检修工作中的重要问题。油压减振器安装在车体下部,易遭受污水等腐蚀。防尘罩锈穿后会失去保护活塞及其他零件的作用。两端连接螺栓腐蚀则造成拆装困难。经长期使用后,内部零件会发生磨损,如活塞、导向套、涨圈、进油阀等磨损后会使阻尼系数变得不符合要求。磨损下来的微粒及侵入的尘土会使油液污染变质,也使阻尼系数变化。油量不足时,减振器会失去作用。

2)检修要求及检修过程

车辆在段修时要对油压减振器分解检修,组装后进行阻力试验和漏油试验。

减振器从车上拆下后,应记录编号和所属车号。铭牌丢失或钢印不清者,应重新编号,以免检修试验时混乱。分解前,最好先在试验台上试验,并记录示功图,根据示功图的形状,分析其内部有关零件的缺陷和检修时应注意的地方。分解时,零件应成套放在一起,以免互相调换,造成配合不严密。

(1)减振器的分解顺序。

①拆卸上、下端螺母,压板,胶垫,套和防尘罩。

②分解缸端密封部分。

③取出活塞部分并分解阀座、芯阀和阀套。

④分解缸体与进油阀体。

减振器分解后,除胶垫和上、下端螺母外,均应进行清洗;防尘罩、储油缸和压板可进行煮洗;其他零件需放在汽油中清洗。清洗后对各零件进行检查,按限度规定进行修理或更换。

(2)油压减振器各零件的检修限度和修理方法。

①防尘罩。直径为 112mm 的圆柱表面因碰撞而凹凸不平者,应修整。因腐蚀而有局部破损者应挖补,严重破损者更换。

②上、下胶垫凡有明显裂纹、老化变硬、残余变形或局部磨损时,应更换。

③储油缸。下端 M22 丝扣损坏,可堆焊旋削。当下端连接部分因弯曲、锈蚀或磨损而严重破坏时,可将损坏的螺纹割下,焊接上一段圆钢,然后进行旋削。

④活塞。上端 12mm×12mm 的方头经使用和锈蚀后,若有损坏,应用锉刀修成方形;丝扣若有损坏,用板牙修理。活塞禁止焊修,镀铬表面若有锈蚀、局部磨耗或弯曲等现象,应更换。若有微小划痕,或因与密封胶垫偏磨而局部发亮,可以继续使用,但磨耗限度不应超过0.05mm。

⑤涨圈。检修减振器时,涨圈一般可以不分解,但必须进行检查。涨圈长期工作后,常由于油液变脏,与活塞结成一体,此时应用毛刷在汽油中洗去涨圈与活塞之间缝隙中的油垢,使涨圈得以自由张开。若经过清洗,仍不能使涨圈在活塞上活动,则应更换新涨圈。涨圈失去弹性、磨耗过大或开口在自由状态下小于 4mm,工作状态大于 0.5mm 时,应更换。

⑥阀芯、阀套与阀座。这三个零件在互相接触的圆柱表面磨耗 0.05mm 时应更换。如

表面有锈斑和油垢,应用 12 号砂布打磨,使表面粗糙度 Ra 在 $0.2 \sim 0.8\mu m$ 范围内。

⑦阀芯弹簧。使用后少数出现衰弱现象,自由高度降低,初压缩力不足,造成示功图畸形,其自由高比原形降低 1mm 以上者,应更换。

⑧进油阀座。进油阀座与缸体配合过松(即组装时不用轻击,就自由落下)应更换。进油阀座与阀瓣接触的阀口表面常因油液中的杂质冲刷而磨损变毛,检修时应进行研磨,磨损严重者,可经旋削后再研磨。

⑨阀瓣。使用后,阀瓣与阀口的接触表面经油液中杂质的冲刷而变毛,或由于多次互相碰撞产生明显的圆环痕迹,这两种情况都应进行研磨,表面粗糙度 $Ra \leqslant 0.8\mu m$。

⑩密封圈。常见损伤是刮油齿磨耗,当磨耗量过大时,会影响密封性能,内孔直径大于 24.5mm 时,予以报废。如果出现变形、膨胀或裂纹等情况应更换。

⑪油封圈。其断面变成三角形或沿圆周方向伸长,均应更换。

⑫缸端盖。缸端盖导向孔偏磨后,会影响阻尼系数和密封性能,其内表面直径磨耗 0.06mm 时更换铜套,对未镶铜套的缸端盖,应扩孔镶铜套。

⑬缸体。破裂或内表面直径磨耗超过 0.06mm 时,应更换。有时由于油液中含有水分,在缸体内表面出现锈痕,应用 12 号砂布打磨除锈。

⑭油液。经使用后变黑变脏,段修时,旧油可以回收再用,但需经过 24h 以上的沉淀,取上部较清洁的油液,再经过每平方厘米 1200 ~ 1300 个孔的金属网过滤,除去旧油中杂质和水分后即可使用。

(3)减振器的组装。

减振器的组装与分解程序相反,参照分解前记录进行。所有内部零件在组装前都要用汽油冲洗,禁用棉纱擦拭,以防线头进入减振器内部。放入缸体和活塞时,要注意放正。将活塞压到底部后,注入 0.9kg 油液,提动活塞,上下移动三四次,排出底部空气。

凡经检修组装的减振器均应在试验台上进行试验,记录示功图,计算阻尼系数。若示功图形状或阻尼系数不符合要求,应重新分解调整,直到试验合格为止。示功图应保存好,作为检查验收依据。

经试验合格的减振器平放 24h 不得漏油。若有漏油应检查更换密封圈或油封圈。

(4)试验的技术要求。

减振器在试验台上进行试验时,应注意其声音,若声音不正常,立即停止试验,拆卸检查和调整。

复习与思考

一、填空题

1. 车辆上采用的弹簧按其材质可分为(　　　)、(　　　)、(　　　)三类。

2. 空气弹簧装置系统主要是由(　　　)、(　　　)、(　　　)、(　　　)等组成。

3. 空气弹簧的密封要求高,一般采用(　　　)、(　　　)两种密封形式。

4. 考察空气弹簧特性的性能试验有(　　)、(　　)、(　　)、(　　)、(　　)。

5. 高度控制阀一般可分为(　　　)和(　　　)两种,按组成的不同又可分为(　　　)和(　　　)。

6. 高度控制阀的主要特性及参数有(　　)、(　　)、(　　)、(　　)、(　　)、(　　)。

7. 车辆采用的减振器按阻力特性可分为(　　　)和(　　　),按安装部位可分为(　　　)和(　　　)。

8. 油压减振器按用途分为(　　)、(　　)、(　　)、(　　)、(　　)。

二、选择题(以下至少有一项是正确的,请将正确的选项填入括号内)

1. 钢质弹簧主要包括(　　　)。

  A. 叠板弹簧　　　　B. 螺旋弹簧　　　　C. 环弹簧　　　　D. 抗侧滚扭杆

2. 下列属于空气弹簧橡胶囊组成的有(　　　)。

  A. 内、外橡胶层　　B. 帘线层　　　　C. 成型钢丝圈　　　D. 橡胶堆

3. 下列属于高度控制阀的控制机构有(　　　)。

  A. 连杆套筒　　　　B. 连杆和主轴　　C. 进、排气机构　　D. 延时机构

三、判断题(以下描述正确的打"√",不正确的打"×")

1. 高度控制阀的主要作用及要求是维持车体在不同静载荷下都与轨面保持一定的高度。(　　　)

2. 车辆在正常的振动情况下,转向架左右两侧的高度控制阀分别产生进、排气的不同作用。(　　　)

3. 车体静载荷的增加时,空气弹簧被压缩,高度增高。(　　　)

4. 油压减振器主要是利用液体黏滞阻力所做的负功来吸收振动能量,其特点是振幅的衰减量与幅值的大小有关,振幅大时衰减量小,反之亦然。(　　　)

5. 车辆在段修时要对油压减振器分解检修,组装后进行阻力试验和漏油试验。(　　　)

四、简答题

1. 简述弹簧的作用。

2. 简述空气弹簧所需要的压力空气的传递过程。

3. 简述高度控制阀的工作原理。

4. 简述 DP_3 型差压阀的动作原理。

货车转向架的构造与检修

✖ 项目导读

　　转向架是一种能相对车体转动的走行装置,用于引导车辆沿钢轨行驶和承受来自车体及线路的各种载荷并缓和动作用力,是保证车辆运行品质的关键部件。转向架按结构形式可分为整体构架式和三大件式;按轴型可以分为 C 轴、D 轴、E 轴、F 轴、G 轴等;按轴数可分为两轴、三轴、多轴;按承载结构可分为心盘承载、心盘和旁承联合承载、全旁承承载。转向架的主要性能参数与基本尺寸因种类和型号的不同而有所差异,但它们都必须能够承受和传递车辆在运行中的各种动载荷及轮轨间的作用力,保证车辆在规定速度范围内安全地在直线和曲线区段上运行,并具有良好的运行品质和足够的可靠性及安全性。此外,转向架还要传递牵引力并能实施车辆制动功能,确保行车安全。

✖ 学习目标

　　1. 知识目标

　　(1) 了解车辆转向架的作用与组成。

　　(2) 熟知转向架的构造。

　　(3) 掌握转向架的故障分析及检修。

　　2. 技能目标

　　(1) 培养自主学习习惯、能力。

　　(2) 培养动手能力、空间理解能力、沟通能力和团队协作能力。

　　(3) 培养逻辑思维和处理信息的能力。

　　3. 素质目标

　　(1) 培养良好的科学文化和专业业务素质。

　　(2) 树立良好的职业道德和劳动安全思维。

　　(3) 根植维护铁路运行安全红线意识,培养服务大众出行的责任感。

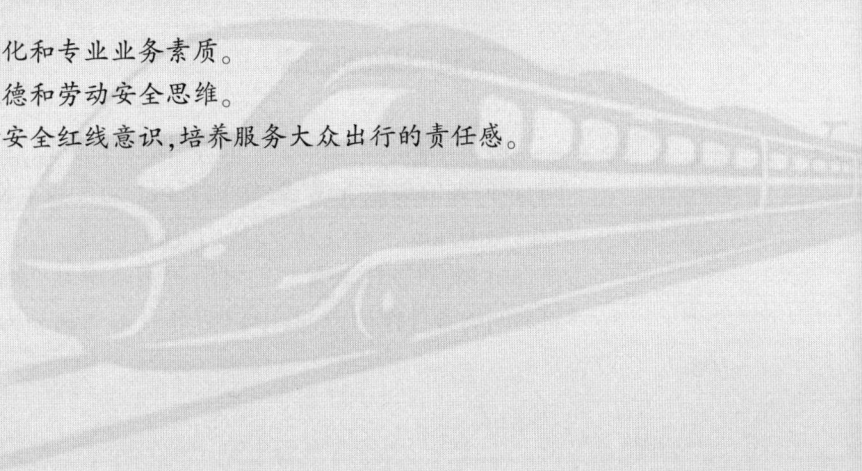

任务 5.1 认识转向架

一、转向架的作用

转向架是能相对车体回转的一种走行装置,通常安装在车体底架下面,是车辆的重要组成部分之一。转向架的基本作用及要求如下。

(1)车辆上采用转向架是为增加车辆的载重、长度与容积,提高列车运行速度,以满足铁路运输发展的需要。

(2)保证在正常运行条件下,车体都能可靠地坐落在转向架上。轴承装置使车轮沿钢轨的滚动转化为车体沿线路运行的平动。

(3)支承车体,承受并传递从车体至轮对之间或从轮轨至车体之间的各种载荷及作用力,并使轴重均匀分配。

(4)保证车辆安全运行,并能灵活地沿直线运行及顺利地通过曲线。

(5)转向架的结构要便于弹簧减振装置的安装,使其具有良好的减振特性,以缓和车辆和线路之间的相互作用,减小振动和冲击,减小动应力,提高车辆运行平稳性和安全性。

(6)充分利用轮轨之间的黏着,传递牵引力和制动力,放大制动缸所产生的制动力,使车辆具有良好的制动效果,以保证车辆在规定的距离之内停车。

(7)转向架是车辆的一个独立部件。在转向架与车体之间尽可能减少连接件,并要求结构简单,装拆方便,便于转向架单独制造和检修。

二维码

转向架简介

二、转向架的组成

由于车辆的用途、运行条件、制造和检修要求及历史传统等因素的不同,转向架的类型非常多,结构各异,但其基本作用和基本组成部分相同。转向架的组成一般可以分为以下几个部分。

(1)轮对轴箱装置。轮对沿着钢轨滚动,除传递车辆重力外,还传递轮轨之间的各种作用力,其中包括牵引力和制动力。轴箱与轴承装置是联系

构架(或侧架)和轮对的活动关节,使轮对的滚动转化为车体沿钢轨的平动。

(2)弹性悬挂装置。为减小线路不平顺和轮对运动对车体的各种动态影响,在轮对与构架之间或构架与车体之间设有弹性悬挂装置,前者称为轴箱悬挂装置(又称一系悬挂),后者称为摇枕悬挂装置(又称二系悬挂)。目前,我国大多数货车转向架只设有摇枕悬挂装置,客车转向架既设有摇枕悬挂装置,又设有轴箱悬挂装置。弹性悬挂装置包括弹簧装置、减振装置和定位装置。

(3)构架或侧架。构架(侧架)是转向架的基础,它把转向架各零部件组成一个整体,所以它不仅只承受、传递各作用力及载荷,而且它的结构、形状和尺寸大小都应满足各零部件的结构、形状及安装的要求(应满足如制动装置、弹簧减振装置、轴箱定位装置等的安装要求)。

(4)基础制动装置,如图5-1所示。为使运行中的车辆能在规定的距离范围内停车,必须安装制动装置,其作用是传递和放大制动缸的制动力,将闸瓦与轮对之间产生的转向架的内摩擦力转换为轮轨之间的外摩擦力(即制动力),从而使车辆承受前进方向的阻力,产生制动效果。

(5)转向架支承车体的装置,如图5-2所示。转向架支承车体的方式(又称为转向架的承载方式)不同使得转向架与车体相连接部分的结构及形式也不同,但都应满足两个基本要求:安全可靠地支承车体,承载并传递各作用力(如垂向力、振动力等);为使车辆顺利通过曲线,车体与转向架之间应能绕不变的旋转中心相对转动。

图5-1　基础制动装置

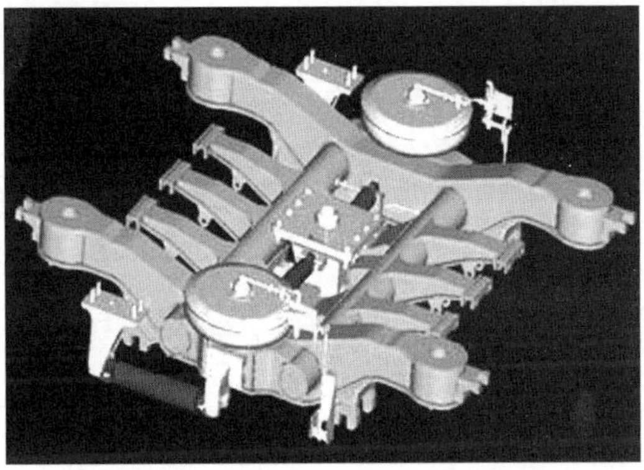

图5-2　转向架支承车体的装置

转向架的承载方式可分为心盘集中承载、非心盘承载和心盘部分承载三种。

三、转向架的分类

由于车辆的用途不同,运行条件的差异,制造维修方法的制约和经济效益等具体因素的影响,对转向架性能、结构、参数和采用的材料及工艺等的要求就有差别,因而出现了多种形式的转向架。我国目前使用的客车转向架有二十多种,货车转向架有三十多种,各种转向架的主要区别在于轴数和轴型、轴箱定位方式、弹性悬挂装置的类型、弹簧横向跨距、垂向载荷的传递方式等方面。

1.按轴数和轴型分类

按轴数分类,转向架可分为二轴转向架、三轴转向架和多轴转向架。转向架的轴数一般是根据车辆总重和每根车轴的容许轴重确定的。例如,采用二轴转向架的货车每轴容许轴重为25t,因此,其最大重量(自重与载重之和)不能超过 $4 \times 25 = 100(t)$,如果超过100t,就需要用三轴或三轴以上的多轴转向架。

在各种转向架上,采用轮对的数目与类型是有区别的。按容许轴重,车辆所用的车轴基本上可分为B、C、D、E、F五种。车轴直径越大,容许轴重越大,但最大容许轴重要受线路和桥梁的强度标准限制。一般货车采用D、E、F三种轴型,客车采用C、D两种轴型。随着我国铁路运输的发展,其趋势是除少数特殊用途车辆之外,新型货车主要采用E、F两种轴型,新型客车主要采用D轴型。

2.按轴箱定位方式分类

约束轮对与构架之间相对运动的机构,称为轴箱定位装置。由于轴箱相对轮对在左右、前后方向的间隙很小,故约束轮对相对运动的轮对定位通常也称为轴箱定位。

对轴箱定位装置的基本要求:在纵向和横向具有适宜的弹性定位刚度,其值是该装置的主要参数;结构形式应能保证实现弹性定位作用,性能稳定、可靠,无磨耗或少磨耗,制造检修方便,质量轻,成本低。

适宜的轴箱弹性定位,不仅可以避免车辆在运行速度范围内发生蛇行运动失稳,还可以保证车辆在曲线上运行时具有良好的导向性能,从而减小轮对与钢轨之间的冲击和侧压力,减轻车轮轮缘与钢轨的磨耗,确保车辆运行的安全性和平稳性。轴箱定位装置有多种结构形式,常见的有以下几种。

(1)固定定位:轴箱与转向架侧架铸成一体,或是轴箱与侧架用螺栓及其他紧固件连接为一个整体,使轴箱与侧架之间不产生任何相对运动,如图5-3所示。

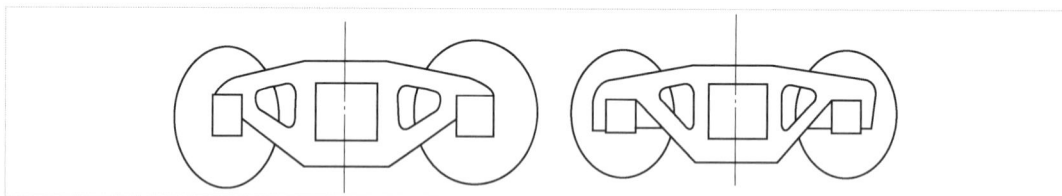

图5-3 固定定位

(2)导框式定位:轴箱上有导框槽,构架(或侧架)上有导框。构架(侧架)的导框插入轴箱的导框槽内,这种结构允许轴箱与构架(侧架)在垂向有较大的相对位移,同时限制其在纵向和横向的相对位移,仅允许在预设间隙范围内,有较小的相对位移。

(3)干摩擦导柱式定位:安装在构架上的导柱及坐落在轴箱弹簧托盘上的支持环均装配有磨耗套,导柱插入支持环,发生上下运动时,两磨耗套之间是干摩擦,通过轴箱橡胶垫产生不同方向的剪切变形,实现弹性定位作用,如图5-4所示。

(4)油导筒式定位:将安装在构架上的轴箱导柱设计为活塞形式,轴箱弹簧托盘上的导筒设计为油缸形式,导柱插入导筒。导柱在导筒内上下移动时,油液在导柱的内腔中流动,从而产生减振作用。当构架与轴箱发生水平方向的相对运动时,纵向力和横向力通过导柱与导筒传递,并通过轴箱橡胶垫作用于轴箱体,使橡胶垫产生不同方向的剪切变形,实现弹性定位作用,如图5-5所示。

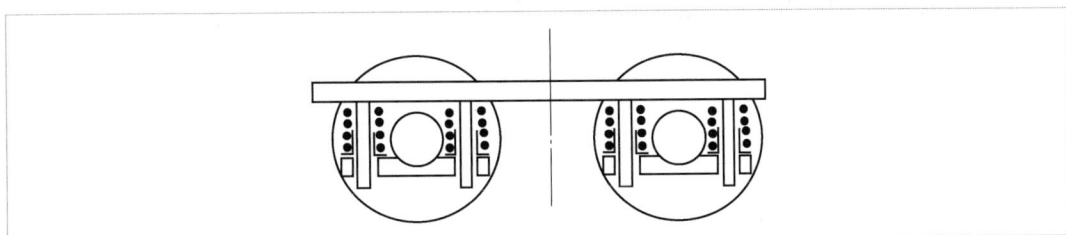

图 5-4　干摩擦导柱式定位

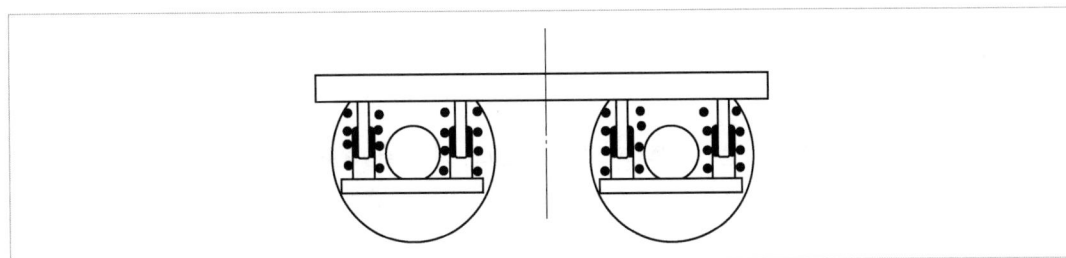

图 5-5　油导筒式定位

（5）板式定位：采用特种弹簧钢材制成的薄形定位拉板，该拉板一端与轴箱连接，另一端通过橡胶节点与构架连接。利用拉板在纵向和横向的不同刚度来约束构架与轴箱的相对运动，以实现弹性定位。拉板上下弯曲变形刚度小，对轴箱与构架在垂向的相对位移约束很小。如图 5-6 所示。

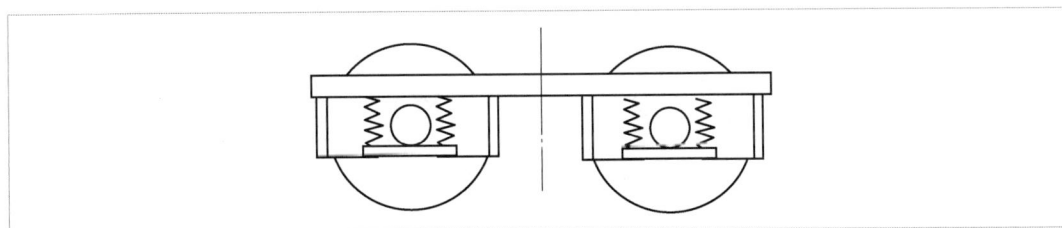

图 5-6　板式定位

（6）拉杆式定位：拉杆两端分别与构架和轴箱销连接，拉杆允许轴箱与构架在垂向有较大的相对位移。拉杆中的橡胶垫、橡胶套分别限制轴箱与构架之间的横向与纵向位移，实现弹性定位，如图 5-7 所示。

（7）转臂式定位（又称弹性铰定位）：定位转臂一端与圆筒形轴箱体固接，另一端通过橡胶弹性节点与焊在构架上的安装座连接。橡胶弹性节点容许轴箱相对构架在垂向

图 5-7　拉杆式定位

有较大的相对位移，但它里边的橡胶元件使轴箱横向与纵向位移的定位刚度不同，以适应不同方向的弹性定位刚度要求，如图 5-8 所示。

(8)橡胶弹簧定位:轴箱和构架之间设有橡胶弹簧,合理选取刚度,实现弹性定位,如图 5-9 所示。

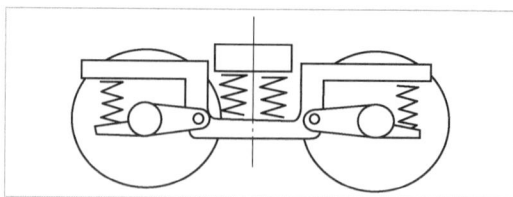

图 5-8　转臂式定位

图 5-9　橡胶弹簧定位

3. 按弹簧悬挂装置的类型分类

1)一系悬挂

在采用一系悬挂的车辆上,在车体与轮对之间,只设有一系弹簧减振装置。所谓"一系",一般是指车体的振动只经过一次(空间三维方向均包括)弹簧减振装置实施减振。一系悬挂转向架结构简单,便于检修、制造,成本低,多用于对运行品质要求相对较低的货车。

2)二系悬挂

在采用二系悬挂的车辆上,在车体与轮对之间,设有二系弹簧减振装置,如图 5-10 所示。在转向架中同时有摇枕弹簧减振装置和轴箱弹簧减振装置,使车体的振动通过双重减振显著衰减。二系悬挂转向架零部件多,成本高,结构复杂,但减振效果好,多用于对运行品质要求较高的客车。

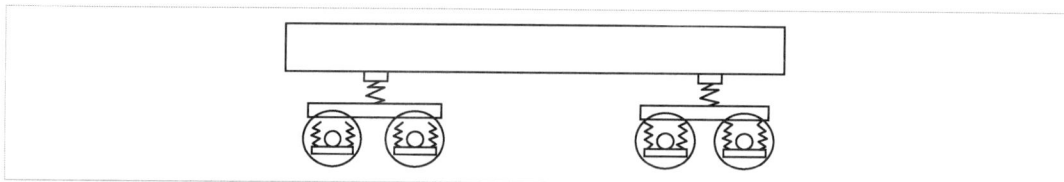

图 5-10　二系悬挂

3)多系悬挂

多系悬挂应用较少,结构过于复杂,经过合理设计的二系悬挂减振效果已足够好。

4. 按弹簧的横向跨距分类

对心盘集中承载的转向架,按摇枕悬挂中弹簧的横向跨距与侧架中心线的位置关系分为内侧悬挂、外侧悬挂、中心悬挂,如图 5-11 所示。

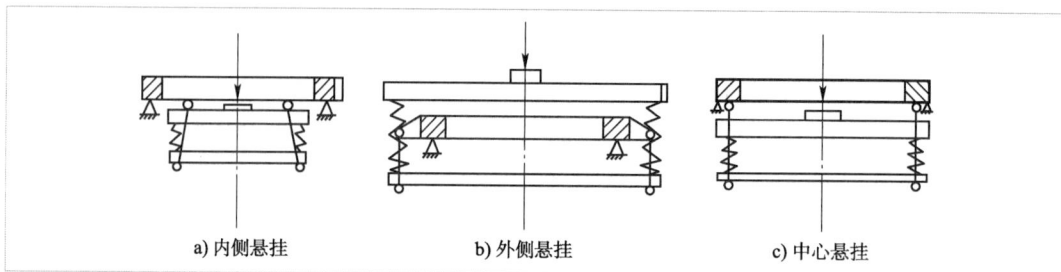

a)内侧悬挂　　　　b)外侧悬挂　　　　c)中心悬挂

图 5-11　按弹簧的横向跨距分类

5．按垂向载荷的传递方式分类

1）车体与转向架之间的载荷传递

（1）心盘集中承载：车体上的全部重力通过前后两个心盘分别传递给前后转向架的两个下心盘，如图5-12a）所示。我国绝大多数客车、货车转向架都采用这种承载方式。

（2）非心盘承载：转向架没有心盘装置，但有的转向架上有类似心盘的装置存在，用于牵引及转动中心，而车体上的全部重力通过摇枕弹簧悬挂装置直接传递至转向架构架，如图5-12b）所示。其中，有的转向架在摇枕弹簧悬挂装置与构架之间设有旁承装置时，可将其称为旁承承载。

（3）心盘部分承载：这种承载方式的结构是上述两种承载方式结构的组成，即车体上的全部重力按一定比例分配，由心盘与旁承共同承载，如图5-12c）所示。这种承载方式的结构较复杂，我国部分车辆采用这种承载形式。

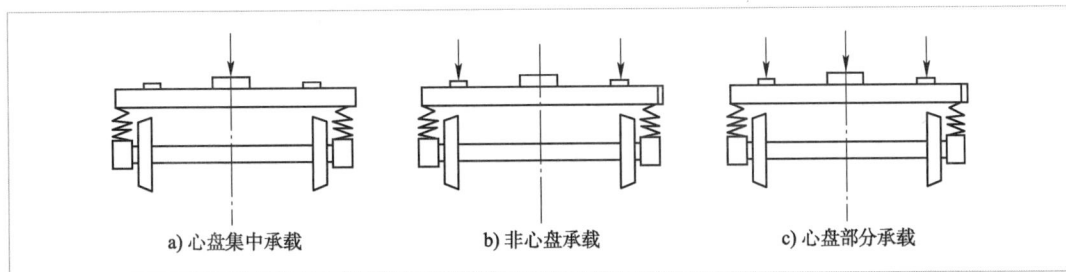

a）心盘集中承载　　　　　b）非心盘承载　　　　　c）心盘部分承载

图5-12　车体载荷传递方式

2）转向架中央弹簧悬挂装置的载荷传递

摇动台装置：车体通过心盘（或旁承）支承在摇枕上，摇枕两端支承在摇枕弹簧的上支承面，摇枕弹簧的下支承面固定于弹簧托板（或托梁）上，弹簧托板通过吊轴、吊杆与吊销悬挂在构架上。该装置在侧向力作用下，由摇枕、摇枕弹簧、弹簧托板、吊轴与吊杆组成的系统带动车体作钟摆式摆动，使其相对构架产生左右摇动，从而展现出横向弹性特性。摇动台装置如图5-13所示。

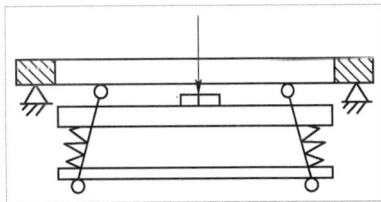

图5-13　摇动台装置

（1）具有摇动台装置的转向架：这种结构的载荷传递特点是心盘（或旁承）承载后通过摇动台将载荷传递给构架。

（2）无摇动台装置的转向架：按结构特点又可分为非心盘承载和心盘集中承载两种。

①非心盘承载的无摇动台转向架，车体直接通过摇枕弹簧将载荷传递给构架，没有摇动台装置，车体的左右摇动是依靠摇枕弹簧的横向弹性变形来实现。这种结构的特点是无心盘承载，摇枕弹簧不仅应具有良好的垂向弹性特性，还具有良好的横向弹性特性。因此，一般采用空气弹簧或高圈螺旋弹簧，由于它结构简单，现已经在一些新型高速客车转向架上得到了应用。

②心盘集中承载的无摇动台转向架如图5-14所示，车体通过心盘坐落在摇枕上，摇枕两端坐落在左右摇枕弹簧上，左右摇枕弹簧又直接坐落在构架的两个侧梁（或侧架）

上。这种转向架设有摇枕弹簧装置,但无摇动台结构,我国大部分货车转向架都采用这种承载方式。

此外,还有一种结构形式是车体通过心盘支承在构架上,构架直接坐落在轴箱弹簧上,车体与构架之间没有弹簧减振装置。整体焊接构架货车转向架采用这种形式,心盘承载轴箱弹簧悬挂装置如图5-15所示。

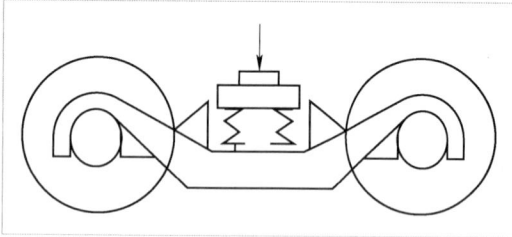

图 5-14　心盘承载无摇动台转向架

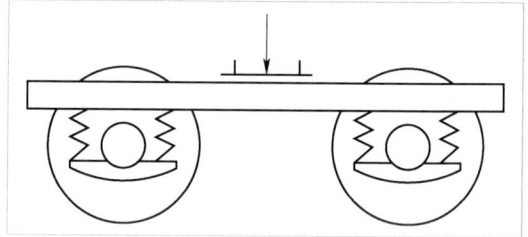

图 5-15　心盘承载轴箱弹簧悬挂装置

任务 5.2　认识转 8A 型转向架

【任务导入】

引导问题 1：转 8A 型转向架的基本组成是什么？

引导问题 2：转 8A 型转向架力的传递过程是什么？

一、发展过程及技术参数

1. 发展过程

转 8A 型转向架是我国 20 世纪 60 年代研制的三大件式（两个侧架、摇枕）转向架，70—90 年代曾是通用货车的主型转向架，基本满足了当时铁路货物运输的要求。然而，随着列车速度的提高，转 8A 型转向架存在的抗菱刚度低、空车静挠度小、空车动力学性能差、减振性能不稳定且耐磨性差等问题日益突出，不得不将列车的运行速度限定在 70km/h 以内，这不仅严重制约了货车的提速，也影响了客车速度的进一步提升。截至 21 世纪初，我国仍有 50 万辆货车采用转 8A 型转向架，这些转向架已无法满足列车提速的要求。但若要将这些车辆全部淘汰或换用新型货车转向架，经济成本过高，因此对其进行适当的技术改造是较合理的方案。最终确定的改造主要内容是应用侧架下交叉支撑技术。

在转 8A 型转向架基础上仅加装交叉支撑装置后的改造型号称为转 8AG 型转向架；在转 8A 型转向架基础上加装交叉支撑装置，同时更换新型侧架的改造型号称为转 8G 型转向架。

二维码

转8A型转向架

2006 年，在转 8G、转 8AG 型转向架的基础上，换装 JC-1 型弹性盘承、组合式斜楔和加宽的 45 钢立柱磨耗板、组合式制动梁和新型高摩合成闸瓦，采用新型的 C 型交叉杆，安装安全索，转用 50 钢车轴及 HDZB、HDZC、HDZD、HDS、HDSA 型车轮，采用塑钢保持架轴承；改造后的转向架分别称为转 8B、转 8AB 型转向架。

因此，转 8A 系列转向架经历了由转 8A 型→转 8G(转 8AG)型→转 8B(转 AB)型的提速改造发展过程。目前，仅有少数老式 60t 级车辆仍在使用该类型转向架，转 8A 型转向架如图 5-16 所示。

转 8A 系列转向架为三大件式、D 轴，其主要优点：结构简单、坚固、维修方便。主要零部件组

图 5-16　转 8A 型转向架

成:侧架、轮对轴箱装置、摇枕弹簧减振装置、基础制动装置。

2. 主要技术参数

自重 4t、载重 38t、构造速度 120km/h、固定轴距 1750mm、旁承中心距 1520mm。

二、构造

1. 轮对和轴承装置

(1)RD₂ 型轮对:采用 RD₂ 型车轴,装配 HD 或 HDS 型辗钢整体车轮。

(2)RD₂ 型滚动轴承装置:由 197726T 双列圆锥滚动轴承、承载鞍组成,其设置在轴承上与侧架导框配合安装。

2. 侧架

侧架作为基础部件,为了减重设计为断面槽形或空心形状。自 1999 年 6 月起,新造侧架材质改用 B 级钢 ZG25MnNi。

(1)作用:两个独立侧架分别连接前后轮对同侧的轴箱,左右侧架中央部位通过摇枕连接,传力。

(2)组成:包括上弦梁、上斜弦梁、下斜弦梁、立柱、弹簧承台、轴箱导框等。

(3)导框式定位:侧架导框插入承载鞍导槽内,限制轴箱与侧架在横向和纵向的相对位移。

(4)摇枕孔相关结构。

①磨耗板:采用 45 钢铆接热处理后符合规定硬度标准。

②楔块挡:焊接于孔内侧,防止左右侧架散开(摇枕弹簧横向失稳)。

③弹簧承台:设有七个圆脐子用于固定弹簧。

(5)制动梁滑槽:侧架内侧面焊磨耗板,制动梁两端的滚轴套筒搭在制动梁滑槽上,可沿槽滚动。

(6)三角形检查孔:设置在两边,便于检修基础制动装置和更换闸瓦,减轻自重。

(7)选型原则与调整方法。

①选型原则:确保左右侧架导框中心距一致,使前后轮对中心线保持平行,应选用同编号侧架。

②调整方法:根据所需的侧架导框中心距(L 值),铲出一个对应编号的圆锥。

其操作为测量或计算所需的侧架导框中心距(L 值),根据 L 值选择对应编号的圆锥(0、1、2、3、4、5 号),铲除该圆锥,以调整侧架的导框中心距。

3. 摇枕弹簧减振装置

(1)摇枕:连接侧架,传力,新造摇枕用 B 级钢 ZG25MnNi。

(2)鱼腹形:封闭形的箱形截面,中部受力大,两端受力小。

(3)下心盘座:设有八个心盘螺栓孔和一个心盘销孔。

(4)下旁承体:设有两个旁承滑块。

(5)弹簧固定结构:两端下平面设有五个圆脐子用于固定弹簧并限制侧架移动。

(6)斜楔槽:向内凹进下斜 45°。

（7）泥心孔：铸造后清除里面的型砂。

（8）排水孔：设置在底面中心位置。

（9）固定杠杆支点座：焊接于摇枕一侧。

4. 心盘

上心盘为环形凸台状，如图 5-17 所示。下心盘为环形凹槽状，如图 5-18 所示。上心盘凸起的圆柱嵌入下心盘的圆槽中。

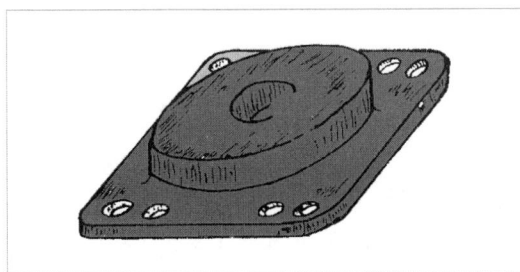

图 5-17　上心盘

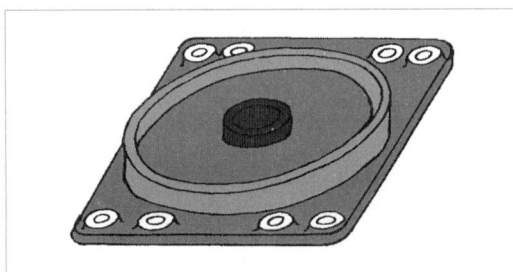

图 5-18　下心盘

其作用为承受车体的垂向力及纵向、横向水平力并传给摇枕；车体过曲线时，绕心盘中心销形成回转中心，可以减小阻力。

另有垫板设在下心盘与摇枕之间，且其具有适当厚度，用于调整车钩高度。

5. 下旁承

下旁承采用平面摩擦式设计，与枕梁上旁承配合，如图 5-19 所示。

作用：防止车辆过分倾斜和摆动。

（1）滑块：有长、短两种类型，每种有 4～5 个高度尺寸，便于调整车钩高度。

（2）上、下旁承间隙：

过小：通过曲线时，上、下旁承经常接触，从而产生阻力；

过大：加剧车体倾斜或侧滚。

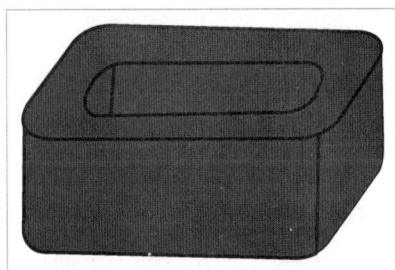

图 5-19　下旁承

6. 摇枕弹簧

摇枕弹簧配备两套弹簧组，每套七组双卷圆弹簧（外卷左旋，内卷右旋）。

布置方式：60T。

7. 斜楔式摩擦减振器

每台转向架摇枕两端各有左右两个斜楔式摩擦减振器，每个斜楔又坐落在一个双圈螺旋弹簧上。

8. 基础制动装置

基础制动装置采用滑槽式弓形制动梁和单侧闸瓦制动。

组成结构：制动杠杆、闸瓦、闸瓦托、制动梁、安全吊、安全链、滚子轴、滚子套、下拉杆、固定杠杆支点，如图 5-20 所示。

作用：放大制动缸作用力并传递至轮对。

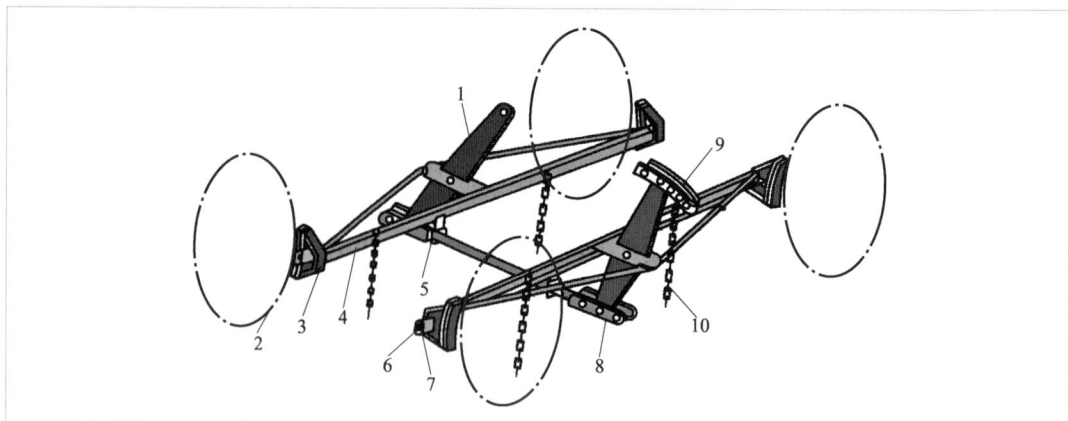

图 5-20　基础制动装置结构示意图

1-制动杠杆;2-闸瓦;3-闸瓦托;4-制动梁;5-安全吊;6-滚子轴;7-滚子套;8-下拉杆;9-固定杠杆支点;10-安全链

三、受力分析

这里的受力分析主要是力的传递过程。

1. 垂向力

车体→上心盘→下心盘→摇枕→摇枕弹簧→弹簧承台→斜楔→摇枕弹簧→(侧架立柱磨耗板)→侧架→承载鞍→滚动轴承→轴颈→车轮→钢轨。

2. 纵向力

车体→上心盘→下心盘(通过接触棱)→摇枕→摇枕弹簧→弹簧承台→斜楔→侧架立柱磨耗板→侧架→承载鞍→滚动轴承→轴颈→车轮(开始运动)。

3. 横向力

车体→上心盘→下心盘(通过接触棱)→摇枕→摇枕弹簧→弹簧承台→斜楔→侧架立柱磨耗板→侧架→承载鞍→滚动轴承→轴颈→车轮→钢轨。

四、主要问题

转 8A 型转向架具有结构简单、检修方便及对线路适应性好等优点,自研制成功之日起,30 多年来基本满足了我国铁路货运需求。然而随着铁路运输技术的发展,列车全面提速,该转向架存在的缺陷日益突出。其具体问题如下。

(1)抗菱刚度不足,采用间隙旁承。这会导致装有转 8A 型转向架的货车在 80km/h 以上运行时,蛇行运动严重,增加脱轨风险,同时轮缘磨耗加剧,增加车辆及线路检修维护的工作量。

(2)空车弹簧静挠度小。这会导致装有转 8A 型转向架的货车空车运行安全性下降(特别是提速后),尤其是平车、罐车等车体较轻的货车,增加铁路运输安全隐患。

（3）斜楔和磨耗板磨耗严重,磨耗超限时空车减振系统失效。这会导致装有转 8A 型转向架的货车空车在接近检修期时车辆运行性能严重恶化,危及行车安全。

（4）上、下心盘磨耗严重,上心盘裂纹多。这会导致上、下心盘几乎在每个段修质量保证期限都要进行加修,从而增加检修维护工作量;同时上心盘裂纹也给车辆运行带来不安全因素。

（5）基础制动装置及风制动装置中的销、套不耐磨。这会导致增加检修工作量、检修成本。

任务 5.3　认识转 8AG、转 8G 型转向架

【任务导入】

引导问题 1：转 8AG 型转向架的基本组成是什么？

引导问题 2：转 8AG 型转向架力的传递过程是什么？

一、主要结构

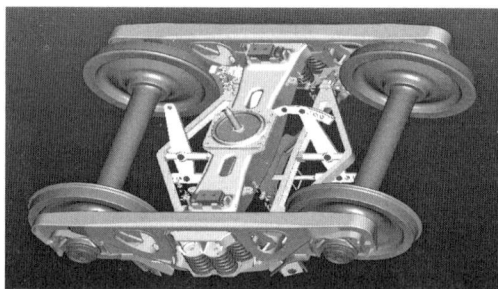

图 5-21　转 8AG 型转向架结构

为了改造既有转 8A 型转向架，中车齐齐哈尔车辆有限公司设计制造了转 8AG 型转向架，即在转 8A 型转向架的基础上加装了交叉支撑装置、含油尼龙心盘磨耗盘、双作用弹性旁承、两级刚度弹簧；为适应两级刚度弹簧，将摇枕弹簧定位圆脐适当加高；为适应交叉支撑装置，采用了新结构下拉杆；其他零部件（如侧架、摇枕、制动梁、轮对等）与转 8A 型转向架相同。

转 8AG 型转向架共计改造了约 2 万台，改造后的转向架可满足商业运营速度 90km/h 的要求。转 8AG 型转向架结构如图 5-21 所示。

二维码

转 8G 型货车

二、主要性能及结构参数

转 8AG、转 8G 型转向架主要性能参数见表 5-1，主要结构参数见表 5-2。

主要性能参数　　　　　　　　表 5-1

主要性能参数	数值
轨距(mm)	1435
轴重(t)	21
自重(t)	不大于 4.2
最高运行速度(km/h)	100
通过最小曲线半径(m)	100
基础制动装置制动倍率	6.5

主要结构参数   表 5-2

主要结构参数	数值
固定轴距(mm)	1750
轴颈中心距(mm)	1956
旁承中心距(mm)	1520
心盘面自由高(mm)	702
下心盘直径(mm)	308
上心盘直径(mm)	296
下心盘面到下旁承顶面距离(工作状态)(mm)	83
制动杠杆与车体纵向铅垂面的夹角(°)	40

三、加改内容及目的

转 8AG、转 8G 型转向架加改内容及目的如下。

(1)加装弹性下交叉支撑装置。通过提高转向架的抗菱刚度,控制蛇行失稳,提高车辆的临界速度。同时,减小轮对在曲线上的冲角,减小轮缘磨耗,延长车轮寿命。

(2)采用双作用常接触滚子旁承,配套采用上旁承。通过适当提高车体与转向架间的回转阻力矩,增强车辆的抗摇头、抗侧滚能力,改善车辆运行平稳性。

(3)采用两级刚度弹簧。通过提高空车弹簧静挠度,改善车辆空车垂向性能,降低脱轨风险;同时,降低因斜楔和磨耗板磨耗而使减振力衰减的速度,保证减振系统磨耗后车辆的运行品质。

(4)加装心盘磨耗盘。采用锻造上心盘,配套改造下心盘,解决长期存在的上、下心盘因磨耗严重导致厂、段修检修量大的问题;解决铸钢上心盘强度严重不足造成普遍裂纹的问题;同时,心盘磨耗盘能确保回转阻力矩的稳定,保证车辆运行性能的稳定。

(5)基础制动装置中采用奥贝球铁衬套和配套 45 钢圆销。制动下拉杆中部压扁,可以减轻制动装置中的销、套的磨耗,延长检修周期,减少检修工作量;下拉杆中部压扁是为了增大下拉杆与交叉杆之间的间隙,提高运行安全。

(6)转 8G 型转向架采用新结构侧架。该改动是为了增大侧架的强度储备,提高运行安全性,同时也可改善侧架与支撑座组装焊接工艺性。

四、转 8AG 型转向架加改的具体结构

1.侧架组成改造

转 8AG 型转向架侧架在转 8A 型转向架侧架基础上,增加了左、右支撑座各 1 个、连接板 4 块、连接板 2 块、保持环 4 个;其他零件(如磨耗板、滑槽磨耗板、斜楔挡、铆钉等)与转 8A 型转向架相同。

2.摇枕组成改造

转 8AG 型转向架摇枕在转 8A 型转向架摇枕基础上增加了弹簧脐子垫和交叉杆安全吊

座,如图 5-22 所示。

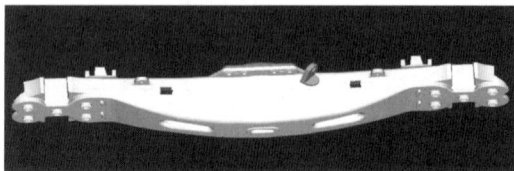

图 5-22 转 8AG 型转向架摇枕

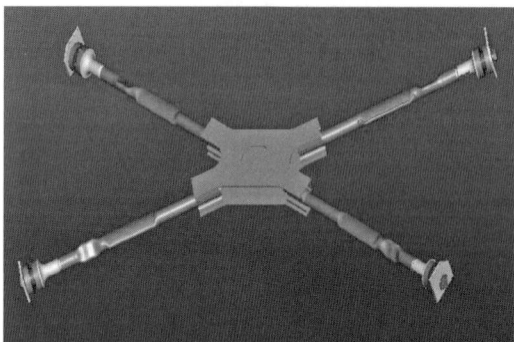

图 5-23 交叉支撑装置

(1)弹簧脐子垫共 10 个、交叉杆安全吊座共 4 个。

(2)45°斜面处由原加焊 16Mn 磨耗板改为 27SiMn 表面热处理的磨耗板。

(3)心盘直径加改到(308±7)mm。

(4)旁承盒内加装双作用常接触滚子旁承装置。

3. 交叉支撑装置

交叉支撑装置主要由 1 个交叉支撑、8 个橡胶垫、4 个锁紧板、4 个螺栓、4 个双耳垫圈组成,如图 5-23 所示。两侧架在水平面内实现弹性连接,达到控制两侧架间的剪切和菱形变位的目的。

4. 双作用弹性旁承

双作用弹性旁承主要由 1 个旁承座、1 个弹性旁承体、1 个旁承磨耗板、1 个滚子、1 个滚子轴、4 个螺钉及旁承调整垫板、垫片等组成。

5. 转向架落成

转向架落成后,需要对导框间隙、交叉支撑组成、旁承间隙及相关内容进行检查,检查项目如下。

导框间隙:纵向 3~9mm,横向 9~14mm,同一轮对导框内侧横向间隙之和与外侧横向间隙之和均不小于 4mm。

交叉支撑组成与下拉杆间隙:上部不小于 12mm(制动位),下部不小于 10mm(缓解位)。

旁承间隙为(5±1)mm,旁承座与旁承盒纵向间隙之和小于 1mm,瓦托与交叉杆间隙不小于 20mm(制动位)。

承载鞍、侧架、轴承间及上下旁承间、上下心盘间不允许涂润滑脂。

同一转向架两侧架固定轴距之差不大于 2mm。

车体中梁内抛丸铁砂必须清理干净。

心盘磨耗盘组装时,下心盘内杂物必须清理干净。

当车轮直径小于 770mm 时,必须在承载鞍上加钢垫,钢垫尺寸按厂修规程制造。

转向架落成后,必须经过车辆下部限界门检查才能装车使用。

6. 转 8G 型转向架

原转 8A 型转向架侧架强度储备偏低,同时对转 8AG 型转向架改造时,侧架斜弦支撑座组装部位结构差别较大,造成支撑座适应不同生产厂家的侧架难度较大,支撑座结构复杂,焊接的可靠性较差。因此,在转 8AG 型转向架基础上重新优化设计了 B 级钢材的新结构侧架,交叉支撑装置、含油尼龙心盘磨耗盘、双作用弹性旁承、两级刚度弹簧、下拉杆与转 8AG 型转向架相同,其余主要零部件与转 8A 型转向架相同,转向架定型为转 8G 型,如图 5-24 所示。转 8G 型转向架至今已装车约 2.3 万台，但由于转 8G 型转向架不能适应铁路运输的需要，现已停止生产。

转 8G 型转向架与转 8AG 型转向架的区别：为适应列车提速和加装交叉支撑装置的需要，转 8G 型转向架重新设计了侧架和支撑座、支撑座与侧架之间密贴施焊（无连接板），采用嵌入式滑槽磨耗板，采用弧形筋的新结构闸瓦托。其余零部件与转 8AG 型转向架相同。

图 5-24 转 8G 型转向架

7. 货车转向架研制改进的主要方法

（1）改进摩擦减振装置。三大件式转向架的摩擦减振装置不仅起到减振作用，还起到连接侧架和摇枕的作用。

（2）侧架间加装交叉支撑。

（3）增大弹簧静挠度和采用两级刚度弹簧。

（4）采用弹性常接触旁承。

（5）加装轴箱橡胶垫。

①加装轴箱弹性悬挂，即轮对弹性定位。

②改善了轴承的受力状况和转向架的动力性能。

（6）H 形刚性构架式转向架及其改进。采用轴箱弹簧悬挂，簧下质量仅为轮对和轴箱，大大降低了轮轨间的相互作用力。

（7）径向转向架和摆式转向架。

①径向转向架：具有良好的横向稳定性和曲线通过性能。

②摆式转向架：具有控制和改善垂向、横向振动的性能。

任务 5.4　了解货车提速转向架

【任务导入】

引导问题 1：货车提速转向架的类型有哪些？

引导问题 2：各类货车提速转向架有何结构特点？

一、转 K1 型转向架

转 K1 型转向架属于三大件式转向架。两侧架间安装弹性四连杆机构，提高转向架的抗菱、抗剪刚度，改善了曲线通过性能；在侧架导框顶面与承载鞍顶面之间安装八字形橡胶垫，

图 5-25　转 K1 型转向架

实现轮对的弹性定位，减小轮轨冲击对车辆运行平稳性的影响，减小钢轨和车轮轮缘的磨耗；减振装置为斜楔式变摩擦减振装置；中央悬挂系统采用两级刚度弹簧；上、下心盘之间安装心盘磨耗盘；采用双作用弹性旁承。转 K1 型转向架如图 5-25 所示。

转 K1 型转向架在国内 21t、25t 轴重货车上只小批量装车，出口数量较多，现已设计开发出不同轴重（14t、21t、23t、25t、30t）和不同轨距

（1000mm、1067mm、1435mm、1520mm、1600mm）的系列化产品。该转向架在澳大利亚铁道上运行的最高速度为 115km/h，装用转 K1 型转向架的货车运行平稳，噪声小，轮缘磨耗轻微，检修成本低。

二、转 K2 型转向架

中车齐齐哈尔车辆有限公司 1998 年引进美国 SCT 公司的侧架交叉支撑技术，成功研制出转 K2 型转向架。该转向架属于铸钢三大件式转向架，其主要特点在两侧架之间安装了弹性下交叉支撑机构，提高了转向架的抗菱刚度和抗剪刚度，提高了转向架的运行平稳性和稳定性，改善了曲线通过性能；侧架、摇枕采用 B 级钢材质铸造；减振装置一种采用分离式斜楔、摇枕上焊装楔形插板，另一种采用整体式斜楔、摇枕上焊装平板形磨耗板；基础制动装置采用锻造中拉杆结构；中央悬挂系统采用两级刚度弹簧；上、下心盘间安装心盘磨耗盘；采用双作用弹性旁承。转 K2 型转向架如图 5-26 所示。1998 年 11 月，装用转 K2 型转向架的 P65 型行包快运棚车和 C64JC 型加长敞车进行了动力学性能试验，最高试验速度达到 138km/h。

2004 年 2 月,铁道部运输局装备部决定在货车厂修时用转 K2 型转向架更换转 8A 型转向架,当年即完成 2 万辆改造计划,并计划 3 年内全部完成。目前,转 K2 型转向架已成为我国铁路的主型货车转向架。

图 5-26　转 K2 型转向架

三、转 K3 型转向架

转 K3 型转向架是中车株洲电力机车研究所有限公司吸取欧洲 Y25 型转向架的优点并结合我国的具体情况研制而成的构架式转向架,采用了整体构架、轴箱一系悬挂、轮对纵横向弹性定位、常接触弹性旁承等技术。其整体构架由 2 个侧梁、1 个横梁用 16MnQ 板材组焊为一体;采用单侧斜楔减振装置,斜楔的摩擦面上加装高分子合成材料的磨耗板,并在与斜楔相对的导框座中安装了纵向定位弹簧,导框座、斜楔座为 B 级钢铸件;基础制动装置采用单侧吊挂式制动梁、高摩合成闸瓦;装用球面心盘。

该转向架通过整体焊接构架大幅提高了抗菱刚度(等效为刚性),其轴箱悬挂减振装置实现了轮对的纵向弹性定位,采用高分子合成材料的主磨耗块,保持了减振性能的稳定性和可靠性,同时延长了摩擦副的寿命;采用三级刚度弹簧组,使空车静挠度达到 20mm,极大地改善了空车动力学性能。转 K3 型转向架如图 5-27 所示。

1999 年进行的线路动力学试验结果表明,该转向架在 0～120km/h 内具有优良的运行品质。

四、转 K4 型转向架

转 K4 型转向架是中车株洲电力机车研究所有限公司于 2001 年引进美国 NACCO Industries,Inc. 公司的摆式转向架技术研制而成,主要由侧架、摇枕、弹簧托板、摇动座、摇动座支承、承载弹簧、减振装置、轮对和轴承、基础制动装置及常接触弹性旁承等组成。转 K4 型转向架如图 5-28 所示。

图 5-27　转 K3 型转向架

图 5-28　转 K4 型转向架

该转向架采用了两级刚度弹簧及变摩擦减振器。其中,斜楔主摩擦面采用合成材料;基础制动装置采用高磷铸铁闸瓦或高摩合成闸瓦、L-C 型组合式制动梁。

该转向架在传统三大件式转向架基础上增加了弹簧托板,弹簧托板把左右摇枕弹簧连接在一起,并通过摇动座坐落在侧架中央承台的摇动座支承上,提高了转向架的抗菱刚度,同时,左右侧架通过其顶部导框摇动座分别支承在前后两承载鞍上,使左右两侧架成为横向可同步摆动的吊杆。这种摆动机构增强了车辆的横向柔性,提高了车辆的横向动力学性能。

2002 年 4 月,转 K4 型转向架开始批量生产,截至 2004 年 12 月,已成功应用于 4900 辆 C64H 型敞车、100 辆 G70H 型罐车和 200 辆 NXl7BH 型平车。

五、转 K5 型转向架

转 K5 型转向架是采用摆式转向架技术研制开发的,其主要部件(如侧架、摇枕、弹簧托板、摇动座、摇动座支承、弹簧、减振装置、轮对、轴承等)的结构设计与转 K4 型转向架相同。转 K5 型转向架如图 5-29 所示,其强度按 25t 轴重设计。

2004 年生产的 107 辆 X2H 型双层集装箱平车和 99 辆 C80 型铝合金运煤敞车,2005 年生产的 330 辆 C80 型铝合金运煤敞车装用了转 K5 型转向架。

六、转 K6 型转向架

转 K6 型转向架是采用下交叉支撑装置的铸钢三大件式转向架,一系悬挂采用轴箱弹性剪切垫;二系悬挂采用带变摩擦减振装置的中央悬挂系统,其中,摇枕弹簧采用二级刚度;两侧架之间加装侧架弹性下交叉支撑装置;采用直径为 375mm 的下心盘,安装含油尼龙心盘磨耗盘;采用双作用弹性旁承;基础制动装置采用中拉杆式单侧闸瓦制动,采用 L-B 型组合式制动梁、新型高摩合成闸瓦。转 K6 型转向架如图 5-30 所示。

图 5-29　转 K5 型转向架

图 5-30　转 K6 型转向架

2004 年生产的 2333 辆 C80 型铝合金运煤敞车和 133 辆 X2K 型双层集装箱平车,2005 年生产的 1670 辆 C80 型铝合金运煤敞车装用了转 K6 型转向架。

任务5.5　掌握货车转向架的检修

【任务导入】

引导问题1：货车转向架的定期检修作业过程是什么？

引导问题2：货车转向架的组装要求有哪些？

一、货车转向架定期检修作业过程

1.检修要求

（1）凡螺栓组合件都必须分解检查。

（2）各零件必须清除污垢。

（3）组装时，各零件接触面涂防锈漆，各螺栓及滑动摩擦部分涂润滑油。

（4）检修后，各零件技术状态良好，组装尺寸正确。

2.检修作业过程

1）架车前的准备工作

（1）测量记录钩高，旁承间隙。

（2）测量记录下心盘垫板、轴箱垫板厚度。

（3）打开上拉杆。

2）架车

推出转向架，取下轮对，换上临时轮对。

3）冲洗

冲洗过程：清扫→冲洗机内高温、高压和适当浓度的碱水冲洗，彻底除油垢锈垢→清水冲洗（防碱水对金属腐蚀）→压缩空气吹干。

4）分解和检修

大分解：将轮对轴箱装置与其他部分分离，送到检修场地。

小分解：剩余部分送到转向架检修场地的各个台位，再进行有秩序的小分解（拆基础制动装置、取摇枕弹簧、减振器，分解下心盘、下旁承）。根据检查结果修理或更换。

5）组装

（1）第一次组装（小组装）：将原转向架良好的配件和经修理、更换后的配件，再次确认合格后，进行的第一次组装。

（2）第二次组装（大组装）：将选配、组装好的轮对及轴箱油润装置与装配好的转向架其他部分进行组装。

二维码

货车转向架检修

127

6）检查和验收

（1）检查：组装后，按货车段修要求进行检查，对不符合要求的配件进行调整修理。

（2）验收：验收员验收，合格转向架送入修车库车体两端。

7）落车

下心盘涂润滑脂，落车后，测量钩高、旁承间隙。若不符合标准，在弹簧垫板、轴箱垫板等处调整。

二、货车转向架的组装要求

（1）杂型配件统一换标准配件。

（2）各螺栓螺纹处统一涂上润滑油、心盘螺栓螺纹统一涂上黑铅粉油。

（3）金属配件结合面统一涂上防锈漆。

（4）下心盘螺栓均须加上背母及开口销，其他须有弹簧钢圈或背母。

（5）摩擦、转动部分给油。

（6）检修后各部件、零配件组装位置正确，弹簧入槽，螺栓紧固，作用良好，螺栓丝扣须露出一扣以上。

（7）同一车辆上，不得装用异形轮对、轴承、轴箱。

（8）同一车辆转向架，必须为同一型号。

（9）转向架不准互换。

（10）电焊作业时，必须将轮对与侧架分离，禁止电流通过轴承。

（11）装用冰冷车的转向架摇枕、侧架除锈后须涂上油漆。

（12）下心盘与摇枕一体者，内须有 3~9mm 的磨耗板一块。

（13）上、下心盘垫板厚度≤20mm，应使用钢垫板，每块厚度≥8mm，车宽方向允许两块拼装各占一半，两层以上须四周点焊。

（14）下心盘垫板总厚度≤60mm，其中竹胶垫板厚度<40mm。钢木板混用时，将钢板放于底层。

（15）下旁承铁座的深度≥35mm。钢垫板厚数不限，长度、宽度<10mm，厚度≥2。每侧最少一块。

（16）螺栓组装的下旁承体与摇枕之间不得用木垫板。

（17）中心销坐入摇枕量及露出长度均≥150mm。

（18）承载鞍挡边侧与前盖，后挡凸缘间隙各不小于2mm。

（19）组装基础制动装置的要求如下。

①各部横穿圆销须加垫圈。

②直立式杠杆的圆销由右向左组装。（面对制动梁）

③圆销与孔间隙<3mm，闸瓦托吊圆销的横向移动量<5mm。

④开口销由根部双向劈开60°~70°，闸瓦托吊、制动拉杆开口销应卷起。

⑤摇枕上制动梁安全链座厚度<4mm时更换。

⑥同一转向架制动梁应一致,且同一车辆的转向架型号应一致。

三、货车转向架的落成要求

(1)摇枕上平面与侧架上弦杆底面的相对间隙≥10mm。

(2)斜楔弹簧支承面不得高于摇枕弹簧支承面(落车前测量)。

(3)斜楔立面与磨耗板接触良好,垂向不得有贯通间隙,横向以(2mm×10mm)塞尺测量,插入深度<50mm。

(4)同一转向架两侧固定轴距差<5mm。

(5)制动梁安全链松余量为20~50mm。

(6)同一制动梁水平高度差<15mm。

(7)各垂下物品与轨面垂直距离>50mm,但闸瓦插销允许为25mm。敞车闸瓦插销必须加装铁环。

(8)转向架配件,在钢轨外侧部分与轨面水平线的垂直距离≥80mm。

(9)段修周期为1.5年的车种,转8A型转向架的斜楔应全部更换为贝氏体铸铁斜楔。

(10)心盘内加专用心盘脂。

四、转 K2 型货车转向架的检修

转向架是车辆的重要组成部分,它承受多种载荷,如垂直静载荷及动载荷,由风力和离心力产生的侧向载荷,轮轨间的水平载荷,纵向制动力和惯性力产生的冲击载荷等。在这些载荷的作用和影响下,转向架的各零件会产生不同程度的弯曲、拉伸、剪切及扭转等变形,在一些不利的情况下,有时还会产生偏载及应力集中,使一些零部件产生裂纹、磨耗、腐蚀等不同程度的损伤。每一个零部件的好坏都直接关系到行车是否安全,因此对其故障应认真检查,及时正确检修,保持其良好的技术状态,对确保货车列车的运行安全具有重意义。

现结合实际讲解一下转 K2 型转向架的检修作业过程。转 K2 型转向架的检修工艺流程如图 5-31 所示。

1. 分解挡键

分解挡键,放到指定地点。

2. 分解轮对,检查转向架

分解轮对后,检查摇枕上平面、摇枕八字面及侧架与摇枕接触部位内腔,检查后工作者分别在摇枕两侧端头部位上表面使用白色粉笔画"○"标记。

3. 承载鞍的安装

(1)准备橡胶垫:将橡胶垫安装于承载鞍的顶部,确保橡胶垫的下表面与承载鞍的顶部表面紧密贴合。

(2)调整吊具的高度:通过承吊装置调整吊具的高度,使吊具能够顺利进入承载鞍的推力挡肩的圆环内。

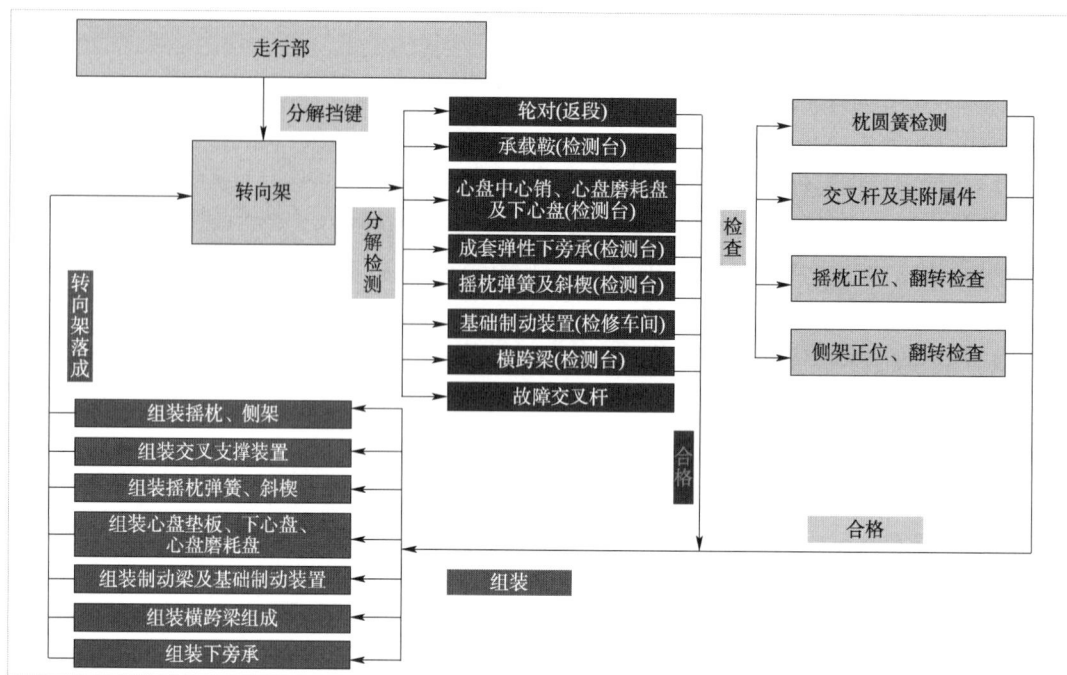

图 5-31　转 K2 型转向架的检修工艺流程

（3）水平移动吊具：水平移动吊具，使吊具的支承板中心与承载鞍的中心保持一致，此时支承板位于承载鞍鞍面的下方，承载鞍位于吊具的第一立板和第二立板之间。注意第一立板与承载鞍内侧面之间、第二立板与承载鞍外侧面之间均应留有间隙，防止卡滞。

（4）上移吊具接触鞍面：上移吊具，使支承板与承载鞍的鞍面接触。

（5）托起承载鞍并安装：继续上移吊具，托起承载鞍和橡胶垫一起上移，使橡胶垫的上表面与侧架的安装面贴合，到达承载鞍的安装位置。

（6）固定承载鞍：将承载鞍与橡胶垫和侧架安装固定，随后移出吊具，完成承载鞍的安装。

4. 分解心盘中心销、心盘磨耗盘及下心盘

分解时不得磕碰，将心盘中心销、心盘磨耗盘、下心盘送至检测台。

5. 分解成套弹性下旁承

分解时不得磕碰，按"原车原位原方向"原则对下旁承进行编号，编号方法：车号后三位数字＋转向架位数＋旁承位数。对四个下旁承依顺序编号，并用白色粉笔写在下旁承表面，送至检测台。

6. 分解摇枕弹簧及斜楔

分解时不得磕碰，将摇枕弹簧送至摇枕弹簧检测台，斜楔按"原车原位原方向"原则对其进行编号，编号方法：车号后三位数字＋转向架位数＋斜楔位数。对八个斜楔依顺序编号，并用白色粉笔写在斜楔表面，送至检测台。

7. 分解基础制动装置

分解移动杠杆、固定杠杆及支点，分解下拉杆，送至检测台。分解制动梁安全链，卸下制

动梁送存放架,送至检修车间。

8. 分解横跨梁

空重车自动调整装置横跨梁必须分解检修,送至检测台。

9. 分解故障交叉杆

交叉杆外观检查状态良好可不分解;交叉杆分解时须在专用定位胎具上进行,先用扁铲、手锤将双耳防松垫圈止耳撬平,再用风(电)扳机或扳手将交叉支撑装置端头螺栓卸下。

10. 弹簧检测

(1)圆弹簧无裂损,支承圈不足 5/8 圈或圆钢直径腐蚀、磨耗大于 8% 时更换。

(2)摇枕弹簧自由高小于原型 5mm 时更换。

(3)减振弹簧自由高小于原型 7mm 时更换。

(4)各型圆弹簧不得调修。

(5)同一转向架摇枕弹簧各外圈自由高度差不大于 3mm。

(6)同一组两级刚度弹簧内、外圈自由高度差为 20~25mm。

(7)各型圆弹簧内、外圈旋向相反。

(8)检测合格的弹簧在弹簧顶面标注测量尺寸,不合格者画"×"。

11. 交叉杆及其附属件检查

(1)清除交叉杆表面的灰尘、锈皮及污垢。

(2)交叉支撑装置须随摇枕、侧架进行正位、翻转外观检查,状态良好时可不分解。检查部位包括端头螺栓、双耳防松垫圈、轴向橡胶垫(使用年限满 6 年报废)、交叉杆杆体(重点是压型处和环焊缝处)、盖板及盖板焊缝。

(3)双耳防松垫圈裂纹时更换新品。

(4)轴向橡胶垫(使用年限满 6 年报废)允许有龟裂,表面圆周方向裂纹长度大于周长的 30% 时更换。

(5)交叉杆安全链及卡子须取消,同时取消组合式制动梁安全链上与交叉杆安全链连接的链环。

(6)锁紧板腐蚀、磨耗深度大于 2mm 时更换新品。

(7)外观检查存在下列情况之一时,须分解交叉支撑装置,除锈后对交叉杆连接焊缝、杆体压型处进行湿法磁粉探伤检查。

①交叉杆变形大于 10mm,杆体擦伤、碰伤深度不大于 1mm。

②交叉杆存在裂纹,或焊缝开裂。

③交叉杆端头螺栓松动。

④支撑座存在裂纹或破损。

⑤因火灾等原因,交叉杆及支撑座烧损或化学溶剂腐蚀橡胶件。

⑥因相关配件检修或更换需分解交叉支撑装置。

(8)存在下列情况之一时报废。

①车辆脱轨、颠覆。

②杆体横裂纹。

③杆体纵裂纹长度大于50mm或深度大于0.6mm。

④在全长范围内用样杆检查交叉杆,弯曲、变形大于20mm。

⑤交叉杆端头螺纹损伤或滑扣超过3扣。

⑥杆体折断、环焊缝开裂,或擦伤、碰伤深度大于1mm。

(9)若需更换交叉杆组成,须更换为改进结构的交叉杆组成。

(10)交叉杆检查确认良好后,须在交叉杆中部(上、下盖处)画出检查标识"○",不合格者画"×"。

12.摇枕正位、翻转检查

(1)清除摇枕表面的灰尘、锈皮及污垢。

(2)摇枕使用年限满25年或使用年限满20年而未满25年,A、B部位裂纹时报废。

(3)当摇枕剩余寿命小于一个段修质量保证期限,经检查确认质量状态良好时,可继续装车使用,并由装车单位负责一个段修质量保证期限的质量保证责任。

(4)摇枕必须进行翻转检查,必须进行两侧翻转,且每侧翻转角度不小于45°,两侧翻转角度之和不得小于90°,并填写记录。

(5)重点检查摇枕与摇枕弹簧接触面。

(6)摇枕出现裂纹时按配件加修工艺施修。

(7)摇枕、斜楔摩擦面磨耗板或分离式斜楔插板焊缝开裂时焊修,裂纹、磨耗大于2mm时更换新品。

(8)焊装磨耗板前,摇枕、斜楔摩擦面的基准面须平整,否则须堆焊后磨平,摇枕、斜楔摩擦面磨耗板或分离式斜楔插板上、下端面与摇枕须满焊。

(9)摇枕、斜楔摩擦面磨耗板材质为0Gr18Ni9,硬度不大于187HBW;分离式斜楔插板材质为20钢,硬度须为130~210HBW。

(10)摇枕挡内、外表面距离大于283mm(原型为279.4mm)时,须堆焊后磨修,恢复原形;摇枕斜楔槽内、外表面距离大于180mm(原型为174mm)时,须对中焊修后磨平,恢复原形。

(11)固定杠杆支点座圆销孔或衬套直径磨耗超过2mm或缺损时,扩孔镶套或更换奥贝球铁衬套。

(12)摇枕上拉条托架组成的滚套原为钢质时应更换为含油尼龙,含油尼龙滚套磨耗剩余直径小于18mm时更换。

(13)制动梁安全链座剩余厚度小于4mm时更换,变形时调修,有裂纹时根据破损程度焊修或更换。

(14)横跨梁安全链吊座剩余厚度小于5mm或链孔上边缘宽度小于8mm时更换。

(15)摇枕心盘螺栓孔、心盘销孔磨耗大于2mm时堆焊后加工。

(16)摇枕弹簧承台内侧外簧挡边高度不足25mm时,须按要求增加高度。

(17)工作者、工长、检查员按上述正位、翻转检查标准进行检查后,在摇枕立面画检查标识。工作者画"人"标记,工长画"一"标记,检查员画"口"标记,组成"合"标记。

13.侧架正位、翻转检查

(1)清除摇枕表面的灰尘、锈皮及污垢。

（2）侧架使用年限满 25 年或使用年限满 20 年而未满 25 年，A、B 部位裂纹时报废。

（3）当侧架剩余寿命小于一个段修质量保证期限，经检查确认质量状态良好时，可继续装车使用，并由装车单位负责一个段修质量保证期限的质量保证责任。

（4）侧架必须进行翻转检查，必须进行两侧翻转，且每侧翻转角度不小于 45°，两侧翻转角度之和不得小于 90°，并填写记录。

（5）重点检查侧架立柱磨耗板周围。

（6）侧架出现裂纹时按配件加修工艺施修。

（7）侧架导框摩擦面单侧磨耗（含局部磨耗）深度大于 2mm，两侧磨耗深度之和大于 3mm，内侧面磨耗（含局部磨耗）深度大于 3mm 或组装间隙超限时，堆焊后加工。

（8）侧架承载鞍支承面偏磨大于 1mm 时加工，磨耗大于 3mm 或支承面剩余高度小于 2mm 时堆焊后加工，恢复原形，或加工后焊装磨耗板；转向架焊装的磨耗板规格为（158 ~ 167）mm × （136 ~ 145）mm × （4 ~ 6）mm，材质为 Q235 钢。原磨耗板磨耗大于 3mm 时更换；焊装磨耗板时，同一转向架两侧架须同时焊装。加工后承载鞍支承面或磨耗板平面与导框内侧摩擦面未磨耗部位的垂直度为 1mm；承载鞍支承面至弹簧承台的距离为（306.9^{+3}_{-2}）mm，至支撑座安装孔中心距离为（386.9 ± 2）mm。

（9）卡入式滑槽磨耗板丢失或磨耗深度大于 3mm 时更换新品（原型为 5mm）。材质为 T10，硬度为 36 ~ 42HRC，或材质为 47Mn2Si2TiB，硬度为 43 ~ 58HRC。

（10）斜楔材质为针状马氏体铸铁的侧架立柱磨耗板材质须为 T10，硬度为 365 ~ 415HBW；斜楔材质为贝氏体球墨铸铁的侧架立柱磨耗板材质应为 47Mn2Si2TiB 或奥贝球铁，硬度为 43 ~ 58HRC。

（11）侧架立柱磨耗板丢失时补装，厚度磨耗超过 3mm（原型为 10mm）或松动时更换，折头螺栓松动时更换。如果需要更换奥贝球铁材质的侧架立柱磨耗板，则必须全车更换为符合图样 QCZ133-90-00 要求的组合式斜楔和符合图样 QCZ85C-20-01 要求的 45 钢材质的侧架立柱磨耗板，且全车斜楔、立柱磨耗板应保持一致。

（12）侧架立柱与摇枕挡内表面配合处磨耗深度大于 3mm 时，堆焊后磨平，恢复原形。

（13）支撑座出现裂纹及支撑座、侧架焊缝开裂时须铲除裂纹后焊修，并须符合支撑座及侧架的焊修技术条件。

（14）支撑座出现贯通裂纹，经过焊修再次裂纹或原焊修焊缝开裂时更换；分解交叉支撑装置的支撑座腐蚀深度大于 3mm 时更换。更换时不得伤及侧架母材。新组装支撑座须使用支撑座专用组装定位胎具。

（15）保持环腐蚀、磨耗深度大于 2mm 或出现裂纹时更换新品，焊缝开裂时焊修；更换保持环时，须使用组装定位胎具。

（16）更换侧架时，同一转向架两侧架固定轴距差不得大于 2mm。

（17）横跨梁托变形时调修或更换，裂纹或腐蚀深度大于 30% 时更换，孔径磨耗大于 3mm（原型为直径 22mm）时焊修或更换。

（18）工作者、工长、检查员按上述正位、翻转检查标准进行检查后，在两侧架外侧画检查标识。工作者画"人"标记，工长画"一"标记，检查员画"口"标记，组成"合"标记。

14.组装摇枕、侧架

(1)摇枕、侧架须符合寿命管理的规定。

(2)同一转向架两侧架固定轴距不得超过 2mm。

(3)同一转向架两侧架形式须一致。

15.组装交叉支撑装置

(1)端头螺纹在交叉支撑装置组装前须进行检查,螺纹损伤或滑扣时,累计不超过 3 扣,毛刺须清除;螺纹须用专用螺纹止规测试,在距端面 5 扣以内须止住,并且止规不得晃动。

(2)将待组装的交叉支撑组成吊放在组装定位胎上;将构架组成(包括摇枕、侧架、弹簧、斜楔)吊放到组装定位胎具的四个支座上。

(3)将刻打标记的标志板放在双耳垫圈与锁紧板之间穿到 M24 螺栓上,双耳插入锁紧板孔中。

(4)将橡胶垫分装到侧架支撑座两侧,交叉杆端头孔与橡胶垫孔对准,用 M24 螺栓穿入、拧紧,同一转向架两端同时进行。

(5)拧紧中间扣板连接螺母,连接螺母紧固后点焊。

(6)用智能扳机或扭力扳手对角均匀紧固 M24 螺栓,紧固力矩为 675 ~ 700N·m。

(7)组装后 4 个导框中心的对角线差不大于 5mm。

(8)双耳垫圈止耳须对角撬起两个靠在螺栓头的侧平面上。

16.组装摇枕弹簧、斜楔

(1)各组圆弹簧内、外圈旋向相反。

(2)摇枕弹簧须落入相应弹簧挡边内,不得有卡阻现象,各组弹簧不得顺卷。

(3)斜楔组装须按编号放回"原车原位原方向"。

(4)斜楔立面与侧架立柱磨耗板须接触良好,垂向不得有贯通间隙,局部横向以 10mm × 2mm 的塞尺测量,不得深入 50mm。

(5)同一车辆斜楔形式须一致,并应与侧架立柱磨耗板材质相对应。材质为 45 钢的侧架立柱磨耗板配套使用组合式斜楔,材质为 T10 的侧架立柱磨耗板配套使用针状马氏体铸铁材质的整体式斜楔,材质为 47Mn2Si2TiB 侧架立柱磨耗板配套使用贝氏体球墨铸铁材质的整体式斜楔。

17.组装心盘垫板、下心盘、心盘磨耗盘

(1)下心盘接触面涂防锈漆并应有检修标记;摇枕心盘安装座与心盘接触面螺栓孔周围的毛刺须清除,凸起须磨平,心盘安装座触面涂防锈漆;摇枕心盘螺栓孔磨耗不大于 2mm。

(2)须使用钢质或竹质下心盘垫板;螺栓组装的下心盘垫板总厚度不大于 60mm,厚度小于 20mm 时,须使用每块厚度不小于 8mm 的钢质垫板,钢质垫板超过 1 层时,须在钢质垫板层间四周点焊;钢质、竹质垫板混装时钢质垫板须放于底层;竹质垫板除可与钢质垫板叠装外,须单层使用,厚度不大于 40mm,不小于 20mm;竹质垫板可与车辆横向两块拼装,各占一半。

(3)下心盘组装时,须使用 FS 型、BY-B 型或 BY-A 型防松螺母,安装 ϕ4mm 开口销,并配套使用强度符合《紧固件机械性能 螺栓、螺钉和螺柱》(GB/T 3098.1—2010)规定的

10.9 级,精度等级符合《普通螺纹　中等精度、优选系列的极限尺寸》(GB/T 9145—2003)中 6g 要求的螺栓,螺栓头部须有 10.9 级标记;装用 BY-A 型、BY-B 型防松螺母时,须装用重型弹簧垫圈,防松螺母紧固力矩 941 ~ 1046N·m。

(4)安装心盘磨耗盘时,要确认下心盘内和心盘磨耗盘无油污、油漆及杂物等。

18. 组装制动梁及基础制动装置

(1)依次组装制动梁、移动杠杆、固定杠杆及支点、下拉杆。

(2)必须装用 L 形制动梁及新型高摩擦系数合成闸瓦;且同一车辆制动梁形式及闸瓦形式须一致。

(3)组装 L 形制动梁时,滑槽磨耗板表面不得涂抹润滑脂。制动梁安全链螺栓须涂黑铅粉油,并加弹簧垫圈或背母。

(4)组装时不得磕碰交叉杆。

(5)圆销组装前须涂润滑油,组装后圆销与销孔间隙不大于 3mm。

(6)固定杠杆与固定杠杆支点,固定杠杆支点与固定杠杆支点座,制动梁支柱与固定杠杆、游动杠杆间,中(下)拉杆与固定杠杆、游动杠杆间采用扁孔圆销及扁开口销。

(7)扁开口销在扁孔圆销上组装后,扁开口销销尾应弯卷,并超过圆销杆圆周长度 3/4 圈。组装后扁孔圆销的窜动量应为 2 ~ 10mm,扁孔圆销端部不得与其他零部件干涉。

(8)为保证组装后 2 ~ 10mm 的窜动量,扁孔圆销长度允许在上下一个规格范围内调整。扁孔圆销长度调整后,不得与邻近的其他零部件发生干涉。

(9)同一制动梁水平高度差不大于 15mm,闸瓦中心与车轴中心水平线的垂直距离为 40 ~ 110mm。

(10)保证转向架落成后制动梁安全链松余量为 40 ~ 70mm,安装安全索。

19. 组装横跨梁组成

(1)准备横跨梁组成:横跨梁组成包括左横跨梁托、横跨梁、右横跨梁托、调整板和跨梁吊座等部件。

(2)定位横跨梁托:将左横跨梁托和右横跨梁托安装在转向架侧架上,确保其位置准确,与侧架的配合紧密。

(3)安装耐磨垫:在横跨梁托与横跨梁之间放置耐磨垫,以减小摩擦和磨损。

(4)安装横跨梁:将横跨梁放置在横跨梁托上,使其与耐磨垫接触良好,并确保横跨梁与侧架平行。

(5)安装调整板:根据需要,在横跨梁的适当位置安装调整板,以调整横跨梁的高度和位置,确保其与转向架的其他部件配合良好。

(6)安装跨梁吊座:将跨梁吊座安装在横跨梁的指定位置,用于固定横跨梁并使其与转向架连接牢固。

(7)固定横跨梁:使用螺栓将横跨梁固定在横跨梁托上,确保其安装牢固,螺栓的紧固程度应符合相关标准和要求,但槽型螺母并不紧固到底。

20. 组装下旁承

(1)下旁承组装应按编号放回"原车原位原方向"。

（2）GY95AK、GY95SK、GY100K、GY100SK 等型罐车应统一装用 JC-2 型弹性旁承。

（3）旁承座安装方向：同一摇枕相反，同一车辆应同侧同向。

（4）下旁承上平面与下心盘上平面的距离（含心盘磨耗盘）应为（86±2）mm，超限时可调整下旁承垫板，下旁承调整垫板总厚度为 2～25mm，数量为 1～3 块。

（5）老型下旁承磨耗板上平面至滚子上部距离为（14±1）mm；若更换为 JC 型双作用弹性旁承，磨耗板上平面至滚子上部距离为 14～17mm。

（6）上、下旁承间不得涂抹润滑脂。

复习与思考

一、填空题

1. 转向架由( )、( )、( )、( )、( )组成。

2. 轴箱定位装置常见的结构形式有( )、( )、( )、( )、( )、( )、( )、( )。

3. 无摇动台装置的转向架按结构特点可分为( )和( )。

二、选择题(以下至少有一项是正确的,请将正确的选项填入括号内)

1. 转向架的承载方式可分为( )。

　　A. 心盘集中承载　　　　B. 非心盘承载　　　　C. 心盘部分承载　　　　D. 弹簧承载

2. 我国铁路的标准轨距为( )。

　　A. 1435mm　　　　　　B. 1956mm　　　　　　C. 1520mm　　　　　　D. 1750mm

3. 在货车转向架的落成中,摇枕上平面与侧架上弦杆底面的相对间隙应为( )。

　　A. ≥10mm　　　　　　B. ≥8mm　　　　　　　C. ≥12mm　　　　　　D. ≥6mm

三、判断题(以下描述正确的打"√",不正确的打"×")

1. 转向架在轮对与构架之间的部分称为摇枕(中央)悬挂装置。　　　　　　　　( )

2. 心盘的作用是承受车体的垂向力,纵向、横向水平力并传给摇枕,过曲线,回转中心,减小阻力。　　　　　　　　　　　　　　　　　　　　　　　　　　　　　　( )

3. 转向架按轴数分类有二轴转向架、三轴转向架和多轴转向架。　　　　　　　( )

4. 转 K1 型转向架属于三大件式转向架,其中三大件是指摇枕、轴箱、侧架。　( )

四、简答题

1. 请简述转 8A 型货车转向架垂向力的受力分析。

2. 请简述转 8A 型货车转向架纵向力的受力分析。

3. 请简述转 8A 型货车转向架横向力的受力分析。

4. 请简述转 K1 ~ K6 型转向架的特点。

5. 请简述转 K2 型转向架的检修作业过程。

客车转向架的构造与检修

❋ 项目导读

　　客车主要用于运送旅客,少数客车具有特殊用途。客车运行中既要求安全准时,又要方便舒适,所以对客车转向架的要求比货车转向架更严格。客车转向架担负着走行任务,同时承受各种载荷,在具有足够的强度的同时,还要有良好的运行平稳性和舒适性,能够将旅客安全、快速、平稳、舒适地送到目的地。

❋ 学习目标

1. 知识目标

(1)了解客车转向架的要求和基本作用。

(2)熟知209系列转向架的构造。

(3)掌握CW-200K、SW-220K型转向架的构造。

(4)掌握客车转向架的检修流程。

2. 技能目标

(1)培养自主学习习惯、能力。

(2)培养动手能力、空间理解能力、沟通能力和团队协作能力。

(3)培养逻辑思维和处理信息的能力。

3. 素质目标

(1)培养良好的科学文化和专业业务素质。

(2)树立良好的职业道德和劳动安全思维。

(3)培养服务大众出行的责任感。

任务 6.1 认识客车转向架

【任务导入】

引导问题 1：客车转向架相比于货车转向架，性能要求有何不同？

引导问题 2：客车转向架的组成有哪些？

一、客车转向架的要求

客车转向架应具有符合速度要求的运行安全性、平稳性、舒适性和良好的曲线通过性能，并且要符合国家制定的各项标准，具体要求如下。

（1）采用柔软的弹簧，以改善和提高客车在垂向的动力性能。一般客车转向架的弹簧静挠度应大于 170mm，因此客车转向架通常采用两系弹簧：在轴箱与构架之间设有轴箱弹簧，又称一系悬挂弹簧；在构架和摇枕（或车体）之间设有摇枕弹簧，又称中央弹簧或二系悬挂弹簧。

（2）专门设置横向弹性复原装置和减振装置，以改善和提高客车的横向动力性能。同时，为了抑制转向架在线路上的蛇行运动，客车转向架通常采用各种形式的轴箱弹性定位装置。

（3）转向架各零部件应具有足够的强度和适宜的刚度，以保证安全性和一定的寿命。

（4）尽量实现转向架轻量化，尤其是减小簧下质量，进一步实现车体轻量化，减小运行阻力。

（5）尽量降低轮轨之间的作用力，减小轮轨磨耗及各部位的磨耗，从而提高运行稳定性，减少维修工作量。

（6）应具有降低噪声，吸收高频振动的能力，从而提高舒适性和减少环境污染。

（7）应具有良好的制动性能，从而保证运行中平稳地减速及在规定的距离内安全停车。

（8）积极开发、采用新技术、新材料、新工艺，以提高产品质量。

（9）尽可能实现零部件通用化、标准化和产品系列化，以降低成本，提高检修效率。

（10）结构应简单，运用安全可靠，检修方便，制造容易，成本低廉。

二维码

客车转向架简介

二、客车转向架的基本作用与快速客车对转向架的要求及其发展趋势

1. 客车转向架的基本作用

(1)能够减小车辆运行阻力。

(2)能够减小车体在线路高低不平处的垂直位移。

(3)可以安装多系弹簧及减振器,确保车辆有良好的运行品质,以适应较高的行车速度。

(4)容易从车体下推出,便于各零部件检修。

(5)能够传递和放大制动缸产生的制动力,使车辆具有良好的制动效果。

(6)支承车体并将车体上的各种作用力和载荷传递给钢轨。

2. 快速客车对转向架的要求及其发展趋势

(1)降低轴重,尤其是减少簧下质量(如采用空心车轴及轻型车轮等),以减小轮轨之间垂向作用力。

(2)采取各种措施,降低蛇行运动频率,延长蛇行运动波长以保证高速客车有较高的失稳临界速度。同时,要兼顾车辆的曲线通过能力,减小轮轨之间的横向作用力。当然,二者之间相互矛盾,需要进行合理的协调。

(3)为了使高速运行的车辆具有良好的运行平稳性,应具有前瞻性,以超临界的观点进行设计和选择相关参数。

(4)在高速转向架中广泛采用空气弹簧和橡胶件,以降低噪声和隔离、吸收高频振动。同时,尽量形成相关零部件之间的无磨耗接触,以减小磨耗、延长寿命和便于维修。研究轮轨噪声的成因,并采取相应措施防止、减少噪声的污染。

(5)为了使高速运行中的列车能在规定的距离内安全停车,转向架基础制动装置在传统的双侧闸瓦踏面制动的基础上,采用盘形制动、磁轨制动、电阻制动、再生制动等方式,改善制动性能、提高制动功率。根据需要确定采取单一式或复合式,在制动装置中采用防滑装置。

三、客车转向架的一般组成

由于客车的车型不同和车辆性能等方面的差别,各型转向架在结构上都有一定的不同。客车转向架一般由构架、摇枕弹簧悬挂装置、轮对轴箱弹簧装置、基础制动装置等组成。

(1)构架:构架是转向架的基体,可将转向架各种零部件组合成一个总体,因此,它的结构、形状和大小应满足各零部件组装需要。一般有铸钢H形构架,钢板焊接结构构架等。

(2)摇枕弹簧悬挂装置:该装置通过摇枕弹簧在上、下方向的弹性变形及减振器的作用来缓和并衰减车辆的垂向振动。而且,由于有吊杆装置在受外力作用后发生振动,当外力消失后,在重力作用下,吊杆经过几次摇摆后又逐渐恢复原位,其作用与弹簧相同,因此能有效地缓和并衰减车辆的横向振动。该装置一般由摇枕、下心盘、下旁承、摇枕弹簧、摇枕吊轴、

摇枕吊杆、吊销、弹簧托板(梁)、油压减振器等组成。

（3）轮对轴箱弹簧装置：该装置有利于吸收簧下部分的高频振动,改善车辆零部件与线路的工作条件,通过轮对轴箱定位元件来抑制轮对蛇行运动,实现轮对轴箱与构架间在纵向、横向的定位。该装置一般由轮对轴箱装置、轴箱弹簧装置、轴箱定位装置组成。

（4）基础制动装置：该装置用于传递并放大由空气制动部分产生的制动力并将其作用在车轮踏面上。该装置一般由制动梁、制动杠杆、制动拉杆、闸瓦托吊、闸瓦等组成。

任务 6.2　认识 209 系列转向架

【任务导入】

　　209 系列转向架是我国主型客车转向架,设计最高运行速度为 160km/h。209 系列转向架是南京浦镇车辆厂从 1972 开始在原 205 型转向架基础上逐步改进、完善而形成的,包括 209T、209P、209TK、209PK、209HS 等型号,其在结构上有何不同呢?

一、209T 型转向架

　　209T 型转向架最大的特点是采用了纵向牵引拉杆装置,用以代替传统纵向摇枕挡,从而提高了转向架的运行性能,如图 6-1 所示。

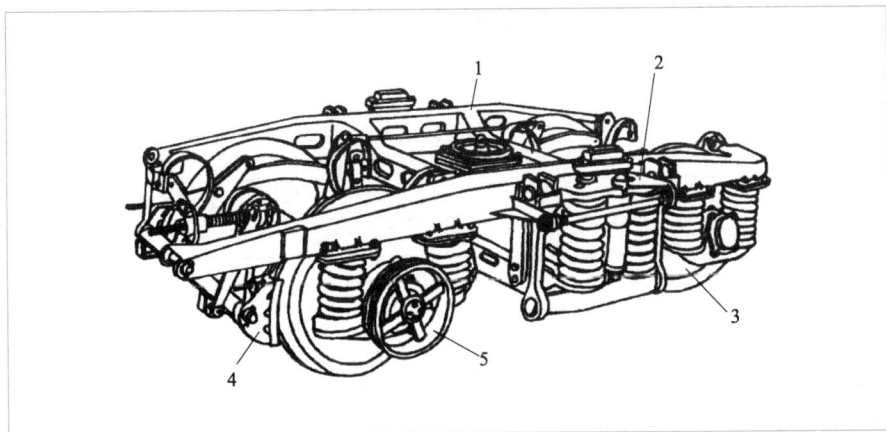

图 6-1　209T 型转向架

1-构架;2-摇枕弹簧悬挂装置;3-轮对轴箱弹簧装置;4-基础制动装置;5-发电机皮带传动装置

　　209T 型转向架具有良好的横向振动性能,采用这种转向架的车辆,横向平稳性指标一般为 2.25。但由于一系弹簧和二系弹簧(即轴箱弹簧和摇枕弹簧)采用的都是圆柱螺旋弹簧,受到空、重车车钩高度允许变化范围的限制,弹簧的静挠度不可能设计得很大(即弹簧不可能设计得很软)。对于载重较大的车辆,如允许超员较多的硬座车及装载较多的行李车等,弹簧只能设计得较硬使车辆的垂直平稳性指标比横向大,一般在 2.5 以上。

二维码

209 系列客车转向架

　　1. 主要技术参数

　　209T 型转向架主要技术参数见表 6-1。

209T 型转向架主要技术参数　　　　表 6-1

主要技术参数	数值
最高运行速度(km/h)	140
固定轴距(mm)	2400
车轮形式及直径(mm)	辗钢整体车轮,车轮直径 840mm
车轴型号	RD_3、RD_4
轴承型号	42726QT,152726QT
轴箱定位方式	干摩擦导柱式定位
心盘允许最大载荷(kN)	290
车体自重下,下心盘面距轨面高度(mm)	780
车体自重下,下旁承面距轨面高度(mm)	970
两旁承中心间距(mm)	2390
弹簧形式	一系、二系均为圆柱螺旋弹簧
减振形式及阻尼系数(kN·s/m)	摇枕弹簧处加装两个油压减振器,阻尼系数均为100
摇枕吊有效长度(mm)	590
摇枕吊倾角(°)	0
牵引方式	纵向牵引拉杆
摇枕横向缓冲装置	橡胶缓冲器
摇枕弹簧横向间距(mm)	2510
基础制动装置	双侧踏面制动
每台转向架制动倍率	4
每台转向架质量(t)	6.8
轨距(mm)	1435
正线运行通过最小曲线半径(m)	145
缓行调车通过最小曲线半径(m)	100

2. 结构特点

1) 构架

209T 型转向架的构架为铸钢一体式或钢板压型焊接 H 形构架,如图 6-2 所示,由 2 根侧梁、2 根横梁及 4 根悬臂小端梁等组成。各梁均为箱形封闭断面,并根据需要铸有出砂孔和工作孔。

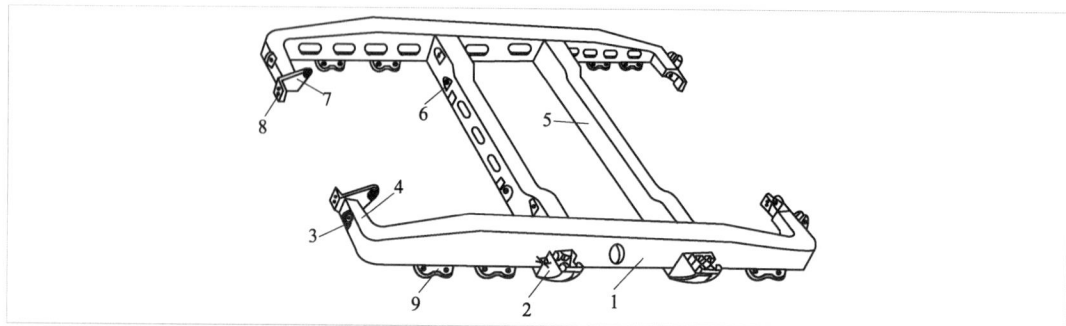

图 6-2　209T 型转向架构架

1-侧梁;2-吊杆托架;3-闸瓦托吊座;4-端梁;5-横梁;6-制动拉杆吊座;7-固定杠杆支点座;8-缓冲弹簧座;9-弹簧支柱座

在构架侧梁外侧铸有摇枕吊座托架,托架上焊接铸钢摇枕吊座。此外,构架上还设有闸瓦托吊座、缓解弹簧座、固定杠杆支点座、制动拉杆吊座。

2)摇枕弹簧悬挂装置

209T 型转向架的摇枕弹簧悬挂装置为摇动台式,采用单节长吊杆,构架外侧悬挂,带油压减振器的摇枕圆弹簧组,如图 6-3 所示。它由摇枕、下心盘、下旁承、摇枕弹簧、油压减振器、弹簧托梁、摇枕吊轴、摇枕吊及纵向牵引拉杆装置等组成。

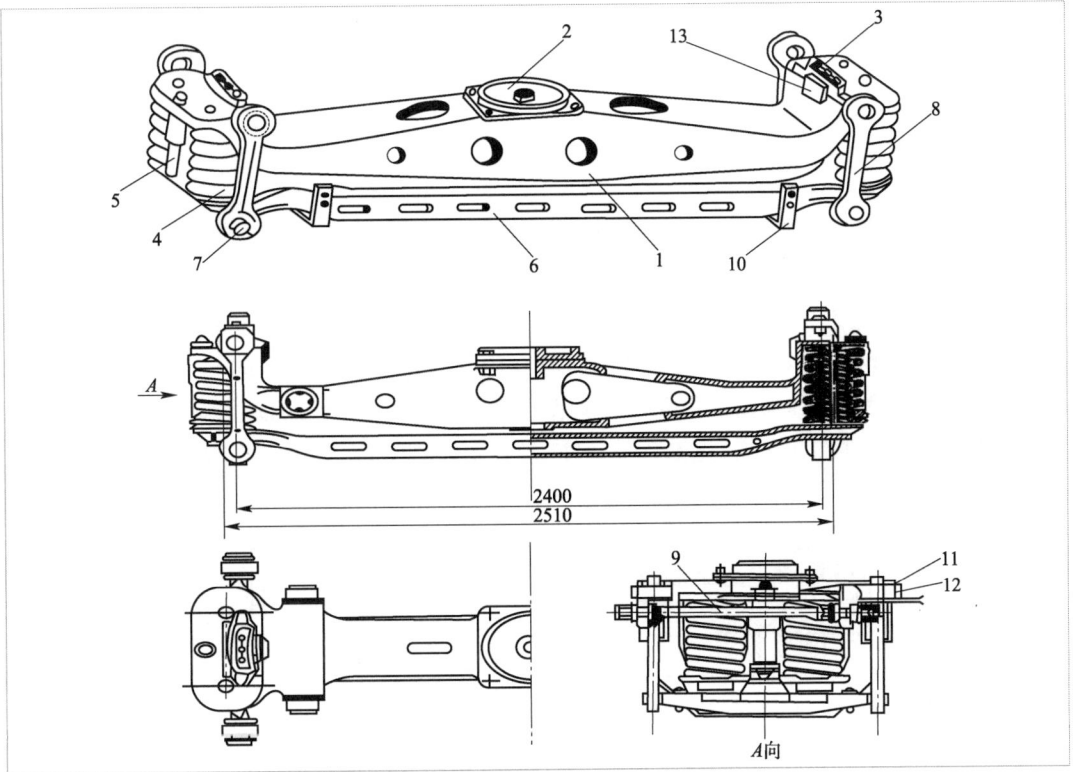

图 6-3 摇枕弹簧悬挂装置(尺寸单位:mm)

1-摇枕;2-下心盘;3-下旁承;4-摇枕弹簧;5-油压减振器;6-弹簧托梁;7-摇枕吊轴;8-摇枕吊;9-纵向牵引拉杆;10-安全吊;11-摇枕吊销;12-摇枕吊销支承板;13-调整垫

其中,摇枕为铸钢空心的变截面等强度梁,两端向上翘起,通过侧梁处凹下。下心盘用螺栓组装在摇枕上。下旁承装于摇枕端部,位于构架侧梁外侧,中心距为2390mm,俗称外侧旁承,不仅便于检修,还可以减小车体的侧滚振动。

在横梁与悬臂小端梁之间的侧梁底面上共铸有 8 个弹簧支柱座,用于安装轴箱弹簧支柱。在构架侧梁外侧铸有摇枕吊座托架,托架上焊接铸钢摇枕吊座,如图 6-4 所示。

在构架侧梁中部外侧设有横向缓冲器,横向缓冲器由挡轴、缓冲橡胶及与构架侧梁一体的缓冲器座组成,如图 6-5 所示。横向缓冲器组装时,将缓冲橡胶压入缓冲器座内即可,保证横向缓冲器和摇枕每侧间隙为(25±3)mm,两侧间隙之和不大于50mm。采用横向缓冲器可缓和车辆通过曲线线路时的横向摆动。构架两侧梁中心距为 1943mm,构架轮廓尺寸为3550mm(长)×2620mm(宽)×350mm(高)。

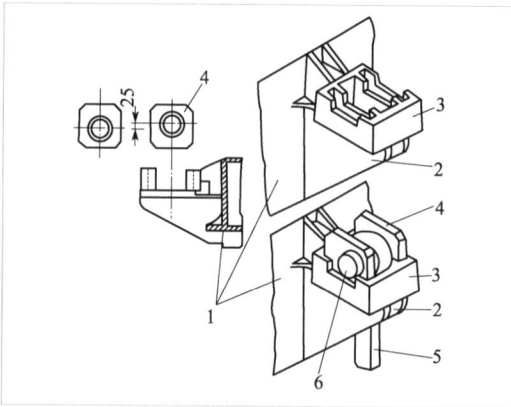

图6-4 摇枕吊座及托架(尺寸单位:mm)

1-侧梁;2-摇枕吊座托架;3-摇枕吊座;4-支承板;5-摇枕吊;6-摇枕吊销

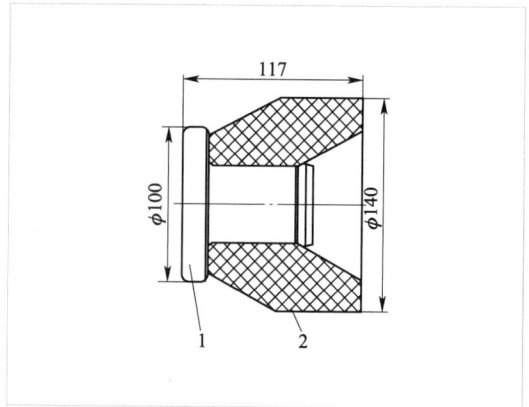

图6-5 横向缓冲器(尺寸单位:mm)

1-挡轴;2-缓冲橡胶

　　209T型转向架取消了纵向摇枕挡,在转向架两侧斜对称安装有纵向牵引拉杆结构。在构架两侧和摇枕两端斜对称焊装有牵引拉杆座,用具有橡胶弹性节点的牵引拉杆将摇枕和构架相连,使摇动台得到纵向定位并可改善振动性能。牵引拉杆由两端带 M42 螺纹的拉杆、隔套、橡胶垫、内夹板、外夹板、止推垫圈、M42 螺母等零件组成,如图6-6 所示。

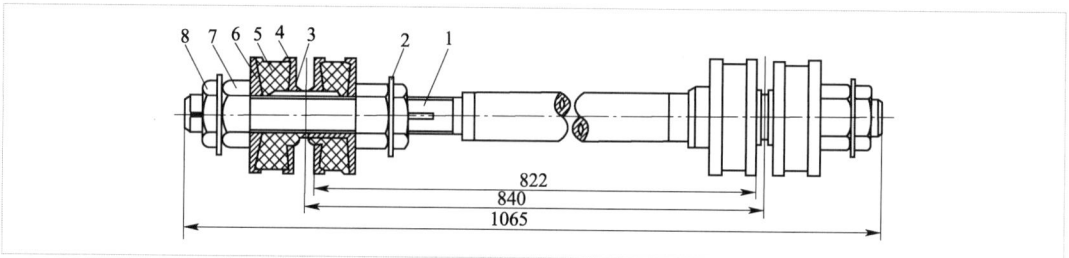

图6-6 牵引拉杆(尺寸单位:mm)

1-拉杆;2-止推垫圈;3-隔套;4-内夹板;5-橡胶垫;6-外夹板;7-M42 螺母;8-M42 薄螺母

　　拉杆的固定端(即内侧无调节螺母端)固定在构架上,调节端固定在摇枕上,起到构架牵引摇枕的作用。拉杆由两个长短不一的拉杆头和中间一节 $\phi54mm \times 7mm$ 的无缝钢管焊接而成,如图6-7 所示。

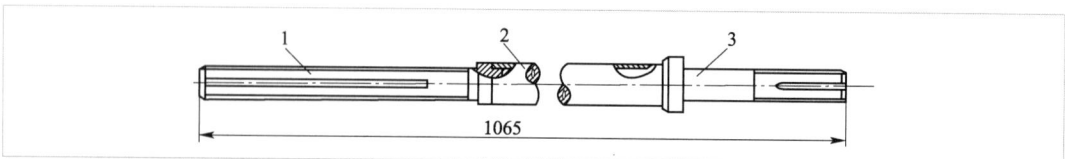

图6-7 拉杆(尺寸单位:mm)

1-拉杆头;2-无缝钢管 $\phi54mm \times 7mm$;3-拉杆头

　　为防止因丝扣锈死而影响拆卸,拉杆的螺纹部分和螺母均需镀锌。在内夹板、外夹板之间,装有隔套的主要目的是控制缓冲橡胶的压缩量。当螺母紧固到压紧隔套时,缓冲螺母就

146

不能再紧固,缓冲橡胶的压缩量也就被控制住了。为防止隔套与拉杆锈死,隔套材料采用MC尼龙。止退垫圈用1.5mm厚的钢板冲压而成。组装时,止退垫圈的内舌应卡入拉杆上的轴向槽内,垫圈边缘应分别翻到内、外螺母上,这样螺母就不会松动了。牵引拉杆的组装应在整车找平后进行。

牵引拉杆布置在转向架的两侧,并且方向相反,使车辆通过曲线时,可以减缓摇枕和车体的纵向振动。牵引拉杆两端设有橡胶垫形成弹性节点,具有无磨耗、不需润滑、维修简便、减小噪声等特点。

摇枕弹簧装置由圆弹簧组和油压减振器组成,摇枕两端各设一套,每套由2组并列的内、外卷弹簧和一个油压减振器组成。圆弹簧组由上、下夹板中间穿以螺栓构成,呈预压缩状态。摇枕弹簧横向中心距为2510mm。

弹簧托梁采用ZG25 Ⅱ铸钢整体横梁式结构,托梁的两端设有油压减振器安装座、安装摇枕弹簧和吊轴的加工面及安装吊轴的螺孔。托梁和吊轴之间用2个M16×130螺栓连接。弹簧托梁不但将两侧吊轴联系成整体,而且可承受弹簧和吊轴的偏心力。托梁采用铸钢件不仅抗腐蚀性能较好,可减少检修工作量,而且也增大了摇动台抗横向振动刚度。摇枕吊轴为实体变截面等强度梁,用Q235钢锻制,与弹簧托梁连接的螺栓孔开设在两端靠端轴处。

摇枕吊采用Q235钢锻制。上、下孔均镶有锻钢衬套,如图6-8所示。上孔衬套其内部为R70mm的圆弧面,与摇枕吊销中部R75mm圆弧面吻合,摆动灵活;下孔衬套内部沿轴向不是弧面而是平直面,与吊轴轴端的圆柱面接触,以增加接触面、减少磨耗。上、下孔的中心距为580mm,组装后摇枕吊销和吊轴的中心距,即摇枕吊有效长度为590mm,属于长吊杆。

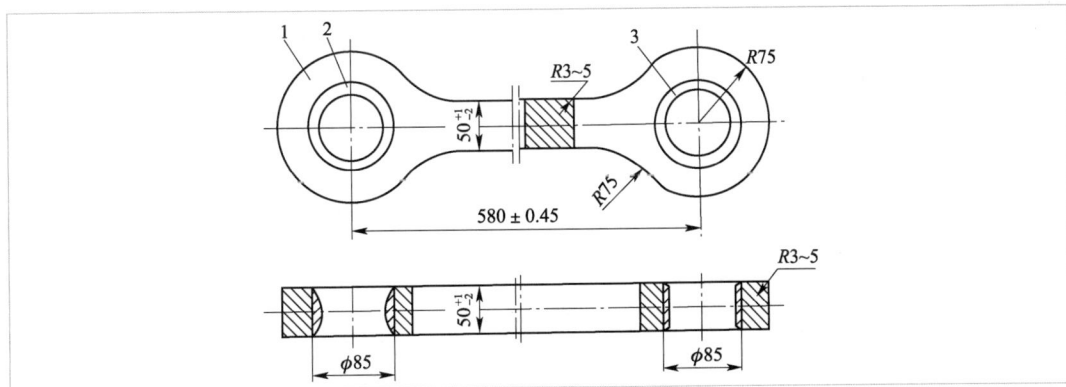

图6-8 摇枕吊(尺寸单位:mm)
1-摇枕吊体;2-上孔衬套;3-下孔衬套

摇枕吊销的安装结构和一般转向架不同,它插入构架上摇枕吊座中的支承板孔中,如图6-9所示。摇枕吊通过摇枕吊销借2块支承板垂直悬挂在摇枕吊座上,使摇枕弹簧横向中心距达2510mm,形成摇枕弹簧装置的超外侧悬挂(摇枕弹簧横向中心距2400mm及以上为外侧悬挂,超过2500mm为超外侧悬挂)。摇枕吊销安装后用销轴(φ25mm×130mm)和外侧的支承板带套筒部分销接,摇枕吊销由销轴和支承板固定,在应用中不会旋转,故一般不会发生磨耗。

支承板上的圆孔做成上、下偏心20mm,当支承板上、下倒置安装时即可调整车钩高度。支承板下部还可安放10mm厚以内的垫板,因此,车钩高度的最大调整范围可达30mm,形成了车钩高度的调整装置。这样,既便于检修时调整钩高,又有利于选择较大的弹簧静挠度值,改善垂直振动性能。安全吊为扁钢结构,用螺栓安装在构架侧梁下部的安全吊座板上。

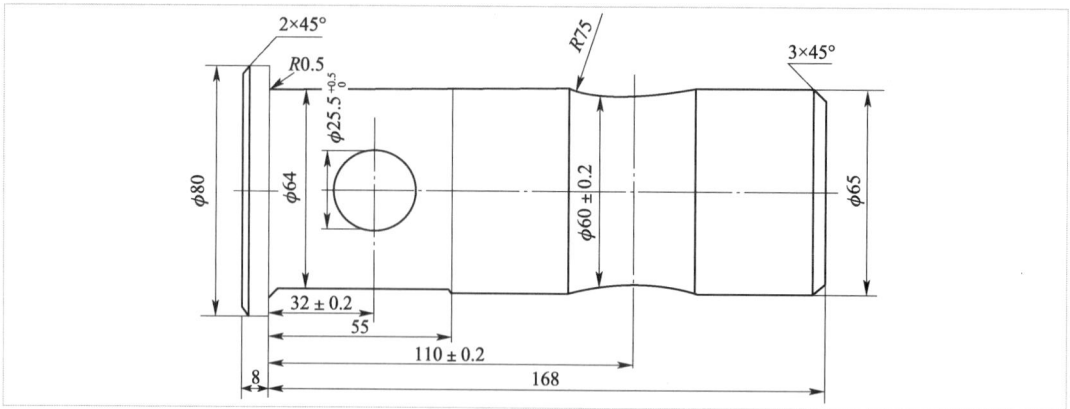

图6-9 摇枕吊销(尺寸单位:mm)

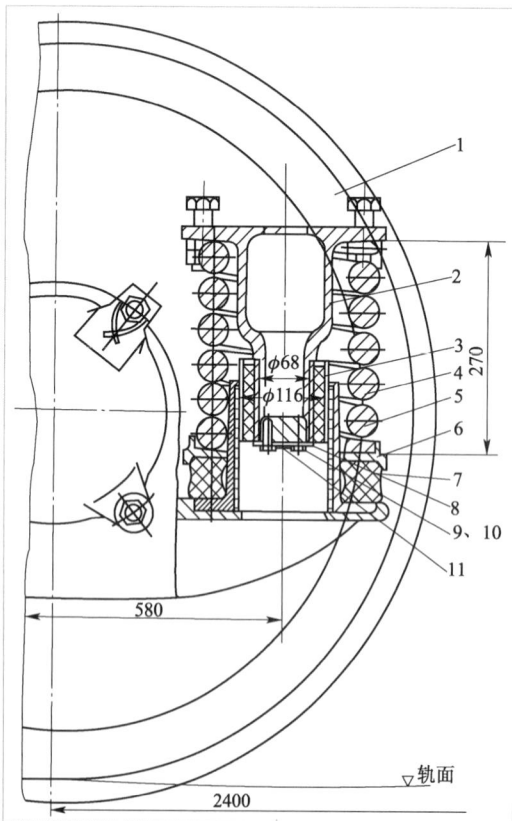

图6-10 干摩擦导柱式弹性轴箱定位装置(尺寸单位:mm)
1-轮对;2-导柱;3-弹性定位套;4-定位座;5-轴箱弹簧;6-支持环;7-橡胶缓冲垫;8-挡盖;9-螺栓 M10×25;10-弹簧垫圈;11-低碳钢丝 $\phi1.6mm\times170mm$

3)轮对轴箱弹簧装置

209T 型转向架的轮对轴箱弹簧装置为无导框式,由轮对轴箱装置、轴箱弹簧装置及轴箱定位装置组成。

(1)轮对采用 RD_3 型或 RD_4 型(用于安装发电机传动装置)轮对。轴箱装置为无导框式带轴箱弹簧托盘的滚动轴承轴箱,但托盘孔比206 型转向架大 20mm。装用的轴承型号为42726QT、152726QT 单列向心短圆柱滚子轴承。为提高密封性能,新造 209 型转向架的轴箱装置采用整体金属迷宫式密封结构。

(2)轴箱弹簧采用单卷圆柱螺旋弹簧。

(3)轴箱定位装置采用了干摩擦导柱式弹性定位结构,由导柱、定位座、弹性定位套,支持环、橡胶缓冲垫等组成。干摩擦导柱式弹性轴箱定位装置如图 6-10 所示。

(4)弹性定位套由 Q235 钢制成的内、外套及橡胶制成的弹性套组成,弹性套压入内、外套之间,如图 6-11 所示。弹性定位套的内套与弹簧支柱间为动配合,为了防止弹性定位套掉下,其下设有挡盖,用 3 个 M10×25 螺栓紧固在端盖上并装有弹簧垫圈,用 $\phi1.6mm\times170mm$低碳钢丝将 3 个螺栓头穿孔拧紧以防松动。端盖与弹簧支柱下端的内圆面采用过盈配合压装在一起,弹性定位套与支柱如图6-12所示。定位座由定位座和摩擦套组成,如图6-13所示。

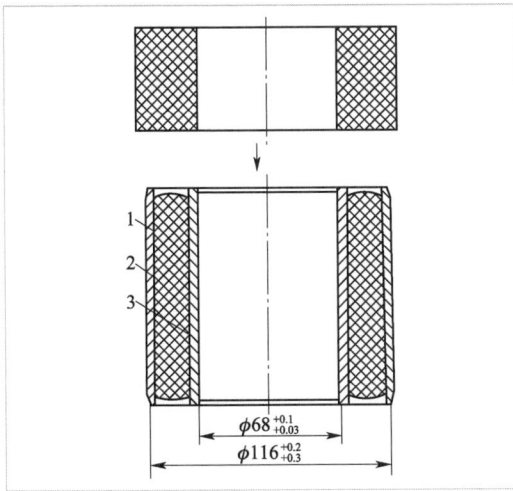

图 6-11　弹性定位套(尺寸单位:mm)
1-外套;2-橡胶套;3-内套

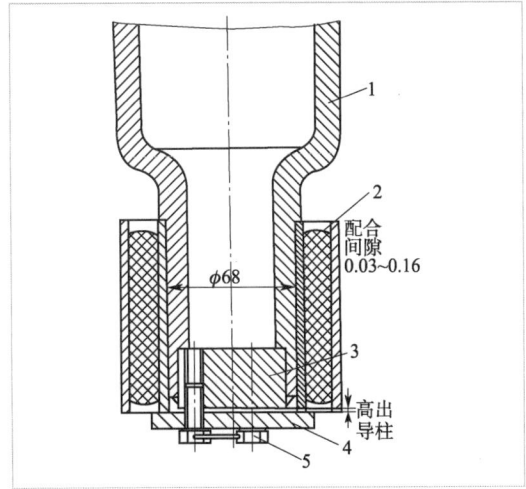

图 6-12　弹性定位套与支柱(尺寸单位:mm)
1-弹簧支柱;2-弹性定位套组成;3-端盖;4-挡盖;5-螺栓、
垫圈、钢丝

定位座为 ZG25 Ⅱ 铸钢件,摩擦套采用 HZ-801 耐磨材料制成,这种材料具有自润滑、摩擦系数低、耐磨、基本不磨偶合件等特点。摩擦套分成上、下两部分(上部分长 80mm,下部分长 64mm),主要是为克服摩擦套过长制作有困难而设。这种结构由于弹性定位套与定位座的间隙(即定位间隙)很小(直径差 0.5～0.8mm),且弹性定位套中的橡胶具有一定刚度,因此能起到抑制轮对蛇行运动的作用,实现轮对轴箱与构架间在纵横方向的定位。

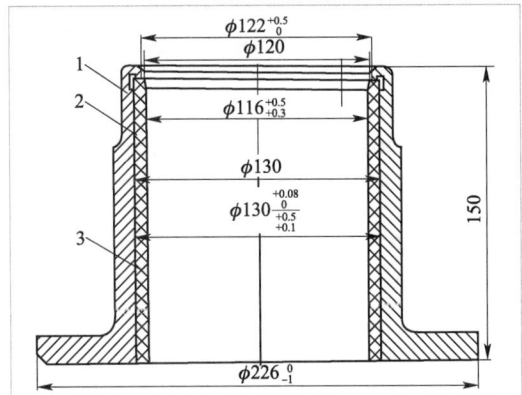

图 6-13　定位座(尺寸单位:mm)
1-定位座;2-上摩擦套;3-下摩擦套

4)基础制动装置

209T 型转向架基础制动装置采用杠杆传动,双片吊挂直接作用式双侧闸瓦制动,主要由移动杠杆、制动拉杆、制动拉杆吊、上拉杆、拉环、制动梁、制动圆销、缓解弹簧、闸瓦托吊、闸瓦托、闸瓦及闸瓦间隙调整装置等组成。制动梁为扁钢结构。

5)5kW 发电机轴端传动装置

在部分 209T 型转向架上装有 5kW 发电机轴端传动装置,它由发电机和发电机轴端三角皮带传动装置组成。轴端三角皮带传动装置包括发电机吊架、皮带拉紧装置和轴端连接装置等三个部分。发电机吊架和皮带拉紧装置焊接在一位转向架构架三位端梁的外侧。发电机通过 1 根吊轴吊挂在发电机吊架上。皮带拉紧装置由调整杠杆、调整弹簧座、调整手轮、弹簧垫、调整丝杆、螺母及发电机托等组成。

3. 209T 型转向架的优、缺点

1）优点

（1）构架采用铸钢一体式 H 形结构，强度大，结构简单，检修方便。

（2）摇枕吊为长吊杆垂直悬挂，摇枕两端上翘，为采用较大自由高和静挠度的摇枕弹簧创造了条件，与油压减振器配合有利于改善垂直动力性能。

（3）铸钢制弹簧托梁不仅耐腐蚀，减少检修工作量，还能增强摇动台的横向刚度。枕弹簧横向中心距加大到 2510mm，为超外侧悬挂，有利于提高车辆运行的横向平稳性。

（4）设有横向缓冲器，可限制过大的横向振动并缓和横向振动。

（5）采用干摩擦导柱式弹性定位装置，定位严密、转动灵活，能抑制轮对蛇行运动，保持轮对轴箱装置纵向、横向定位作用。

（6）下旁承在构架侧梁外侧，横向中心距加大到 2390mm，可减小车体的侧滚振动，提高运行平稳性。

（7）采用纵向牵引拉杆取代纵向摇枕挡，改善了纵向力的传递，同时缓和了纵向冲击，提高纵向平稳性。

（8）设有钩高调整装置，调整范围可达 30mm，调整车钩高度作业方便。

（9）用于不同车型时，只需更换摇枕弹簧和轴箱弹簧，其他配件均可通用。

（10）除心盘、中心销在构架中心外，其他大部分配件均在构架外侧，便于检车员检修作业。

2）缺点

（1）在运用中需要检查的配件全部在构架外侧，在列车检查中使检车员在站台侧通行困难。

（2）在提速干线上高速运行时，基础制动装置中的悬挂装置晃动较大，同时各销套及圆销磨耗严重。

二、209P 型转向架

209P 型转向架是为适应客车提速的要求，在 209T 型转向架基础上改进设计的。其制动装置采用盘形制动单元和踏面清扫单元，除轮对组成及基础制动装置外，基本结构与 209T 型转向架基本相同。

1. 主要技术参数

209P 型转向架主要技术参数见表6-2。

209P 型转向架主要技术参数　　　　　　　　表 6-2

主要技术参数	数值
最高运行速度（km/h）	140
适用轨距（mm）	1435
固定轴距（mm）	2400
车轮形式及滚动圆直径（mm）	PD 型 A 级整体辗钢车轮，φ915

主要技术参数	数值
车轴型号	RD_{3A}、RD_{4A}
车体自重下,下心盘面距轨面高度(mm)	780
车体自重下,下旁承面距轨面高度(mm)	970
车辆连挂通过最小曲线半径(m)	145
单车调车通过最小曲线半径(m)	100
弹簧形式	一系、二系均为圆柱螺旋钢弹簧
减振方式及其阻尼系数(kN·s/m)	二系垂向油压减振器,阻尼系数均为100
轴承	NJ(P)3226X1(42726QT、152726QT)
轮对轴箱定位方式	干摩擦导柱式弹性定位
转向架制动形式	盘形制动单元+单侧踏面清扫
转向架质量(kg)	7032

2. 结构特点

209P型客车转向架由构架装置、轮对轴箱定位装置、摇枕弹簧装置、基础制动装置和5kW发电机轴端传动装置构成。209P型客车转向架如图6-14所示。

1)构架装置

构架装置主要由构架、定位挡圈、制动吊座、摇枕吊销支承板座、安全吊安装座板、牵引拉杆座、制动缸吊座、闸瓦托吊座等零件焊接而成。

构架有铸钢构架和焊接构架两种形式。铸钢构架采用ZG230-450铸造碳钢制造;焊接构架由侧梁、横梁、摇枕吊座及发电机吊架等零部件组成,侧梁、横梁均采用压型结构,各零部件所用板材采用Q235A低碳钢钢板。

图6-14　209P型客车转向架

2)轮对轴箱定位装置

209P型转向架轮对轴箱定位装置由轮对轴箱装置、轴箱弹簧装置及轴箱定位装置三部分组成。

209P型转向架的轮对采用RD_{3A}、RD_{4A}车轴,在车轴中部860mm中心距上设有两个宽180mm、ϕ198mm的制动盘座。制动盘与车轴为过盈配合,压装吨位为20～40t,并应有合格的压力曲线。轮对需做动平衡试验,其未平衡值应不大于75g·m,以减小轮轨之间的动作用力。轮位差不大于2mm,同一轮对两车轮的滚动圆直径差不大于1mm。

制动盘包括中国铁道科学研究院集团有限公司的H300型分体式制动盘、中车戚墅堰机车车辆工艺研究所股份有限公司的整体制动盘、沈阳中车铁道制动机有限公司的整体制动盘三种形式,各种制动盘均由摩擦盘、盘毂及紧固件等组成。摩擦盘外圆两侧离侧面7mm处加工有三角形浅槽,主要用于判断摩擦盘是否应该更换。在正常使用情况下,摩擦盘的寿命和车轮寿命相当;使用中,不允许用检查锤敲打摩擦盘面的任何部位。

轴箱装置采用整体金属迷宫式密封轴箱,内装 NJ(P)3226X1 型轴承(外形尺寸同42726QT、152726QT 轴承)及新型橡胶密封组件,提高了密封效果和运行可靠性。

采用整体硫化一次成形的弹性定位套。209T 型转向架采用 3 个 M10 螺栓压紧弹性定位套,针对螺栓连接强度偏低的缺点,209P 型转向架采用 3 个 M12 的螺栓将弹性定位套固定在导柱上,以提高运用可靠性,定位座组成中装有内表面覆聚四氟乙烯的钢背摩擦套或奥贝球铁摩擦套,这两种摩擦套均具有自润滑性能,适于在干摩擦的环境中使用,无须加油润滑。组装后定位座与弹性定位套之间的间隙为 0.5~0.8mm。

在轴箱两侧弹簧托盘上依次安放有定位座、缓冲胶垫、支持环、轴箱弹簧,以提高缓冲、吸振能力。轴箱弹簧采用综合性能良好的 60Si2Mn 弹簧钢制造。

3)摇枕弹簧装置

209P 型转向架摇枕弹簧装置与 209T 型转向架的基本相同,其结构有以下特点。

(1)弹簧横向跨距大,支承面高,水平方向采用长吊杆,改善了车体的横向振动性能。

(2)摇枕弹簧采用双圈螺旋钢弹簧,内、外圈的旋向相反,内、外圈弹簧均采用综合性能良好的 60Si2Mn 弹簧钢制造。为降低车体的自振频率,增加平稳性,在载重条件下,转向架两系弹簧的静挠度不小于 160mm(邮政车、行李车、特种车除外)。

(3)在转向架两侧装有方向相反的两个牵引拉杆,牵引拉杆两端装有强度高、耐老化、弹性好的橡胶垫,具有弹性连接、减小噪声等特点。牵引拉杆杆体为整体全加工结构,提高了运用可靠性。

(4)采用国产或进口的新型油压减振器。这类减振器具有密封、防尘、防锈性能好、阻力稳定、调整、拆卸容易、质量轻等特点。减振器阻尼系数为 100kN·s/m。

(5)设有专用钩高调整装置,在构架摇枕吊座上面插入活动的吊销支承板,其孔做成上、下偏心 20mm,只要上、下倒置即可调整车钩高度。

(6)采用座式中心销,以利防腐。

(7)摇枕、托梁均为铸钢件。摇枕为等强度箱形鱼腹梁,托梁为多孔箱形梁,既保证了强度,又减轻了质量。摇枕将车体的重力传递到摇枕弹簧,托梁将左、右弹簧组成连接起来。

针对 209T 型转向架摇枕与牵引拉杆座连接的筋板处强度相对薄弱的缺点,209P 型转向架的摇枕将该处筋板加强,提高了运用可靠性。

4)基础制动装置

基础制动装置采用盘形制动单元和踏面清扫单元。

每个制动盘有一个盘形制动单元,由单元制动缸、手制动杠杆、内外侧杠杆、杠杆吊座、闸片托、闸片、闸片托吊、闸片吊销等零部件组成,采用三点悬挂方式悬挂在构架制动吊座上。根据车重不同,将杠杆比分为四个档次。每个车轮设有一个踏面清扫单元,由踏面清扫器、闸瓦托吊及其横向连接杆等零部件组成。

(1)制动缸为浮动式吊挂,制动时车轴(制动盘)产生横移也能保证闸片压力的均匀。每车一位转向架的一位盘形制动单元附近装有手制动用制动缸挡座及转轴,通过拐臂组成,将车上的手制动装置产生的制动力传递到制动盘闸片上,获得所需的制动力。

(2)制动装置各部件采用奥贝球铁衬套,45 钢表面硬化销。该衬套耐磨性好,抗腐蚀能力强,与 45 钢表面硬化销是一对良好的摩擦副。

(3)单元制动缸和踏面清扫器均带有单向闸片(瓦)间隙自动调整器,制动缸往转向架上安装或更换闸片(瓦)时,须将活塞杆头部的定位销拔出,旋转回程螺母,使活塞杆缩到最短,接着应将定位销固定。在通风抱闸几次后,闸片间隙将被自动调整到 3 ~ 5mm。随着闸片(瓦)的磨耗,制动缸活塞杆自动伸长,保证制动缸的工作行程在规定范围内。

在闸瓦托和闸瓦托吊之间装有闸瓦间隙调整装置,使闸瓦上、下间隙均匀。针对 209HS 型转向架闸瓦托吊横向连接装置在运用中出现的连接杆断裂问题,209P 型转向架的闸瓦托吊横向连接杆采用了类似 209T 型转向架制动梁组成的结构形式。

(4)为便于闸片组装,闸片分成对称的两半块制造,闸片分左、右,在其后部镶有钢背,钢背上的燕尾凸榫和闸片托的燕尾槽配合,由合成材料制成,闸片原型厚度为 28mm,允许磨耗到 5mm,左、右闸片须同时更换。

(5)闸片托由闸片托和锁铁等零件组成,闸片托为铸钢件,分左、右件。每个制动盘用左、右闸片托各一件,闸片托装上闸片后被锁铁挡住,即可防止闸片脱落。

(6)为了提高各单元缸供风软管的可靠性,采用了外罩不锈钢丝网的橡胶软管,避免了橡胶软管的磨损。

5)5kW 发电机轴端传动装置

该装置与 209T 型转向架 5kW 发电机轴端传动装置完全相同。在一位转向架的三位轴端装有 5kW 感应式交流发电机,采用 LB 型联组 V 带传动,传动比为 3∶5。在发电机悬挂装置中设有手轮弹簧调节式皮带张紧装置和发电机安全吊。轴端三角皮带轮依靠带有锥度的退卸套紧固在 RD_{4A} 轴端圆柱体上。如果需要将皮带轮卸下,必须换装保护套,并应将顶套顶紧后方可投入使用。

三、209PK 型转向架

209PK 型转向架是在 209T、209P 型转向架基础上改进的,设计最高运行速度为 160km/h,其最大的特点是采用了空气弹簧悬挂,还采用了单元式制动缸盘形基础制动装置和抗侧滚扭杆装置等新结构、新技术。相关试验表明该转向架在 160km/h 试验速度范围内具有良好的运行平稳性和稳定性。

209PK 型转向架主要装用于 25B 型中短途双层空调客车上。

其结构特点如下。

(1)弹簧托梁:由两端托盘型铸钢弹簧座及 3 根无缝钢管连接组成。

(2)空气弹簧:安装在托梁和摇枕之间,利用摇枕内腔作为空气弹簧的附加空气室。

(3)摇枕:为钢板焊接结构,分成 2 个独立的空气弹簧附加空气室,中间安装差压阀。

(4)基础制动装置:采用盘形制动单元和单侧踏面制动。制动缸为膜板式,并带有闸片间隙自动调整。

四、209HS 型转向架

209HS 型转向架是在 209PK 型转向架基础上研制而成的,其总体结构形式与 209PK 型转向架基本一致,由构架、摇枕弹簧装置、轮对轴箱弹簧装置、基础制动装置等四部分组成。209HS 型转向架主要装用于 25Z 型准高速双层空调客车、25K 型快速双层空调客车和 25K 型单层空调客车上。

1. 结构组成

1)构架

209HS 型转向架构架仍为传统的 H 形构架,采用箱形焊接结构,材料为 16Mn 低合金钢。构架由 2 根侧梁和 2 根横梁构成。

2)摇枕弹簧装置

209HS 型转向架摇枕弹簧装置由摇枕、弹簧托梁、旁承承载装置、牵引装置、抗侧滚扭杆装置等组成。

摇枕由 16MnR 钢板焊接成鱼腹形。内腔分隔成左、右 2 个独立的空间,作为 2 个空气弹簧的附加空气室,因此摇枕内腔的气密性要好,焊接后必须进行水压试验。在摇枕上焊有下旁承座、中心销座、横向油压减振器座和牵引拉杆座等。摇枕通过两端的下平面坐落在左、右 2 个空气弹簧上。

弹簧托梁由左、右弹簧座和连接左、右弹簧座的连接轴组成。弹簧座为铸钢件,空气弹簧即安装在弹簧座上。弹簧座用螺栓固定在吊轴上,然后通过 4 根摇枕吊杆悬挂于构架侧梁外侧,形成摇动台结构。摇枕吊杆采用了弹性吊杆装置,在吊杆的上、下两端与吊座、吊轴的连接处设置了橡胶堆,这样的结构消除了以往金属销套连接结构的有害摩擦和磨耗,同时增加了摇枕吊杆的有效长度,降低了摇动台的横向刚度,提高了横向平稳性。

209HS 型转向架采用全旁承承载,旁承承载装置由设置在车体枕梁下的上旁承和安装在摇枕上的下旁承、旁承板构成。旁承板表面涂一层聚四氟乙烯材料,与上旁承形成一对摩擦副,选择适当的摩擦系数,可得到理想的摩擦阻力矩,能够有效地抑制转向架相对于车体的蛇行运动。

牵引装置由牵引中心销装置和牵引拉杆装置组成。牵引中心销装置由固定于车体枕梁下的中心销和设置在摇枕中部的中心销座组成。中心销与销座之间设有牵引橡胶堆,用以缓和由中心销传递牵引力时所引起的冲击作用。牵引中心销装置既是转向架相对于车体的转动中心,又可以通过它把牵引力由车体传至转向架摇枕。它的作用类似于上、下心盘的作用,但不承受车体的重力。牵引拉杆装置通常与牵引中心销装置配合使用,共同实现车体与转向架之间的牵引力传递和相对运动控制。牵引拉杆装置将牵引力或制动力从车体传递到转向架,同时允许车体与转向架之间在垂向、横向和纵向上具有一定的相对位移,以适应车辆运行中的动态变化。

抗侧滚扭杆装置设在摇枕与弹簧托梁之间。它由固定杆、扭臂、扭杆等组成。当车体做浮沉振动时,抗侧滚扭杆装置对车体不产生任何附加作用力,当车体出现侧滚角位移时,连接在摇枕一端的固定杆向上运动,而另一端的固定杆则向下运动,通过扭臂的作用扭杆发生扭转变形,由此产生的反力矩阻止车体的侧滚角位移,从而改善了车体的横向动力性能。

3)轮对轴箱弹簧装置

209HS 型转向架轴箱弹簧装置由轴箱体、油压减振器、橡胶堆定位器等组成。

轴箱体与 209T 型转向架基本相同。油压减振器为单向油压减振器,通过相应的安装座安装在轴箱与构架侧梁之间。橡胶堆定位器通过下部连接件与弹簧导柱连为一体。当轮对相对于构架运动时,橡胶堆定位器在三个方向均有弹性定位作用。为了实现纵向定位刚度大于横向定位刚度,橡胶堆定位器在横向开有缺口,安装时应将缺口方向沿着车轴方向,并由定位块定位。

209HS 型转向架轮对采用带有制动盘座的 RD_{3A} 型滚动轴承轮对和轴承规格相同于国产轴承 42726QT、152726QT 的进口 SKF 轴承。

制动盘采用 H300 型制动盘,该型制动盘由用特种铸铁制成的 2 个对分式摩擦盘和 1 个铸钢的盘毂组成,两者之间用 8 个径向排列的弹性销套相连接,弹性销套中间穿有螺栓便于磨耗到限后不退轮更换。摩擦盘上加工有磨耗限度的标志,每侧磨耗限度为 7mm。在正常情况下,摩擦盘寿命和车轮寿命相当。使用中不允许用检车锤敲打摩擦盘的任何部位。

4)基础制动装置

209HS 型转向架基础制动装置,采用单元盘形制动加单侧踏面制动的复合制动系统。

单元盘形制动由安装在车轴上的制动盘和悬挂在构架横梁上的制动单元组成。每台转向架设有相互独立的制动单元 4 个。

每个盘形制动单元由制动缸、闸片、闸片托组成、制动圆销等组成。

(1)制动缸。

制动缸采用 SPZ 型膜板式单元制动缸,带有间隙自动调整器,能自动调整闸片与制动盘之间的间隙。当通风制动几次后,闸片间隙将被自动调整到 3～5mm,闸瓦间隙为 5～10mm。

(2)闸片。

209HS 型转向架采用合成闸片与 H300 型特种合金铸铁相匹配,取得了较理想的效果。为便于闸片组装,闸片分成对称的两个半块制造,分左、右件,在其后镶有钢背,钢背上的燕尾凸榫和闸片托的燕尾槽配合。闸片原型为 28mm,允许磨耗到 5mm,左、右闸片需同时更换。

(3)闸片托组成。

闸片托组成包括闸片托和锁铁等零件,闸片托为铸钢件,并分左、右件。闸片托装上闸片后,将锁铁锁住,即可防止闸片脱落。

(4)制动圆销

209HS 型转向架是材质为 Q275 钢的光圆销。

圆销钢衬套采用自润滑的金属氟耐磨材料,在运用中无须另加润滑油。

单元盘形制动装置与以往的杠杆式基础制动装置相比,不仅制动力较大,而且减少了大量的销、套之间的磨耗,为检修运用带来了方便。在基础制动装置中同样设有手制动机构。

单侧踏面制动装置也由 4 个独立的踏面制动单元构成。每个车轮的内侧设置一个踏面制动单元,悬挂在构架横梁下。每一个踏面制动单元由 SP_4 型膜板式单元制动缸、闸瓦、闸瓦托和闸瓦托吊组成。同一轮对内侧的两个闸瓦托用一根连杆连接在一起,以保证动作的同步。踏面制动装置主要起清扫车轮踏面的作用,同时,也提供一定比例的制动力。

209HS 型转向架基础制动装置的制动力较大,为了防止紧急制动时车轮抱死,通常在车轴端部装有电子防滑器。

2. 结构特点

209HS 型转向架是在双层客车上用的 209PK 型转向架基础上研制而成的,其构造速度为 160km/h,轴重为 16.5t,固定轴距为 2400mm,采用 RD_{3A} 型车轴的滚动轴承轮对,轮径为 915mm。与 209PK 型转向架相比,其结构进行了如下改进。

(1)轴箱定位结构由摩擦弹性套定位改为无摩擦的橡胶定位器定位,重车时与轴箱弹簧并联工作,橡胶带有缺口,可在三个方向调整定位刚度,从而提高了车辆运行的稳定性。

(2)摇动台吊杆端部由销孔结构改为无摩擦的弹性吊杆结构,减小摇动台横向摆动的摩擦力并加长吊杆的有效长度,从而降低了二系悬挂的横向刚度。

(3)由心盘承载改为全旁承承载,为减小全旁承的摩擦力距,两旁承间距仅为 1400mm,设计旁承摩擦系数为 0.1,旁承材料为氟塑料金属自材料,禁止润滑,空车旁承摩擦力矩为 17.5kN·m。

(4)取消了空车弹簧阻尼孔,加装了垂向油压减振器,轴箱悬挂系统也加装了垂向油压减振器,同时减小了一系悬挂的垂向刚度。

(5)转向架的横向挡改为弹头形状的非线性横向挡,可降低轻接触时的横向刚度,在重接触时又不会因压死而产生硬性冲击,此外,当这种横向挡基础时不会产生垂向摩擦力。

(6)采用钢板焊接构架,以利于减轻自重。

(7)加装可用微型计算机控制的防滑装置。

3. 主要技术参数

209HS 型转向架主要技术参数见表6-3。

209HS 型转向架主要技术参数 表6-3

主要技术参数	数值
最高运行速度(km/h)	160
固定轴距(mm)	2400
车轮直径(mm)	915
车轴型号	RD_{3A}
轴承型号	进口 SKF 轴承
轴箱定位方式	无磨耗的橡胶堆定位
悬挂装置弹簧形式	一系均为圆柱螺旋弹簧(簧条直径为 35mm);二系为自由膜式空气弹簧
减振方式	一系为垂直液压减振器;二系为可变节流孔阻尼加横向油压减振器
摇枕吊有效长度(mm)	710
载重下弹簧总静挠度(mm)	>220

主要技术参数	数值
摇枕吊倾角(°)	0
两旁承中心距(mm)	1400
轴箱弹簧距中心距(mm)	1956
车体自重下,下旁承面距轨面高度(mm)	932
基础制动装置	单元盘形制动和单侧踏面制动,加防滑器
每台转向架质量(t)	7.0
轨距(mm)	1435
正线运行通过最小曲线半径(m)	145
缓行调车通过最小曲线半径(m)	100
限界	符合《标准轨距铁路限界 第 1 部分:机车车辆限界》(GB 146.1—2020)

任务 6.3 认识 CW-200K 型转向架

【任务导入】

引导问题:CW-200K 型转向架由哪些结构组成?

一、概述

CW-200K 型转向架是在 CW-200 型转向架的基础上专门为适用于 160km/h 速度等级而研制的。

CW-200K 型转向架是中车长春轨道客车股份有限公司在借鉴各国先进转向架的基础上,**自主研制**的转向架。该转向架成为我国主型转向架,按速度等级分为 300km/h、200km/h、160km/h 和 120km/h 四种。

每个速度等级的转向架在研究、设计过程中,均进行了构架及各种吊座的强度计算、1000 万次疲劳试验、转向架动力学性能计算、试验台滚振试验、环行道试验和正线试验及运行考核,使参数更加优化,设计结构更加合理,从而保证了其具有优良的性能且方便检修。

CW-200K 型转向架为无摇枕结构,取消了传统结构的悬吊件,由大变位空气弹簧直接支承车体。该转向架采用两盘制动盘结构,动力学参数按 160km/h 要求重新进行了优化。设计中尽可能采用无磨耗结构,使转向架具有结构简单、可靠性强、易维修等特点。

二、基本结构

CW-200K 型转向架为无摇枕、无摇动台、无旁承形式,轴箱定位采用可分离式轴箱转臂定位方式,中央悬挂采用空气弹簧及减振器,牵引方式为单牵引拉杆,基础制动为每轴两制动盘的单元制动方式。其主要由构架、轴箱定位装置、中央悬挂装置、基础制动装置及轴温报警装置等组成。CW-200K 型转向架如图 6-15 所示。

1)构架

构架为 H 形钢板焊接结构,由 2 根侧梁和 2 根横梁组成。侧梁为中间下凹的鱼腹形,由 4 块钢板组焊成箱形封闭结构。侧梁内部有密封隔板使侧梁内腔成为空气弹簧的附加空气室。横梁采用日本进口无缝钢管,外径为 165.2mm,壁厚为 14.3mm。在侧梁上焊有定位座、横向减振器座、高度阀座和防过充装置座等,在横梁上焊有盘形制动吊座、抗侧滚扭杆座、牵引拉杆座等。在构架的焊接过程中所有部件均采用 V 形坡口,便于机械手操作,钢板材料为 16MnR,既保证有足够的刚度,又保证有良好的焊接性。构架如图 6-16 所示。

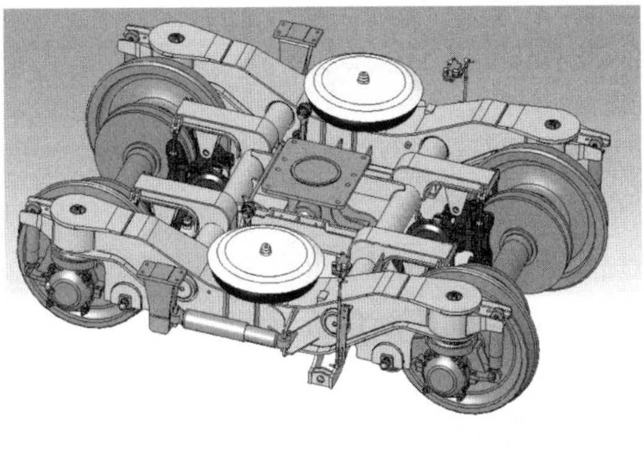

图 6-15　CW-200K 型转向架

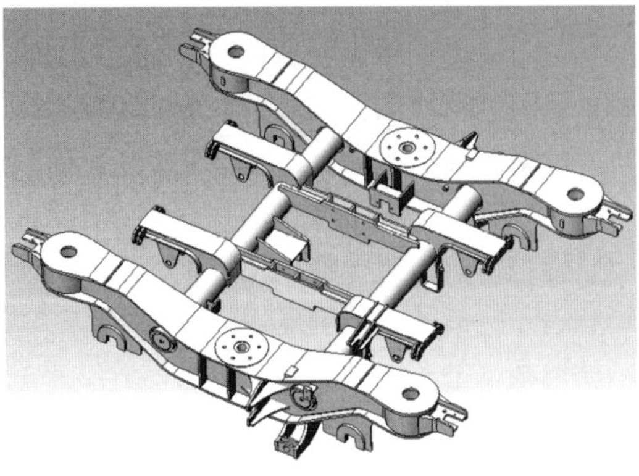

图 6-16　构架

构架在设计后进行了有限元强度计算,焊接后通过了静强度和 1000 万次疲劳强度试验。经改进设计的构架既减轻本身的质量又能保障有足够的强度和刚度。构架质量约为 1435kg,实现了轻量化。

2)轴箱定位装置

轴箱定位装置采用分体式轴箱结构的无磨耗转臂式轴箱定位,轴箱转臂一端与轴箱体连接,另一端压装定位节点,并通过定位座与构架相连。轴箱定位装置主要包括轮对组成、定位节点组成、轴箱弹簧组成、垂向油压减振器和轴承等部分。轴箱定位装置如图 6-17 所示,轴箱定位装置立体装配图如图 6-18 所示。

图 6-17　轴箱定位装置

图 6-18　轴箱定位装置立体装配图

(1)轮对组成。

①车轴。

轴重为 16.5t,轴径中心距为 2000mm,轴型为 RD_{3A1},该轴型标准于 2002 年由中车青岛四方车辆研究所有限公司颁布,在此之前的转向架车轴轴型在没有标准可循的情况下,出厂时均刻打"RD_{3B}",这与后来 200km/h 转向架的三个制动盘车轴轴型相冲突。

②车轮。

车轮采用 KKD 型车轮,LM 型磨耗踏面。

③制动盘。

制动盘使用中国铁道科学研究院集团有限公司产品较多,其余还有中车戚墅堰机车车辆工艺研究所有限公司、沈阳中车铁道制动机有限公司产品。

轮对组装后需做动平衡试验,允许不平衡值为75g·m,采用去重法对不平衡进行校正。

(2)定位节点组成。

定位节点组成包括定位转轴、定位套,是轮对轴箱与构架的联系纽带,它决定着轮对轴箱相对于构架的定位刚度,并承受两者交变的纵向力、横向力。定位节点组成的纵向、横向刚度可根据整车的动力学优化及试验结果进行调整。

定位套从转臂定位孔两端分别压入后,通过定位轴和盖形螺母锁紧,盖形螺母的拧紧力矩为450~500N·M。

(3)轴箱弹簧组成。

轴箱弹簧装置由内、外圈弹簧,弹簧上、下夹板及预压紧螺栓、螺母组成一体,螺母上开有销孔。轴箱弹簧组成如图6-19所示。轴箱弹簧组装高度为300mm,组装后用销穿入螺母销孔处。内、外圈弹簧材料为60Si2CrVA弹簧钢。

(4)垂向油压减振器。

在轴箱转臂和构架间设有垂向油压减振器,安装尺寸为423mm,工作行程为±70mm。该减振器可有效地控制转向架的垂直振动和点头振动,主要为进口产品,阻尼系数为15kN·s/m。

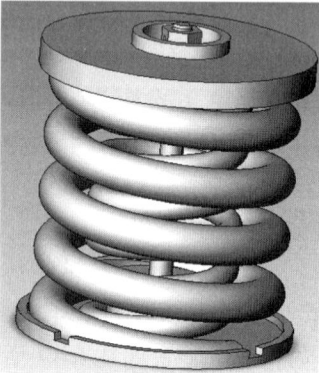

图6-19　轴箱弹簧组成

(5)轴承。

轴承采用SKF短圆柱滚子轴承,轴承润滑脂采用国产铁道车辆Ⅲ型滚动轴承润滑脂。润滑脂的填注量为每轴箱0.7~0.8kg,换脂期为18~24个月。

每个轴的其中一端安装有防滑器测速齿轮,其作用主要是将速度信号传到防滑器主机来调整制动力,以防车轮擦伤。

在2003年以后出厂车的转向架每一个轴端都设有轴端接地装置,以防轴承发生电蚀。

3)中央悬挂装置

中央悬挂装置包括空气弹簧、附加空气室、高度控制阀、差压阀、管路、横向挡、横向减振器、抗蛇行减振器、牵引装置、抗侧滚扭杆及防过充装置等主要部件。中央悬挂装置如图6-20所示,中央悬挂装置立体装配图如图6-21所示。

(1)空气弹簧。

空气弹簧是无摇枕转向架的重要部件之一,对空气弹簧的基本要求如下。

①由于取消了摇枕,车辆通过曲线时需要依靠空气弹簧的水平变位来实现转向功能,这就要求空气弹簧具有足够的水平和扭转变位能力。

②应具有稳定的水平方向复原能力,同时在通过曲线时,不会形成过大的回转阻力而使车辆产生较大的侧向力增大车轮和钢轨的磨耗。在直线上运行时又需要较大的回转阻力,不会因回转阻力过小而使车辆产生蛇行失稳。

③使车辆的垂向和横向自振频率达到1Hz,确保车辆具有优良的乘坐舒适性,但又不因

为空气弹簧过分柔软而使车辆产生较大的侧滚振动。

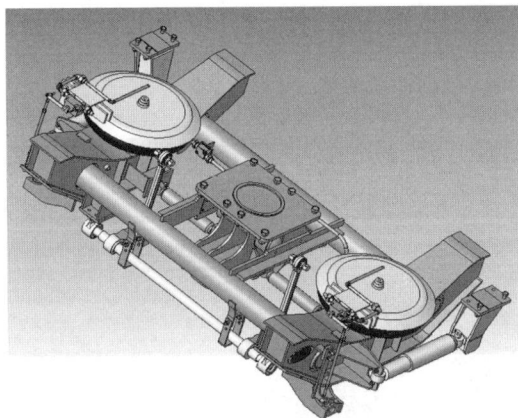

图 6-20 中央悬挂装置

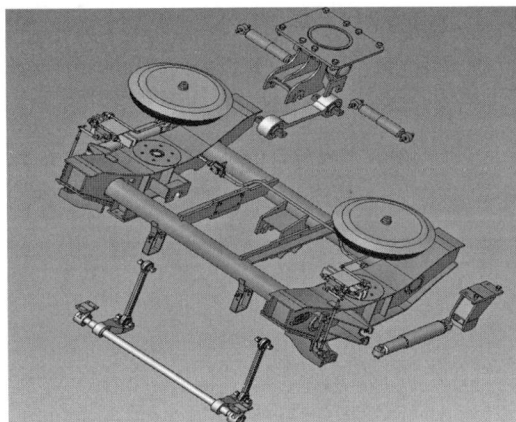

图 6-21 中央悬挂装置立体装配图

④应保证在无气状态下,车辆能够安全运行。

空气弹簧主要由上盖板、空气胶囊、底座橡胶垫、可变节流阀组成。空气弹簧如图 6-22 所示。

(2)附加空气室、高度控制阀、差压阀和管路。

空气弹簧附加空气室由侧梁内室组成,2个附加空气室由管路相通,管路间设有差压阀,防止两侧空气弹簧压差过大影响安全。

图 6-22 空气弹簧

差压阀压差为 1.2MPa,空气弹簧系统设有高度控制阀,确保车体在任何静载下与轨面保持相同高度。

(3)横向挡。

横向挡设在中央牵引座上,与纵向梁的间隙为 40mm,其作用主要是防止过曲线时转向架与车体的横向位移过大及保证车辆运行时具有良好的横向平稳性。

(4)横向减振器。

横向减振器每侧设有 1 个,分别连在中央牵引座和构架上的减振器座上。其作用是保证车辆运行时具有良好的横向平稳性。

(5)抗蛇行减振器。

抗蛇行减振器分别安装于转向架的两侧,一端与构架上的减振器座连接,另一端与车体下的减振器座连接。其作用是提高车辆的蛇行运动稳定性和运动平稳性,同时不降低曲线的通过能力。

(6)牵引装置。

牵引装置采用单拉杆结构,杆身为整体锻件,两端装有相同球形橡胶节点,一端与构架相连,另一端与车辆牵引座连接。牵引装置如图 6-23 所示。

牵引装置在垂向和横向的位移主要由拉杆两端的球形橡胶变形来实现,其垂向和横向刚度很小,对中央悬挂装置的振动性能影响很小,具有良好的随动性,其纵向刚度由牵引拉杆弹性节点提供。

(7)抗侧滚扭杆。

抗侧滚扭杆扭臂一端与转向架构架上的扭杆座连接,另一端与车体枕梁下的扭杆座连接。其作用主要是通过扭转运动抵消车体的侧滚振动。抗侧滚扭杆如图6-24所示。

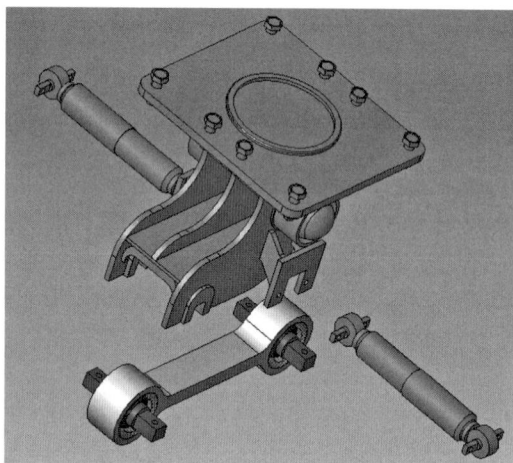

图6-23 牵引装置

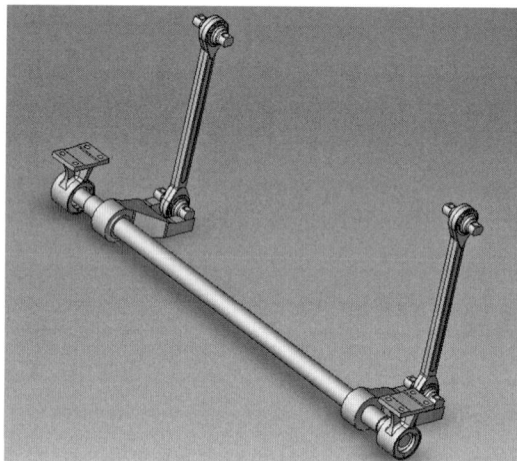

图6-24 抗侧滚扭杆

抗侧滚扭杆主要由扭杆、扭臂、连杆和支撑座等组成。其中,扭杆是该装置中最主要的受力件,承受循环力矩作用。扭杆和扭臂之间采用可靠性很高的圆锥形渐开线花键连接,能够传递较大的力矩。连杆与扭臂及车体之间的连接均采用自润滑关节轴承,且本身带有防尘密封装置。

(8)防过充装置

在构架的两外侧,各设有一根防过充安全钢丝绳,安全钢丝绳的功能:当车辆出现异常状态时,即空气弹簧处于过充状态,高度控制阀、差压阀同时处于故障状态时,由安全钢丝绳将车体和构架拉住,限制空气弹簧的高度,保证车辆与限界之间的有效安全距离,从而达到保证车辆行车安全的目的。

4)基础制动装置

基础制动装置每轴安装2个轴装式制动盘,2个带有间隙调整器的单元制动缸,闸片的材质采用粉末冶金,可满足最高运行速度为200km/h的要求。该制动盘与闸片组成的一对摩擦副,具有摩擦系数稳定、导热率高等特点。

5)轴温报警装置

在构架侧梁外侧安装有轴温报警装置的接线盒和连接线,温度传感头安装在轴箱体上,用于检测车辆运行过程中轴箱内部的温度变化,一旦轴箱内部的温度高于外界温度40℃,轴温报警装置立即发出警报,此时必须立即停车进行检查,排除故障并进行彻底修复后方可继续运行。

任务 6.4　认识 SW-220K 型转向架

【任务导入】

引导问题 1:SW-200K 型转向架有哪些特点?

引导问题 2:SW-200K 型转向架由哪些结构组成?

一、主要特点及技术参数

SW-220K 型转向架如图 6-25 所示。

1. 主要特点

(1)高速运行时具有优良的平稳性。

(2)具有高的运行稳定性,即高的临界速度。

(3)具有良好的曲线通过性能,轮轨间动作用力小。

(4)结构轻量化。

(5)运动部件无磨耗或少磨耗,维修量少。

(6)结构简单,组装、维修方便。

(7)安全性。通过优选轴箱定位刚度和

图 6-25　SW-220K 型转向架

车体支撑刚度,以及加设抗蛇行减振器,该转向架具有较好的安全性。

(8)舒适性。车辆舒适性与转向架本身的性能、线路状况有主要关系,该转向架采用的空气弹簧、各种阻尼以及它们的组合,都是在得到充分验证的基础上决定的,在正常的轨道条件下可以达到较高的舒适性。此外,该转向架具有较高的运行稳定性,在车轮磨耗情况下同样能获得良好的舒适性。

(9)可靠性。无摇枕转向架结构简单,零部件少,通过提高各零部件的可靠性,使转向架整体的可靠性得到提高,主要承载件构架的强度经过了严格的强度计算,并进行了严格的静、动强度试验。

(10)维修保养。该无摇枕转向架除车轮和盘形制动单元外,在轴箱支撑装置、中央悬挂装置等传力的结构中,均采用无滑动摩擦的弹性结构,并且转向架整体部件数量少,因此转向架维修保养性能大幅提高,并可在最低限度的维修保养条件下保持长期稳定的运行性能。

2. 主要技术参数

SW-220K 型转向架主要技术参数见表 6-4。

SW-220K 型转向架主要技术参数 表6-4

主要技术参数	数值
连续运行速度（km/h）	160
轴距（mm）	2500
车轮直径（mm）	新轮915，旧轮845
最大轴重（t）	15.5
通过最小曲线半径（m）	连挂145，单车调车100
弹簧形式	一系为钢弹簧，二系为空气弹簧
车轮、车轴型号	KKD 型车轮、RD_{3A1} 型车轴
轴箱轴承	SKF BC1B322880(AB)/BC1B322881(AB) 或 FAG 804468A/804469A
制动形式	盘形制动单元
制动盘形式	轴装铸铁盘 ϕ640mm
轮对定位方式	单转臂无磨耗弹性轴箱定位
转向架质量（kg）	6000

二、结构组成

SW-220K 型转向架由构架组成、轮对轴箱定位装置、轴端接地装置、中央悬挂装置、盘形制动单元等组成。

1）构架组成

构架组成是整个转向架的骨架，是一个最重要的受力部件，它为各部件的安装提供基础，并确保安装后的尺寸精度。构架为钢板焊接结构，平面呈 H 形，主要由侧梁、横梁、纵向辅助梁、空气弹簧支撑梁和定位臂等组成。侧梁的中部为凹形，横梁的内腔与空气弹簧支撑梁的内腔组成空气弹簧的附加空气室。构架所用板材和型材为 Q345C 钢，铸钢材料为 B 级钢（ZG25MnNi）。构架组成如图6-26所示。

2）轮对轴箱定位装置

轮对轴箱定位装置是转向架的关键部件，它对车辆运行的安全性、稳定性及舒适性起到重要的作用。其定位节点组成的纵向、横向定位刚度对蛇行运动的临界速度起决定性的作用，其轴箱弹簧的垂向刚度及垂向油压减振器的阻尼对车辆的垂直平稳性有着明显的影响。

轮对轴箱定位装置由轮对轴箱组成、油压减振器、定位转臂、定位节点组成、轴箱弹簧、KKD 型车轮、RD_{3A1} 型车轴、进口轴承、防滑器测速齿轮等组成。轮对轴箱定位装置如图6-27所示。

轮对轴箱定位装置为单转臂无磨耗弹性定位，轴箱弹簧为顶置式。该装置具有如下特点。

（1）可利用弹性节点自由地选择纵向、横向刚度。

图 6-26　构架组成

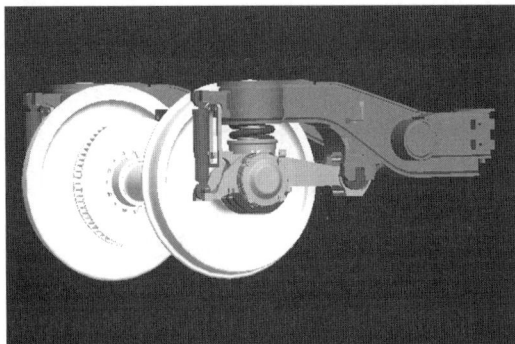

图 6-27　轮对轴箱定位装置

（2）垂向采用轴箱顶置钢弹簧，弹簧刚度选择范围大，并且与纵向、横向刚度几乎无关，可以单独设计。

（3）没有滑动和摩擦部分，橡胶件几乎不外露，延缓老化，可以长期运用免维修。

（4）与其他定位方式相比，零部件少，不必进行轴距控制，因此组装、分解中均不需要特殊工装。

3）轴端接地装置

轴端接地装置为客车轴承提供简单、有效、经济的保护和防护，防止工作电流或系统故障电流以及雷电电流通过轴承造成的轴承损伤。轴端接地装置如图 6-28 所示。其主要性能如下。

（1）额定电流为 300A。

（2）瞬态电流不小于 10kA，持续时间100ms。

（3）峰值电流不小于 25kA。

（4）正常工作条件下电刷的更换寿命不小于 80 万 km。

图 6-28　轴端接地装置

（5）该装置对轴承的温升增加不超过 3℃。

4）中央悬挂装置

中央悬挂装置是转向架的重要部分，转向架的垂向、横向运行平稳性主要是由其垂向、横向刚度及空气弹簧提供的垂向阻尼和横向减振器提供的横向阻尼所决定的。

中央悬挂装置由空气弹簧、横向减振器、横向挡、牵引销、牵引拉杆、高度控制阀、差压阀及其管路、抗蛇行减振器等组成。中央悬挂装置如图 6-29 所示。

5）盘形制动单元

盘形制动单元是列车安全运行的重要部件，它给列车停车或调速提供了保障。它主要由内、外侧杠杆，连杆，闸片托，制动缸，闸片及连接件组成。盘形制动单元如图 6-30所示。

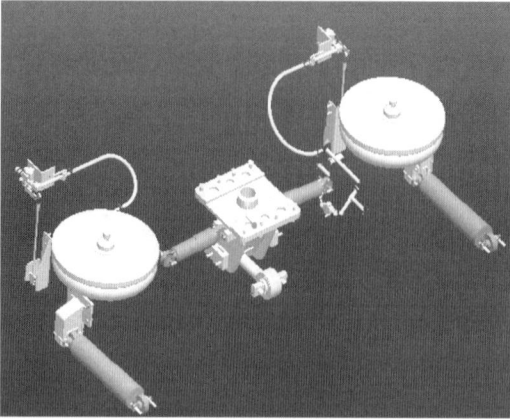

图 6-29　中央悬挂装置

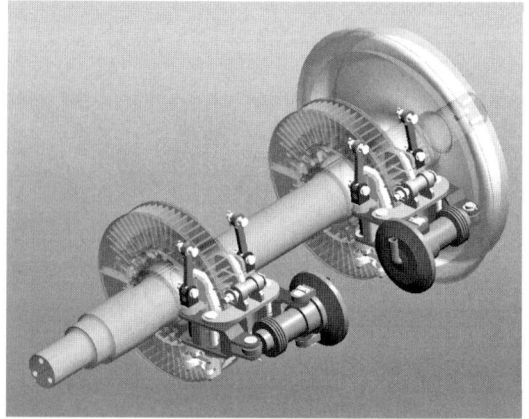

图 6-30　盘形制动单元

任务 6.5　掌握客车转向架的检修

【任务导入】

引导问题1:客车转向架检修完成后如何进行组装?

引导问题2:客车转向架在使用过程中容易出现哪些故障?

一、转向架的组装、调整及分解

本任务以 CW-200K 型转向架为例,讲解客车转向架的检修。

1. 转向架的组装与调整

转向架的组装与调整分两部分:转向架本身的组装与调整和落车的组装与调整。

1)转向架本身的组装与调整

(1)轴箱弹簧的组装要求。

轴箱弹簧根据自重试验高度选配,同一转向架高度差不大于4mm,同一轮对及同一侧高度差不大于2mm。

(2)轮对的组装要求。

同一轮对上车轮滚动圆直径之差不大于 0.3mm,同一转向架及同一车辆上不大于1mm。动平衡值不大于0.735N·m。

(3)轮对与构架的组装要求。

①转向架两侧固定轴距之差不大于1mm,对角线之差不大于1.5mm。

②调整同一轮对上两车轮外侧面分别与构架上定位块的间隙差不大于2mm。

(4)转向架四角高的调整。

调整四角高时应在转向架上加载相当于车辆自重的载荷,此时测量构架定位块下表面距轨面的高度为 437.5_{-4}^{+4} mm,四角高差不大于4mm,若无法满足要求,则可调整轴箱弹簧调整垫的厚度。

2)落车的组装与调整

(1)空气弹簧高度调整。

落车调整后空气弹簧高度为 210_{-2}^{+2} mm(充气状态),同一转向架两空气弹簧高度差不大于2mm。调整时,可测量空气弹簧上表面距构架上基准块距离 150_{-2}^{+2} mm。若空气弹簧下加调整垫,则应再加上调整垫的厚度。

二维码

虚拟仿真实操课

（2）高度控制阀调整杆的调整。

调整时将垂直杆上的两处螺母松开,转动阀杆即可调整阀杆的高度,当空气弹簧充气后达到所要求的高度,水平杆处于水平位置时可拧紧垂直杆两处的螺母。

（3）车钩高度的调整。

旋轮后满足不了车钩高度要求时,可优先考虑在轴箱弹簧下加调整垫调整,则簧下最多可加 20mm,簧上可加 5mm。如果仍满足不了车钩高度,可在空气弹簧下加调整垫调整,加垫厚度不允许超过 20mm。

空气弹簧下调整垫的厚度为 5mm,当加两个垫时两个垫之间应点焊在一起。

（4）横向挡的调整。

位于牵引支座上的横向挡与构架纵向梁之间的间隙为 40^{+2}_{-2}mm,若无法满足要求,则可在纵向梁处加调整垫调整。

（5）轴箱减振器处钩子的调整。

此处要求钩子的上表面与转臂弹簧托盘的下表面之间的间隙应大于 30mm,若无法满足要求,则可在钩子上表面加调整垫调整。

（6）其他要求。

落车前将牵引支座组成与车体相连,再将车体落于转向架上。由于转臂和箍为整体组装后加工,因此更换时应整体更换,不允许只更换其中一件。单车调车时空气弹簧必须按规定要求充气。检修作业时构架除垢、除锈,禁止采用水煮,以防构架内腔防腐层被破坏。

2. 转向架的分解

转向架的分解分为转向架与车体的分解和转向架本身的分解。

1）转向架与车体的分解

转向架由于结构原因,车体与构架间接口较多,当分离车体与转向架时,以下部件均需拆开:抗侧滚扭杆、牵引装置、横向减振器、防过充装置、高度控制阀、抗蛇行减振器、相关的电气连线和制动管路。

2）转向架本身的分解

（1）构架组成与轴箱定位装置的分解。

将构架定位座节点下方锁紧板处螺栓分解。将轴箱减振器下端螺栓分解。将吊钩处螺栓分解。

上述项目完成后即可使用专用吊具起吊构架组成。

（2）轴箱定位装置的分解。

将转臂和箍连接处的四个螺栓分解,即可将转臂、箍和轮对组成分离。

注:①分解时转臂、箍和弹簧应作标记,恢复时按原位恢复。

②分解时对各处所加调整垫数量应作好记录,以便按原位恢复。

二、转向架的运用情况及易发生的问题

通过 CW-200K 型转向架的实际运行及兰州段 A2 修、上海段 A2 及 A3 修的情况来看,

该转向架总体运用情况良好。设计及售后服务人员对运用中的 CW-200K 型转向架进行过多次调研及跟踪服务,用户普遍反映该型转向架性能优良,维修方便。

通过对转向架的 A2、A3 修的跟踪服务发现运用中主要出现的问题如下。

1. 空气弹簧漏风

空气弹簧漏风主要有以下几种情况。

(1)胶囊表面出现破损、裂纹。

(2)进口、出口处密封胶圈破损。

(3)上盖与胶囊结合处结合不良夹入杂质或胶囊唇口处出现破损、缺失等现象。

(4)进风管路管接头处密封不良。

为了防止空气弹簧漏风应经常查看空气弹簧胶囊表面的状况,空气弹簧进口、出口管路连接处及上盖与胶囊结合处的密封状况。

2. 抗侧滚扭杆连杆处关节轴承损坏

连杆是连接扭杆与车体的一个部件,连杆两头是销轴和轴承,外面用橡胶密封圈密封,为了能满足车辆发生浮沉及横摆振动时产生的连接点的两个方向的转动,采用 GE40 纤维球轴承。

橡胶密封圈主要起保护球轴承的作用,一旦橡胶密封圈损坏,杂质将进入内部的轴承处,加速轴承配合表面的磨损导致轴承轴向间隙增大,当轴承轴向间隙大于 2mm 时轴承将报废。从检修情况看该处轴承损坏较多。为了避免轴承磨损过快,应经常查看橡胶密封圈的状态,若有破损应尽快更换。

3. 减振器漏油、渗油、丧失减振作用

造成此类问题的主要原因如下。

(1)减振器内部的橡胶密封圈磨损或破损严重。

(2)减振器内部的运动部件磨耗严重。

4. 车轮踏面裂纹

轮对在 A2 修后踏面出现裂纹,实际上就是有夹层,运用一段时间后夹层单边露出表面,形状类似裂纹。两条轮对经直径方向镟修 30mm 后裂纹消失,此项镟修大大损失了轮对寿命。

5. 车轮轮辋夹层

有两条轮对踏面剥离情况超差,镟修时发现直径方向镟修 30mm 后内部夹层仍不消失,其中一条肯定报废,另一条镟修后轮径也快接近限度。

由于国产车轮目前在质量方面还存在一些问题,上述问题今后可能还会大量出现。这是所有快速车及 200km/h 车用车轮的共性问题。

6. 转向架各种吊装件的连接螺栓松动

2002 年底以后出厂的 CW-200K 型转向架要求连接部位的连接螺栓均采用防松螺母。该防松螺母的作用机理主要是依靠螺栓和螺母牙形之间的塑性变形起到防松作用,因此安装螺母时只有达到所要求的力矩才能起到防松作用。由于组装时有些螺母没有按要求拧到位,因此运行过程中会出现某些部位的螺母松动或丢失。

三、转向架重点检修部位及检修方法

转向架是客车的走行部位,是安全检查的重点,转向架上的螺栓、螺母松动丢失都可能引起重大行车事故,主要受力部件的裂纹、折断可能造成重大的财产损失和人员伤亡。所以,对转向架的日常维护和安全检查,特别是重点部位的检修需认真对待。

1. 轴箱轮对装置

1)轴箱

(1)A2 修程。

轴箱在 A2 修时应分解检查,清洗内孔表面,检查内孔表面不允许有擦伤划痕存在。

(2)A3 修程。

轴箱在 A3 修时应分解检修,清洗内孔表面。对内孔表面进行探伤检查发现有裂纹时更换。若轴箱体内孔表面有纵向擦伤或划痕,其深度不超过 1mm 时允许将边缘棱角磨除后使用。局部磨耗深度不得超过 0.3mm,超过时加修或更换,若有锈蚀应磨除。迷宫槽上不得有凹陷、变形,有锈蚀、尖角及毛刺时应消除。

2)轴承

轴承的检修按《25K 型客车检修规程》有关内容执行。

3)轮对组成

轮对组成的检修按《25K 型客车检修规程》有关内容执行。

2. 轴箱弹簧组成

1)弹簧

(1)A2 修。

①将弹簧组成分解后清除各零部件锈垢。

②检查弹簧表面是否有裂纹、磕痕,若有则应更换。

③检查弹簧自由高度,应与簧牌规定的高度相符。

(2)A3 修。

①弹簧应进行喷丸处理。

②经过热修的钢弹簧要按图纸规定的最大试验载荷压缩不少于 3 次,每次压缩时不应有永久变形。

③全车钢弹簧按规定载荷进行试验。

④若发现弹簧有裂纹、折损及腐蚀过限(超出原丝径的 10%),则应更换。

⑤检修完的弹簧应按图纸要求的预压缩高度 300mm 进行组装。

2)螺栓、螺母、销

检查螺栓、螺母螺纹表面是否有脱扣现象,若有则更换。

检查销是否有磨损严重或折断,若有则应更换。

3. 轴箱定位节点

1) A2 修

节点不分解,只需进行外观检查。主要检查节点处橡胶表面是否有明显的裂纹破损现象。

2) A3 修

(1) 转轴、转轴套需分解并进行探伤检查,不允许裂纹存在。转轴、转轴套圆锥表面及转轴杆部表面不允许有偏磨痕迹,若有则应更换,更换时橡胶定位套、转轴、转轴套应成套更换。

(2) 检查节点处橡胶表面是否有明显的裂纹破损现象,若有则应更换定位套,更换时橡胶定位套、转轴、转轴套应成套更换。

(3) 检修完转向架落成后必须将节点处盖形螺母紧死,紧固力矩为 450～500N·m,定位套与转轴之间不允许有间隙存在。

原因及现象分析:从节点装置组装状态分析,转臂与转臂套与定位套有很大间隙。

组装尺寸分析:从理论计算可得出此处露出的尺寸应为 5mm,实际测量是两转轴套,均露出 18mm 和 14mm,此处尺寸虽不作要求,但相差 10mm 说明组装没到位。

处理方案:打开锁紧压板,检查转轴套和转轴与定位套是否有间隙,如果有间隙就说明两者未密贴,必须进行调整。

4. 空气弹簧

1) A1 修

现车清除空气弹簧外部污垢,胶囊无裂损、漏风,充气后高度应符合(210±2)mm。

2) A2 修

(1) 空气弹簧应进行外观检查,胶囊有老化、龟裂、破损时更换。

(2) O 形密封圈出现老化、龟裂、破损时更换。

3) A3 修

(1) 空气弹簧经外观检查无异状时可不分解,但应在标准高度下进行 600kPa 风压试验,保压 20min,压降不超过 10kPa。

(2) 空气弹簧胶囊出现老化、龟裂、破损漏气时更换。

(3) 上盖裂纹时焊修,加工平整,弯曲变形影响安装和密封时更换。胶囊安装座应光滑、平整、清洁。

(4) 橡胶支撑座脱胶时更换,节流阀作用不良时更换。

(5) 所有 O 形密封圈均更换。

5. 抗侧滚扭杆

1) A1 修

在 A1 修扭杆只进行状态检查,不用分解,检查螺母是否松动,扭杆与扭臂是否松动,若松动则紧固螺母;橡胶密封圈是否碰坏,轴承是否损坏,若损坏则及时更换。

2) A2 修

在 A2 修扭杆也不用分解,检查螺母是否松动,扭杆与扭臂是否松动,若松动则紧固螺母;轴承是否损坏,主要橡胶密封圈是否损坏(因为橡胶密封圈损坏后轴承会很快磨损),若损坏则及时更换。

3) A3 修

在 A3 修扭杆则需要分解,更换所有的轴承、橡胶密封圈和支撑座橡胶缓冲盖,扭杆、扭臂、连杆和销轴均需要清洗探伤;检查扭杆与扭臂是否松动,若未松动则不需要分解扭杆与扭臂;检查扭杆是否弯曲(正常情况扭杆不会发生弯曲),若扭杆弯曲超过 5mm 则需校直并进行热处理,热处理后需进行再次探伤;扭杆、连杆、销轴严禁焊修。

复习与思考

一、填空题

1. 客车转向架一般由(　　)、(　　)、(　　)、(　　)等组成。

2. 209T 型转向架取消了(　　)，在转向架两侧斜对称安装有(　　)结构。

3. 209P 型转向架轮对轴箱定位装置由(　　)、(　　)及(　　)三部分组成。

4. CW-200K 型转向架空气弹簧主要由(　　)、(　　)、(　　)、(　　)四部分组成。

5. SW-220K 型转向架由(　　)、(　　)、(　　)、(　　)、(　　)等组成。

6. 转向架的分解分为(　　)的分解和(　　)的分解。

二、选择题(以下至少有一项是正确的,请将正确的选项填入括号内)

1. 下列属于 209HS 型转向架承载方式的是(　　)。

　A.心盘承载　　　　　　B.心盘部分承载　　　　　C.全旁承承载　　　　　D.弹簧承载

2. 209T 型转向架采用的轴箱定位方式是(　　)。

　A.拉板式　　　　　　　B.干摩擦导柱式　　　　　C.拉杆式　　　　　　　D.转臂式

3. CW-200K 型转向架基本结构为(　　)。

　A.无摇枕　　　　　　　B.无摇动台　　　　　　　C.无旁承　　　　　　　D.无轴箱弹簧

三、判断题(以下描述正确的打"√",不正确的打"×")

1. 209T 型转向架采用了纵向牵引拉杆装置,用以代替传统纵向摇枕挡。　　　　　　　　(　　)

2. 209T 型转向架一系弹簧为圆柱螺旋弹簧,二系弹簧为空气弹簧。　　　　　　　　　(　　)

3. 209PK 型转向架采用盘形制动单元和踏面清扫单元。　　　　　　　　　　　　　　(　　)

4. CW-200K 型转向架有两个横向减振器、一个抗蛇行减振器。　　　　　　　　　　　(　　)

5. 在 A1 修中,抗侧滚扭杆装置需要进行分解检修。　　　　　　　　　　　　　　　(　　)

四、简答题

1. 简述客车转向架的基本作用。

2. 简述 209T 型转向架由哪些结构组成。

3. 简述 CW-200K 型转向架的结构有哪些。

4. 简述客车转向架的组装与调整要求。

车体的构造与检修

项目导读

　　车体是车辆中最重要的组成部件之一,既是容纳旅客和司机(对于有司机室的车辆)的地方,又是安装与连接其他设备和部件的基础。它支撑在转向架上,要保证旅客安全。车体底架下部及车顶要安装大量的机电设备,构成车辆的主体。车体由底架、两侧墙(包括车门、车窗)、前后端墙、车顶等部分组成。

学习目标

1. 知识目标

(1)了解车体的一般结构。

(2)熟知客车的车体结构。

(3)掌握通用货车的车体结构。

(4)掌握车体主要损伤形式。

2. 能力目标

(1)培养自主学习习惯、能力。

(2)培养动手能力、空间理解能力、沟通能力和团队协作能力。

(3)培养逻辑思维和处理信息的能力。

3. 素质目标

(1)培养良好的科学文化和专业业务素质。

(2)树立良好的职业道德和劳动安全思维。

(3)培养服务大众出行的责任感。

任务 7.1　认识车体

【任务导入】

引导问题:车体的结构组成有哪些?

一、概述

车体是车辆结构的主体,是供旅客乘坐和司机驾驶的部分。车体的强度、刚度,关系到运行的安全性和舒适性;车体的防腐、耐腐能力、表面保护和装饰方法,关系到车辆的外观、寿命和检修制度;车体的质量关系到能耗、加减速度、载客能力乃至列车编组形式(拖动比),所有这些都直接影响运营质量和经济效益。

二、车体的组成与车体材料的要求

1.车体的组成

车体的作用是装载货物、承担载荷并向走行部传递载荷,同时能够满足安装车钩缓冲装置及制动装置的需要。车体由底架、侧墙、端墙、车顶、车门、车窗、座椅、扶手杆及立柱等部分组成。以棚车为例,车体的基本结构形式如图 7-1 所示,它是由若干纵向、横向梁和立柱组成钢结构。

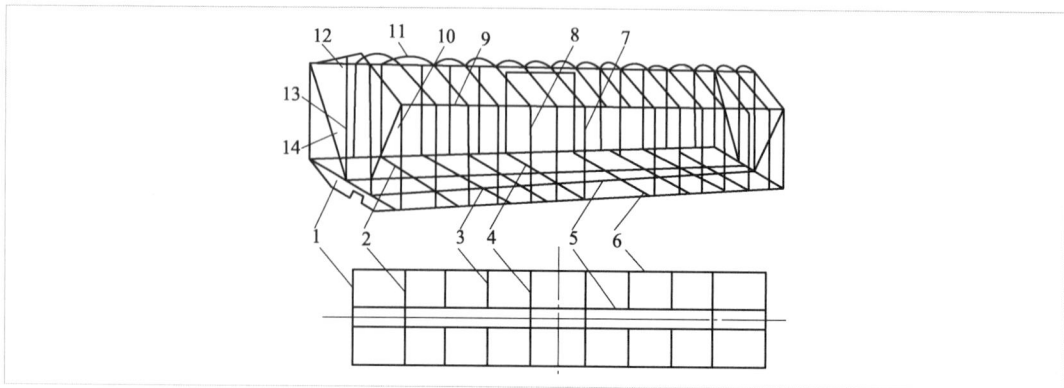

图 7-1　车体的基本结构形式

1-缓冲梁(端梁);2-枕梁;3-小横梁;4-大横梁;5-中梁;6-倒梁;7-门柱;8-侧立柱;9-上侧梁;10-角柱;11-车顶弯梁;12-顶端弯梁;13-端立柱;14-端斜撑

1)底架

底架是车体的基础结构,通过上心盘、上旁承支承在转向架上。其主要由中梁、侧梁、端梁、枕梁、大横梁、小横梁及纵向补助梁组成,承担着作用于车体的总垂向和纵向载荷,其中中梁和枕梁承担的载荷最大,应具有足够的强度和刚度。

2)侧墙

车体的侧墙由侧立柱、上侧梁和其他杆件、侧墙板及门窗组成。

3)端墙

端墙的结构与侧墙相似,除端梁(缓冲梁)外,还设有角柱、端立柱等。

4)车顶

车顶由车顶弯梁、车顶横梁、车顶端弯梁及车顶板等组成。车体大多采用钢墙板与梁、柱结合为一体的全钢焊接结构。

5)车门

对城市轨道客车而言,司机室侧门一般采用折页门或手动塞拉门。客室端门采用折页门或拉门,侧门采用双开外露塞拉门或双开内藏式拉门,开度一般为1300mm。车门门体均为铝合金蜂窝结构。

双开外露塞拉门具有良好的隔声、隔热性能,关闭后其外表面与车辆侧墙平齐。双开内藏式拉门结构简单,安装方便。

无论是双开外露塞拉门,还是双开内藏式拉门,按其驱动机构分类,都有电控气动式和电控电动式。

(1)双开外露塞拉门。

双开外露塞拉门分为内塞拉门和外塞拉门。城市轨道客车一般采用外塞拉门,即车门由外塞入车门口处,使其关门密封。

该门开启时离开车体侧面一定距离后,沿车体外侧滑动。

双开外露塞拉门由门体、驱动装置、导向装置、闭锁装置、防挤压装置、车门内、外操作装置等组成。

门体为铝合金夹层结构。驱动装置为气缸机构,一般开门时间单程 3~6s,门的运动速度由气缸两端的节流阀调整。门的导向由导向装置实现。闭锁装置能保证在电器、压缩空气发生故障时(即空气的压力缺失或压力不足)车门不会自动开启。防挤压装置是防止列车关门时挤夹旅客而设置的,其防挤压动作压力不大于150N。防挤压装置的功能是在关门全行程的98%范围内具有拉门遇障碍物时自动返回,10s 再自动关闭。车门内、外操纵装置用于车门的开关操作。双开外露塞拉门可实现列车集中控制和本车控制。紧急情况下,亦可手动控制。

(2)双开内藏式拉门。

双开内藏式拉门传动形式有以下几种。

①齿轮齿条传动:体积大,噪声大,但传动平稳。

②链轮链条传动:体积大,噪声小,但传动不平稳。

③绳轮传动:体积小,噪声小,易调整门的行程,但传动不平稳。

④左右丝杠传动:通过左右两根丝杠实现同步传动,结构复杂但精度高,适合需要高精度定位的场合。

⑤无声链条传动:采用特殊设计的链条,噪声低、传动平稳,适用于对噪声和平稳性要求

高的场合(如地铁等)。

对地铁电动客车而言,目前国内外均趋向于用无声链条传动。

6)车窗

城市轨道客车采用固定式和活动式两种车窗。

固定式车窗一般为铝窗,用于前端窗和客窗,其结构简单,视线效果好,密封性能好。

活动式车窗为组合式铝窗,其上半截可向内翻转30°。

7)座椅、扶手杆及立柱

(1)座椅。

城市轨道客车的座椅一般为玻璃钢制品或不锈钢制品,或在钢材制成的框架上加上人造革制品,或在玻璃钢制品上加上人造革、纺织制品的坐垫。

座椅有纵向布置和横向布置两种方案,横向布置的客室座椅为两人座椅(即2+2排列),两端为三人或四人座椅。

(2)扶手杆。

扶手杆沿车体纵向布置,除门区外贯穿客室内部。

扶手杆的安装方式有两种:一种是一端由管座与端墙、侧墙或间壁固定,另一端由三通与立柱连接;另一种是两端均由三通与侧立柱连接。

扶手杆的材质多为复合不锈钢。

(3)立柱。

车内立柱包括中立柱和侧立柱,其材质一般为复合不锈钢。

中立柱沿纵向布置于车体中心线上,上、下端分别通过管座与车顶及底架固定。侧立柱通常位于车体侧面,具有支撑车顶和侧围的作用,并与中立柱共同构成车体的框架结构。

2.车体材料的要求

车体的结构形式、性能和技术经济指标主要取决于车体材料。因此,对车体材料的要求如下。

(1)应具有构件所要求的高强度和刚性。

(2)质量轻。

(3)耐老化、耐污染、耐磨、耐火、阻燃等特性。

(4)施工容易、易于维修且价格便宜。

(5)适用于环境的改进(隔热、隔声性能提高)。

(6)适用于提高舒适度(如减振等)。

车体材料的选择不但影响车体的强度和刚度,直接关系到车辆运行的安全性和旅客的舒适性,而且关系到车辆的载客能力和能耗大小,也关系到车辆检修工作费用和寿命,并影响车辆采购费和运营维修费的高低。

三、车体的结构形式

1.按使用的主要材料分类

车体结构按使用的主要材料可以分为以下几类。

(1)普通碳素结构钢车体。

(2)高耐候结构钢(耐候钢)车体。

(3)不锈钢车体。

(4)铝合金车体。

2.按承载特点分类

车体按其承载特点可分为底架承载结构、侧壁和底架共同承载结构及整体承载结构三类。

1)底架承载结构

全部载荷均由底架来承担的车体结构称为底架承载结构或自由承载底架结构。例如,平车、集装箱车、长大货物车、大型预制梁专用车,由于构造上只需要其具有载货的地板面,故作用在地板面上的载荷完全由底架的各梁及钢结构地板承担。因此,中梁和侧梁制成鱼腹形结构,即为变截面近似等强度的梁。

2)侧壁和底架共同承载结构

由侧、端壁与底架共同承担载荷的车体结构称为侧壁和底架共同承载结构或侧壁承载结构,由于侧、端壁承载,减轻了底架的负担,中、侧梁断面均可减小,中梁也不需要制成鱼腹形。侧梁相对中梁来说,可用断面尺寸较小的型钢制成,减轻了底架的质量。

侧壁和底架共同承载结构又分为桁架式侧壁承载结构和板梁式侧壁承载结构两种。

(1)桁架式侧壁承载结构的侧、端壁由桁架式骨架和网状结构的侧壁组成。桁架由立柱、斜撑、侧梁及上侧梁组成。此种结构能够承受垂向载荷及防止侧壁变形。由于桁架承担纵向作用力的能力很小,故纵向力主要由中梁来承受。我国旧型货车中,有部分敞车、加冰冷藏车和小吨位钢木结构棚车等木墙板车辆均采用桁架式侧壁承载结构。

(2)板梁式侧壁承载结构在侧、端壁的骨架上敷以金属板。敞车即为典型的板梁式侧壁承载结构。侧、端壁除能与底架共同承受垂向载荷外,还能承受部分纵向力、扭转力,因此,可显著地减轻中梁的负担。为了保证金属板受力后不致失稳,板的自由面积不宜过大,常采用钢板压筋、加筋方式解决墙板的失稳问题。

3)整体承载结构

在板梁式侧壁承载结构的车体顶部装设由金属板、梁组焊而成的车顶,使车体的底架、侧端壁、车顶牢固地组成一个整体,则此时车体各部分均能承受垂向载荷及纵向力,因而称为整体承载结构。

整体承载结构又分开口箱形结构和闭口箱形结构两种。仅由各梁件和木地板组成的为开口箱形结构;底架地板横梁下面(或底架上面)设有金属地板的为闭口箱形结构,也称筒形结构。

整体承载结构的车体骨架由很多轻巧的纵向杆件及横向杆件组成一个个钢环,与金属薄板组焊在一起,具有很大的强度和刚度。因此,底架可以较侧壁承载结构时更为轻巧,甚至有可能将底架中部的一段笨重中梁取消,而制成无中梁的结构形式。为了保证载荷的传递,适当地加强了侧梁的强度及刚度。无中梁车体和有中梁车体一样能承担各种载荷。

此外,对于某些形式的车辆,如罐车,其罐体本身具有很大的强度和刚度,能承受各种载荷,此时甚至连底架也可以取消,仅在罐体的两端焊上牵引梁和枕梁,供安装车钩缓冲装置和传递载荷,它也是整体承载结构的一种形式。

任务 7.2　认识通用货车车体

【任务导入】

引导问题 1:什么是通用货车,通用货车包括哪些种类?

引导问题 2:敞车、平车和棚车有什么区别?

一、敞车

C70 型敞车属于新型敞车,由中车齐齐哈尔车辆有限公司于 2003 年研制,2005 年初完成工作图设计、小批量试制及各项性能试验工作,并于同年 6 月通过了样车的部级审查。C70 型敞车装用转 K6 型转向架;C70H 型敞车装用转 K5 型转向架。

C70(C70H)型敞车主要用于装运煤炭、矿石、建材、机械设备、钢材及木材等货物,除能满足人工装卸外,还能适应翻车机等机械化卸车作业,并能适应解冻库的要求。

1. 主要特点

(1)采用屈服强度为 450MPa 的高强度钢和新型中梁,载重大、自重轻;优化了底架结构,提高了纵向承载能力,适应万吨重载列车的运输要求。

(2)车体内长 13m,满足较长货物的运输要求;提高了集载能力,与 C64 型敞车相比,集载能力提高 70%。

(3)采用新型中立门结构,提高了车门的可靠性,可解决现有 C64 型敞车最大的惯性质量问题。

(4)采用 E 级钢 17 号高强度车钩和大容量缓冲器,提高了车钩缓冲装置的使用可靠性,可解决车钩分离、钩舌过快磨耗等惯性质量问题。

(5)采用转 K6 型或转 K5 型转向架,确保车辆运行速度达到 120km/h,满足提速要求;改善了车辆运行品质,降低了轮轨间作用力,减轻了轮轨磨耗。

(6)侧柱采用新型双曲面冷弯型钢,提高了强度和刚度,更适应翻车机作业。

(7)满足现有敞车的互换性要求,主要零部件与现有敞车通用互换,方便维护和检修。

2. 主要性能参数

C70(C70H)型敞车主要性能参数见表 7-1。

C70(C70H)型敞车主要性能参数　　　　　表 7-1

主要性能参数	数值
载重(t)	70
自重(t)	≤23.6

主要性能参数	数值
轴重(t)	23
容积(m³)	77
商业运营速度(km/h)	120
车辆长度(mm)	13976

3.结构组成

C70(C70H)型敞车由底架、侧墙、端墙等部件组成。车体为全钢焊接结构,主要材料采用屈服强度为450MPa的耐候钢。

1)底架

底架由中梁、侧梁、枕梁、横梁、钢地板、上心盘、前、后从板座等组成。中梁采用310乙型钢组焊而成,允许采用冷弯中梁;侧梁为240mm×80mm×8mm的槽形冷弯型钢;枕梁、横梁为钢板组焊结构,底架上铺6mm厚的耐候钢地板;采用锻造上心盘(直径为358 mm)及材质为C级铸钢的前、后从板座,前、后从板座与中梁间、脚蹬与侧梁间均采用专用拉铆钉连接。

2)侧墙

侧墙为板柱式结构,由上侧梁、侧柱、侧板、连铁、斜撑、侧柱补强板及侧柱内补强座等组焊而成。上侧梁采用140mm×100mm×5mm的冷弯矩形钢管,侧柱采用8mm厚冷弯双曲面帽形钢,侧柱与上侧梁间采用专用拉铆钉连接。

3)端墙

端墙由上端梁、角柱及横带等组焊而成。上端梁、角柱采用160mm×100mm×5mm的冷弯矩形钢管,横带采用断面高度为150mm的帽形冷弯型钢。

二、棚车

P70(P70H)型棚车属于新型棚车,由中车齐齐哈尔车辆有限公司于2003年研制,2005年初完成工作图设计、小批量试制及各项性能试验工作,并于同年8月通过了样车的初级审查。P70型棚车装用转K6型转向架;P70H型棚车装用转K5型转向架。

1.主要特点

(1)采用转K6型或转K5型转向架,改善了车辆运行品质,满足在既有线桥条件下车辆商业运营速度达120km/h;采用17号车钩缓冲装置、高强度钢中梁,提高了纵向承载能力,可适应编组万吨重载列车的要求。

(2)在既有棚车运用经验的基础上优化了结构,提高了车体的疲劳强度及耐腐蚀性能;转向架、车钩缓冲装置及制动装置的主要零部件通过可靠性设计和完善的工艺、质量保证,实现了寿命管理。

(3)采用高强度耐候钢及冷弯型钢,并应用可靠性设计理念优化断面结构,对大应力部位进行细部设计,对整车进行疲劳寿命预测,以提高结构可靠性,有效减轻车辆自重,满足铁路货车提速、重载的要求。

（4）在车顶部采用了四个通风器以加强车内空气流通，改善车内装货环境、避免聚集车顶上部的潮浊空气对车顶板的腐蚀。

（5）为确保重载编组、高速运行工况下从板座与中梁的连接强度及抗振、防松性能，提高车辆的运用可靠性，前、后从板座与中梁之间采用专用拉铆钉铆接。

（6）为解决从棚车底门缝盗窃散粒货物的问题，对推拉式车门下部结构进行了改进，提高了车门的防盗性能。

（7）车窗、车门件及部分冷弯型钢等与现有棚车通用互换，方便维护和检修。

2. 主要性能参数

P70（P70H）型棚车主要性能参数见表7-2。

P70（P70H）**型棚车主要性能参数** 表7-2

主要性能参数	数值
载重（t）	70
自重（无内衬板）（t）	<23.8
自重（有内衬板）（t）	<24.6
轴重（t）	23
容积（m³）	145
商业运营速度（km/h）	120
车辆长度（mm）	17066

3. 结构组成

P70（P70H）型棚车主要由底架、侧墙、端墙、车顶、车门、车窗、内衬等组成。该车车体为全钢焊接整体承载结构，底架主要型钢板材采用 Q450NQR1 高强度耐候钢，端、侧墙及车顶的主要型钢板材采用 09CuPCrNi-A 耐大气腐蚀钢。

1）底架

底架由中梁，上心盘，前、后从板座，下侧梁、枕梁、大横梁，地板等组成。中梁采用屈服强度为 450MPa 的热轧 310 乙型钢或冷弯中梁；采用直径为 358mm 的锻钢上心盘和 C 级铸钢的前、后从板座；下侧梁为冷弯型钢组焊成的鱼腹形结构；枕梁为双腹板，单层上、下盖板组焊而成的变截面箱形结构；大横梁为工字形组焊结构；底架铺设竹木复合层积材地板，门口处装 3mm 厚扁豆形花纹钢地板，装用车号自动识别标签，预留便器安装座及火炉安装孔。前、后从板座与中梁间，脚蹬与侧梁间均采用专用拉铆钉连接。

2）侧墙

侧墙为板柱式结构，由侧板、侧柱、上侧梁等组成。侧板为 2.3 mm 厚钢板压型结构，侧柱采用厚度为 4mm 的 U 形冷弯型钢，上侧梁为冷弯矩形管与冷弯角型钢组焊而成。

3）端墙

端墙为板柱式结构，由端板、角柱、上端梁等组成。端板采用 3mm 厚钢板，端柱采用热轧槽钢，角柱采用 125mm×125mm×7mm 压型角钢，上端梁采用 140mm×60mm×6mm 压型角钢,端板上预留电源线通过孔及照明设施安装座。

4) 车顶

车顶由车顶板、车顶弯梁、车顶侧梁、端弯梁等组成。车顶板通常采用一定厚度的钢板;车顶弯梁为圆弧形结构;车顶侧梁采用冷弯型钢;端弯梁为弧形或近似弧形的结构。车顶外部设有四个通风器和一个烟囱座,车顶弯梁处设有照明设施安装板。

5) 车门、车窗

车体每侧安装一组推拉式对开车门,车门板采用 1.5mm 厚冷弯波纹板,车体每侧设有四扇下翻式车窗。

6) 内衬

车顶内衬采用厚度为 5mm 的聚氯乙烯板,侧端墙内衬采用厚度为 3.5mm 的竹材板。

三、平车

为实施铁道部以扩能为中心,推行重载运输,提高铁路运输能力的目标,中车北京二七车辆有限公司研制了 NX70(NX70H)型平车。该车为标准轨距、载重 70t,具有装运多种货物功能的四轴平车,可装载 20ft(1ft = 304.8mm)国际标准箱、40ft 国际标准箱、45ft 国际非标箱、48ft 国际非标箱、50ft 集装箱,还可以装运各种军用装备、钢材、汽车、机械设备、大型混凝土桥梁等货物。NX70 型平车装用转 K6 型转向架;NX70H 型平车装用转 K5 型转向架。

1. 主要特点

(1)NX70(NX70H)型平车是在 NX17BK 型平车的基础上研发的升级换代产品。

(2)集重指标大,达 55t/5m,集载能力比 NX17BK 型平车提高 10%;载重 70t,比 NX17BK 型平车提高约 15%,扩大了大型货物的装载范围,提高了装载适应性。

(3)全车大量采用高强度耐候钢 Q450NQR1,整车强度和抗腐蚀性能大大提高,可以有效提高车辆的寿命,降低维护费用。

(4)采用 17 号车钩、MT-2 型缓冲器,车辆结构优化,可以适应开行万吨列车的要求。

(5)采用转 K5 型转向架或转 K6 型转向架,具有运行速度快、动力学性能稳定等特点。

(6)为确保重载编组、高速运行工况下从板座与中梁的连接强度及抗振、防松性能,提高车辆的运用可靠性,前、后从板座与中梁之间采用专用拉铆钉铆接。

2. 主要性能参数

NX70(NX70H)型平车主要性能参数见表 7-3。

NX70(NX70H)型平车主要性能参数　　　　　　　　　　　　　　　表 7-3

主要性能参数		数值
载重(均布)(t)		72
集重(t)	1m	30
	2m	35
	3m	45

续上表

主要性能参数		数值
集重（t）	4m	50
	5m	55
自重（t）		23.8
轴重（t）		≈23
容积（m³）		145
商业运营速度（km/h）		120
车辆长度（mm）		16366

3.结构组成

NX70（NX70H）型平车由底架、地板、集装箱锁闭装置等组成。

1）底架

底架为全钢焊接结构,由中梁、侧梁、大横梁、纵向辅助梁、端梁及前、后从板座等组成。

中梁由两根 630mm×200mm×13mm×20mmH 形钢制成鱼腹形,加 10mm 厚上、下盖板组焊成箱形结构;侧梁由单根 600mm×200mm×11mm×17mmH 形钢制成鱼腹形;底架设有中央大横梁以及工字形大横梁;中、侧梁间设有纵向辅助梁,端梁上设有绳栓,侧梁上设有柱插和绳栓;采用直径为 358mm 锻钢上心盘及材质为 C 级铸钢的前、后从板座。前、后从板座与中梁间采用符合要求的专用拉铆钉连接,装用货车车号自动识别系统车辆标签。

2）地板

底架上铺有 70mm 厚木地板或 45mm 厚竹木复合层积材地板。

3）集装箱锁闭装置

底架上设有集装箱锁闭装置,锁头可原位翻转。

任务 7.3　认识客车车体

【任务导入】

引导问题:客车车体和货车车体有什么不一样的地方?

一、概述

客车是铁路运输中用以运送旅客的运载工具,其供运送旅客及为旅客服务的部分称为车体。按车辆用途和外观形式,客车可分为座车、卧车、餐车、行李车、邮政车及特种用途车(公务车、瞭望车)等。按使用材质来说,客车是金属结构,按制造工艺又可分为铆接和焊接结构。现代车辆的车体结构大部分采用全钢焊接结构。全钢车的材料采用普通碳素结构钢和低合金钢两种。客车采用整体承载结构的承载形式。

在我国客车总数中,数量最多的新造客车是 25 型客车,它将逐步取代目前数量较多现已停止生产的 22 型客车。旅客列车车种有硬座车、硬卧车、软卧车、软座车、餐车等,本任务就 25 型客车的总体布置加以简单介绍。

二、YZ25K 型硬座车的总体布置

YZ25K 型硬座车客室两端设有通过台、小走廊;一位端设有乘务员室、配电室、茶炉间;二位端设有 2 个厕所、2 个单人洗脸间,厕所内设有气动密封式便器;中部为大客室,室内设有 2 +3 排列的固定式座椅,定员 118 员。

两侧墙上部设有铝合金板式行李架,两端上方设有电子信息显示屏;车顶板采用丙烯腈-丁二烯-苯乙烯(Acrylonitrile-Butacliene-styrene,ABS)工程塑料吸塑成形,顶板上设条缝式空调送风口及 2 条通长照明灯带,车顶两端设有制冷量为 2×29.07kW 的单元式空调机组,采用玻璃钢静压送风道,墙板、间壁板采用防火板。侧门为气动塞拉门,风挡为密封式折叠风挡。

该车的车体具有较高的强度和刚度,能适应 160km/h 的运行速度,车内采用"2 +3"布局的可翻转硬座座椅,以满足旅客乘坐需求。

三、YW25K 型硬卧车的总体布置

YW25K 型硬卧车客室两端设通过台、小走廊;一位端设有乘务员室、配电室、电茶炉室、洁具室;二位端设有 2 个厕所和 1 个敞开式双人洗脸间,厕所内设有气动密封式便器;中部设有 11 个开敞式卧铺包间及通长大走廊,包间内设有上、中、下半软式卧铺各 2 组,大走廊

上部设有铝合金板式行李架。全车定员 66 人。

车内两端设有电子信息显示屏,车内顶板采用 ABS 工程塑料吸覆成形,采用铝合金格栅式送风口,采用统型灯具照明。车顶一位端设有制冷量为 40.7kW 的单元式空调机组,采用玻璃钢静压风道,墙板、间壁板采用防火板。侧门为气动塞拉门,风挡为密封式折叠风挡。

每一卧铺室内有长 2000mm 的横向三层铺位相对排列。在相对的两下铺间设有茶桌。靠走廊一侧装设有边桌和折座。通道上部设有行李架,此外,还有供旅客上、下铺位用的梯子以及衣帽钩、安全挡杆等。

25 型硬卧客车比 22 型硬卧客车增加了 6 名定员,该车取代了 22 型硬卧车。

四、RW25G 型软卧车的总体布置

软卧车是一种比硬卧车更舒适的客车。RW25G 型软卧车共有 9 个包间,每个封闭式包间内有双层软垫铺位 4 个,全车共有 36 个铺位。包间外面的走廊一侧侧墙上设有 8 个活动座椅。在车辆的一位端设有乘务员室、电开水炉;二位端设有蹲式及坐式便器的便所 2 个以及 1 个洗手间。

25 型软卧客车比 22 型软卧客车增加了 4 名定员,其他的性能和各项技术经济指标都优于 22 型软卧车,因此,25 型软卧客车取代了 22 型软卧车。

五、25T 型客车

25T 型客车主要依据国际铁路联盟(UIC)标准及其他国际标准要求设计,同时满足国铁集团制定标准的要求,主要技术指标达到国际领先水平,首次采用了欧洲的无摇枕高速客车转向架 AM96 型转向架。在卧车上,首次采用了整体玻璃钢模块包间,同时,提出了可靠性设计和寿命周期成本的概念,对铁路客车检修制度的改进起到了积极的促进作用。

1. RZ25T 型软座车

RZ25T 型软座车定员 78 人,称为 A 型座车。该车的厕所采用真空集便装置,部分车辆会设置残疾人等人群使用的多功能厕所。该车采用开敞式客室布置,在客室中部设有透明玻璃隔断。

A 型座车设有 39 组靠背可调式座椅,每组座椅两侧及中部设 3 个可折叠扶手。座椅后背装有脚踏板和抽拉式小桌板。座椅的尺寸及造型充分考虑了中国旅客的体形特点,因此乘坐时更加舒适,减轻了旅途疲劳。

二位端客室设有 21 组双人座椅,一位端设有 18 组双人座椅,在客室中部设有 8 组双人座椅,中间设有固定茶桌。

部分软座车一位端增设一播音室及小推车间,称为 B 型座车。B 型软座车有 36 组可躺式座椅。侧墙座椅上方设有纵向排列的表面喷塑铝合金型材与透明玻璃组合式行李架,在行李架下方设有单独的阅读灯。

2. CA25T 型餐车

CA25T 型餐车车内布置主要包括储藏室区、吧台区、餐厅、厨房,厨房外大走廊。

(1)一位端包括一个工作间,内部有:视频点播(Video On Demand,VOD)控制柜、小推车间、储藏室、走廊(走廊设紧急制动阀和一个配电柜)、吧台区。一位端吧台区又有以下设施:内部通信电话系统、展示柜、侧墙展示柜、吧台、低柜(低柜内装有洗手盆、低音音响、VOD 控制面板和 VOD 遥控器)、沙发、吧桌、吧凳、靠凳、小桌、垃圾箱、聚光灯、2 个备用电源插座、烟火报警主机。

(2)餐车中部设有餐厅,内部设有 16 个双人座椅、4 个单人座椅,每 2 个双人座椅之间设有大餐桌,每两个单人座椅之间设有小餐桌,定员 36 人。餐厅两端的窗口共设有 4 个安全锤;餐厅中部吊挂 2 台 20 寸液晶显示屏(Liquid Crystal Display,LCD)电视机;餐厅和吧台区之间吊挂 2 台 30 寸 LCD 电视机;餐厅和厨房之间间壁上设备台 30 寸 LCD 电视机。

(3)餐车二位端设有厨房,内部有:电磁炉(平底 5kW)、电磁炉(凹底 5kW)、电磁炉(凹底 8kW)、电炸锅、电蒸饭锅、调味架、卧式冰箱、立式冰箱、电茶炉、温水器、微波炉、排油烟机、单洗池(带冷热水阀)、双单洗池(带冷热水阀)、吊柜、碗柜、消毒柜、储藏柜立柜(内装电加热器和厨房照明控制箱)、备用插座,厨房和餐厅之间还设有出菜口,地板设有不锈钢离水格。

任务7.4　掌握车体主要损伤形式

车体的钢结构承担着车体本身的重力和车体内货物的重力,以及机车与车辆间的牵引力、冲击力和运行时的侧向力(风力、离心力)等静、动载荷的综合作用,所以,当车辆运行一定时间后,车体必然会产生一定的故障。车体主要损伤常发生在底架、侧墙、端墙及车顶等部位。

一、底架损伤

底架损伤的主要形式有变形、腐蚀、裂纹和磨耗4种。

1. 变形

1)底架中、侧梁下垂

底架受垂直载荷作用后,会发生一定的变形,一般中央部分较大,其次是两端,枕梁处可视为刚性节点。因此,整个底架的中、侧梁可视为两端外伸的简支梁。

在车辆设计时,底架中、侧梁的挠度允许值有一定的标准,一般用静载荷下的挠度与车辆定距之比不超过一定数值作为衡量标准。

在运用中,由于车辆承受着垂直、水平方向载荷的综合作用,以及风吹日晒和使用不当(如超载、偏载或集中载荷过大等),会发生一定的永久变形。若变形过大,梁件易在早期产生裂纹,降低车辆使用期限。同时,变形也会影响车辆其他部件的正常工作,如制动缸过分倾斜而影响制动等。

2)牵引梁或枕梁外侧梁上挠或下垂

该故障是由车体端部的载重及运行中纵向冲击所造成的,多发生于运行时间较长、车体端部腐蚀较多的车辆上。它将影响底架与车体的连接强度及车钩连挂尺寸,若变形过大,会造成两连接车钩中心高度差过大,以致在运行中使车钩和底架产生附加弯曲,严重时会因车辆振动而发生脱钩事故。

3)中、侧梁左右旁弯

在车辆运行中,由纵向力引起的车端变形是很小的,但在调车作业、紧急制动、变速运行等因素影响下,会产生很大的冲击力,加上缓冲器容量不足,就会造成底架的中、侧梁发生失稳现象(即水平弯曲)。

4）牵引梁甩头及扩张

过大的冲击力会使牵引梁部分丧失稳定性，牵引梁部分会发生水平弯曲，向一侧弯曲称为牵引梁甩头；单侧或双侧凸出称为牵引梁扩张。

2. 腐蚀

对于普通碳素结构钢制作的底架结构，当防腐措施不够时，能较快地产生腐蚀损伤。在车体检修中底架各梁件及金属地板等结构需要铆接加固、焊接修复、截换、更换的，多数是由腐蚀造成的。

3. 裂纹

底架产生裂纹的部位大多在梁件断面形状改变处、焊缝附近及铆钉孔周围等。产生裂纹的原因除设计不合理使底架局部应力过大外，也可能是基体金属受到烧损，材质发生变化，或焊前材质因下料、组装不合工艺要求，存在内在缺陷和弊病，再加上运行中存在超载、过大冲击等。

此外，梁件变形过大或腐蚀到一定程度后，其强度削弱也将导致裂纹的产生，这种情况多发生在运用已久的旧车上。因为裂纹在运行中会继续扩大，甚至延及整个梁件导致断裂，车辆底架各梁件不允许发生裂纹后继续运行。

4. 磨耗

底架上产生磨耗的地方一般在上心盘、上旁承及牵引梁内侧面与缓冲器前、后从板相接触处。牵引梁内侧面磨耗会减弱牵引梁强度而产生裂纹，或发生牵引梁胀肚凹入的现象。

二、侧墙、端墙及车顶损伤

侧墙、端墙及车顶损伤的主要形式有变形、腐蚀和裂纹。

1. 变形

1）端柱、侧柱外胀

该故障多发生在敞车、煤车车体上。当端柱、侧柱根部发生腐蚀、焊接不良或本身刚度不够时，运行中的振动使车体各连接部分发生松弛，在散装货物的侧压力及运行中的冲击力作用下都会使端柱、侧柱发生外胀。

端柱、侧柱外胀后，将影响与底架的连接，降低原有强度，在端柱、侧柱根部发生焊缝开裂现象，严重时会造成货物失散或超出车辆限界。

2）车体墙板局部外胀

对于钢制敞车、棚车车体，可能因局部货物的冲击作用造成侧墙、端墙板局部外胀。

3）车体倾斜

该故障一般是由装载偏重及纵向冲击过大造成的。此外，钢骨架的腐蚀变形，底架扭曲不平，心盘偏磨，旁承游间隙过大等均能造成车体倾斜。

2. 腐蚀

腐蚀常发生在各梁件或板料的连接处和焊缝处。对于冷藏车、棚车更为严重，是修车工作量较大的部分,腐蚀多发生在车顶门窗、侧墙板下部 300mm 内。

3. 裂纹

裂纹常发生在焊缝附近,主要由焊后有较大的内应力、变形或材料变质等原因造成,此外,运行中使用不当等原因也会使结构产生裂纹。

复习与思考

一、填空题

1.车体由(　　)、(　　)、(　　)、(　　)、(　　)、(　　)、(　　)、(　　)等部分组成。

2.车体按其承载特点可分为(　　)、(　　)及(　　)三类。

3.车体损伤形式常发生在(　　)、(　　)、(　　)、(　　)等部位。

4.车体的钢结构承担着(　　)的重力和(　　)的重力,以及机车与车辆间的(　　)、(　　)和运行时的(　　)等静、动载荷的综合作用。

二、选择题(以下至少有一项是正确的,请将正确的选项填入括号内)

1.车体结构按使用的主要材料可以分为(　　)。

　A.普通碳素结构钢车体　　　　　　　　B.高耐候结构钢(耐候钢)车体

　C.不锈钢车体　　　　　　　　　　　　D.铝合金车体

2.通用货车主要分为(　　)。

　A.敞车　　　　　　B.棚车　　　　　　C.平车　　　　　　D.罐车

3.底架损伤的主要损伤形式有(　　)。

　A.变形　　　　　　B.腐蚀　　　　　　C.裂纹　　　　　　D.磨耗

三、判断题(以下描述正确的打"√",不正确的打"×")

1.塞拉门分为内塞拉门和外塞拉门。城轨客车一般采用内塞拉门。　　　　(　　)

2.敞车底架由中梁、侧梁、端梁、纵向梁、小横梁及钢地板等组成。　　　(　　)

3.在车辆运行中,由纵向力引起的车端变形导致了中、侧梁左右旁弯。　　(　　)

4.腐蚀和裂纹常发生在各梁件或板料的焊缝处。　　　　　　　　　　　(　　)

四、简答题

1.简述车体的组成。

2.简述底架损伤的主要形式和发生的部位。

3.简述平车的结构特点。

4.简述侧墙、端墙及车顶损伤的主要形式和发生的部位。

车钩缓冲装置的构造与检修

❊ 项目导读

　　车钩缓冲装置是用于使车辆与车辆、机车或动车相互连挂,传递牵引力、制动力并缓和纵向冲击力的车辆部件。它由车钩、缓冲器、钩尾框、从板等组成一个整体,安装于车底架构端的牵引梁内。车钩缓冲装置的结构和性能直接影响到列车运行的安全和平稳。车钩是车钩缓冲装置的核心部件,其设计需要考虑到强度、刚度和耐磨性等多个因素,以确保其在承受牵引力和制动力时不会发生变形或损坏。缓冲器是车钩缓冲装置中的重要组成部分,其性能直接影响到列车运行时的平稳性和舒适性。车钩缓冲装置是列车运行中不可或缺的重要部件,对于车钩缓冲装置的设计、制造和维修保养都需给予高度重视。

❊ 学习目标

　　1.知识目标

　　(1)掌握车钩的分类和组成。

　　(2)熟知 15 号和 13 号车钩的结构组成。

　　(3)掌握缓冲器的结构。

　　2.能力目标

　　(1)培养自主学习习惯、能力。

　　(2)培养动手能力、空间理解能力、沟通能力和团队协作能力。

　　(3)培养逻辑思维和处理信息的能力。

　　3.素质目标

　　(1)培养良好的科学文化和专业业务素质。

　　(2)树立良好的职业道德和劳动安全思维。

　　(3)增强铁路运行安全红线意识,培养服务大众出行的责任感。

任务 8.1　认知车钩

⚙【任务导入】

引导问题 1：车钩有哪些类型，客车和货车的车钩有没有区别，能否通用？

引导问题 2：车钩是如何进行连挂和解钩的？

一、车钩的分类

按照牵引连挂装置的连接方式，车钩可分为自动车钩和非自动车钩。自动车钩不需要人工参与就能实现连接；非自动车钩需要人工完成车辆之间的连接。我国车辆均采用自动车钩。

自动车钩又可分为两种基本类型：非刚性车钩和刚性车钩。非刚性车钩允许两个连接的车钩在垂直方向上有相对位移，如图 8-1a) 所示，当两个车钩的纵轴线存在高度差时，连接着的两钩呈阶梯形状，并且各自保持水平位置。刚性车钩不允许两个连接的车钩在垂直方向彼此存在位移，但是在水平方向可产生少许转角，如图 8-1b) 所示，如果在车钩连接前两车钩的纵向轴线高度存在偏差，那么在车钩连接后，两车钩的轴线处在同一直线上并呈倾斜状态。两车钩的尾端采用销接，从而保证了两连挂车辆之间的位移和偏角。

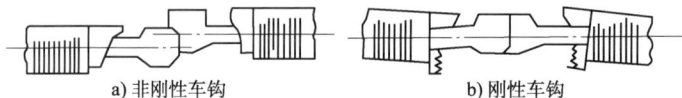

图 8-1　非刚性车钩与刚性车钩

刚性车钩减小了两个连接的车钩之间的间隙，从而大大降低了列车运行中的纵向冲动，提高了列车运行的平稳性，同时也降低了车钩零件的磨耗和噪声。此外，刚性车钩有可能同时实现车辆间的气路和电路的自动连接。非刚性车钩结构较简单，强度高，质量轻，与车体的连接较为简单。

我国铁道一般客车、货车均采用非刚性的自动车钩，对于高速列车和城市的地铁、轻轨车辆则应采用刚性的自动车钩，即密接式车钩。

二、车钩缓冲装置的组成及作用

车钩缓冲装置由车钩、缓冲器、钩尾框及前、后从板等零部件组成，如图 8-2 所示。在钩尾框内依次装有前从板、缓冲器和后从板（有的缓冲器不需要后从板），借助钩尾销把车钩和钩尾框连成一个整体，从而使车辆具有连挂、牵引和缓冲三种功能。

在车钩缓冲装置中，车钩的作用是用于实现机车和车辆或车辆和车辆之间的连挂和传递牵引力及冲击力,并使车辆之间保持一定的距离。缓冲器是用于缓和列车运行及调车作业时车辆之间的冲撞,吸收冲击动能,减小车辆相互冲击时所产生的动力作用。前、后从板和钩尾框则起着传递纵向力(牵引力或冲击力)的作用。

车钩缓冲装置安装于车辆底架两端的牵引梁内,其前、后从板及缓冲器卡装在牵引梁的前、后从板座之间,下部靠钩尾框托板及钩体托梁托住。

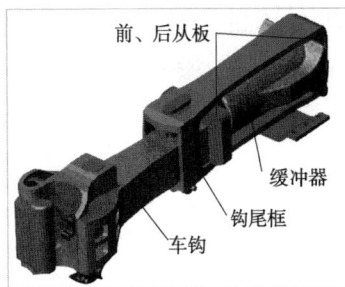

图 8-2　车钩缓冲装置

三、车钩缓冲装置的作用力传递顺序

车钩缓冲装置的作用力传递顺序如下。

当车辆受到牵拉时,作用力的传递顺序:车钩→钩尾销→钩尾框→后从板→缓冲器→前从板→前从板座→牵引梁,如图 8-3 所示。

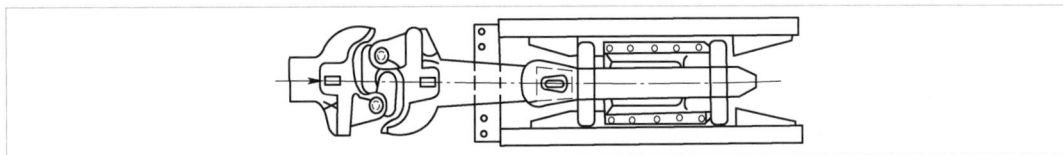

图 8-3　作用力的传递顺序 1

当车辆受到冲击时,作用力的传递顺序:车钩→前从板→缓冲器→后从板→后从板座→牵引梁,如图 8-4 所示。

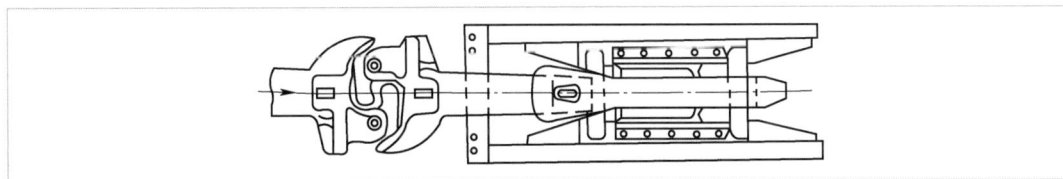

图 8-4　作用力的传递顺序 2

无论是牵引力,还是冲击力,都要经过缓冲器传给牵引梁,使车辆间纵向冲击振动得到缓和、消减,改善运行条件,保证车辆及货物不受损坏。

四、车钩的开启方式

车钩的开启方式分为上作用式及下作用式两种。由设在钩头上部的提升机构(车钩提杆)开启的,称为上作用式,货车上作用式车钩如图 8-5 所示。大部分货车车钩的开启方式为上作用式。这种方式开启灵活、轻便。还有部分货车,如平车、长大货物车或开有端门的货车等,因有碍货物的装卸或活动端门板需要放平,钩头的上部不能安装车钩提杆,故无法采用上作用式,而采用下作用式。此时,需要借助于设在钩头下部的推杆的动作来实现开启,它不如上作用式轻便。下作用式车钩是指车钩由闭锁向开锁或全开位置转换时,通过钩提杆向上推动钩锁的解钩方式,货车下作用式车钩如图 8-6 所示。对于客车,因车体端部有折棚和平渡板装置,故无法采用上作用式,而采用下作用式。

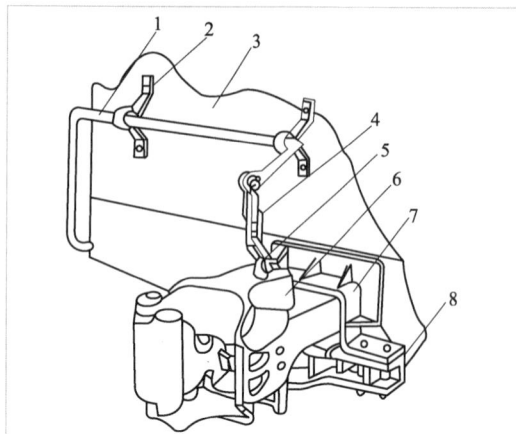

图 8-5　货车上作用式车钩
1-车钩提杆;2-车钩提杆座;3-车体端墙;4-提钩链;5-上锁销;6-钩头;7-冲击座;8-钩身托梁

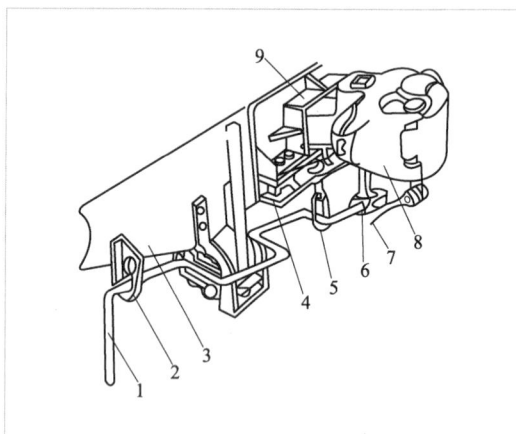

图 8-6　货车下作用式车钩
1-车钩提杆;2-车钩提杆座;3-车体端梁;4-钩身托板;5-车钩提杆吊杆;6-下锁销;7-下锁销杆;8-钩头;9-冲击座

货车车钩提杆安装在一位和四位车端;客车装在二位和三位端。

任务 8.2　认识 15 号车钩

【任务导入】

引导问题 1：15 号车钩的构造及作用是什么？

引导问题 2：车钩的三态作用是指什么？

一、15 号车钩的基本组成

15 号车钩由钩体、钩舌及钩头配件等组成，其中钩体分为钩头、钩身、钩尾三部分，如图 8-7 所示。钩头与钩舌通过钩舌销相连接，钩舌可绕钩舌销转动，钩头内部装有钩锁、钩舌推铁、下锁销等零件。

二、15 号车钩的构造及三态作用

1. 构造

1）构体

钩体各部分的作用如下。

（1）钩头是车辆摘挂的重要部分。

（2）钩身是传递牵引力和冲击力的部位。

（3）钩尾供安装钩尾框用。

2）钩舌及钩舌销

钩舌装在上、下钩耳之间，插入钩舌销后以钩舌销为轴而转动，利用钩舌的开闭进行车辆互相连挂和接解015 号车钩钩舌的结构如图 8-8 所示。

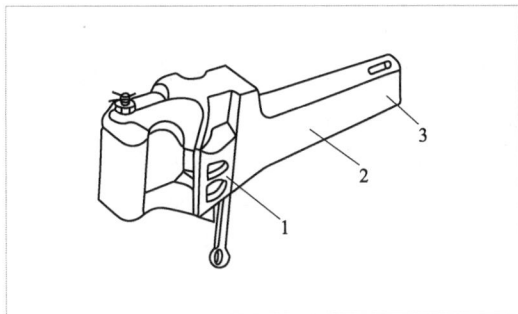

图 8-7　15 号车钩钩体

1-钩头；2-钩身；3-钩尾

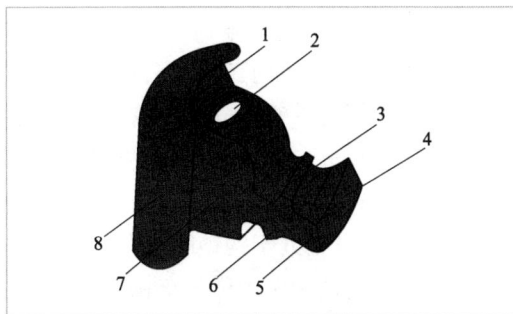

图 8-8　15 号车钩钩舌的结构

1-钩腕牵引面；2-钩舌销孔；3-上牵引凸缘；4-钩舌尾端面；5-钩舌锁面；6-下牵引凸缘；7-内腕；8-钩舌鼻

3）钩头内部零件

钩头内部零件包括钩锁、钩舌推铁和下锁销。

（1）钩锁：钩头主要的配件，其主要作用是在闭锁位置时，挡住钩舌尾部，使钩舌不能转动，起锁钩作用；在全开位置时，推动钩舌推铁能使钩舌张开。其背部及两侧均为垂直平面，并有导向面，与钩锁腔内导向挡配合，保持钩锁上、下移动时正位，上部设全开作用面，下部为锁脚，锁脚下有开锁座锁面。开锁位置时，钩锁由于偏心向前倾斜，锁脚后翘，开锁座锁面恰好落在钩头内开锁座锁面上。钩锁背部开有锁销槽，下锁销的销轴在上、下滑动。15 号车钩钩锁的结构如图 8-9 所示。

（2）钩舌推铁：悬挂在钩锁腔内，上部嵌入钩舌推铁槽内，下端靠在钩舌尾部侧面，全开位置时能踢动钩舌转动，在开锁位置时，可限制钩锁上升。15 号车钩钩舌推铁的结构如图 8-10 所示。

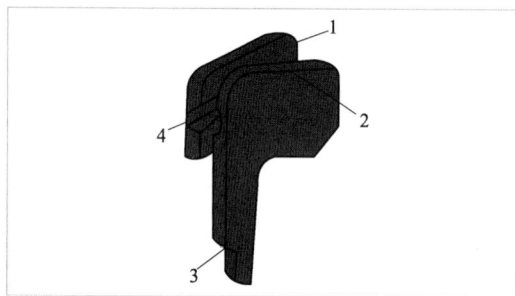

图 8-9　15 号车钩钩锁的结构

1-导向角；2-全开作用面；3-开锁座锁面；4-锁销作用槽（十字销凹槽）

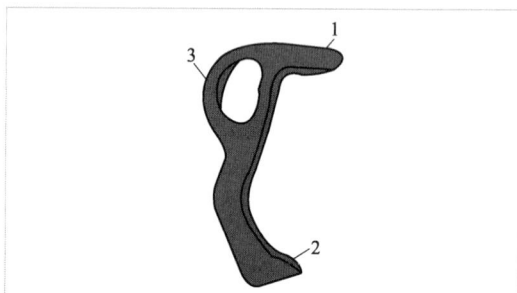

图 8-10　15 号车钩钩舌推铁的结构

1-全开作用端；2-推铁踢足；3-全开支点

（3）下锁销：其一端两侧有圆柱形十字销，置于钩锁背面十字销凹槽内，以便推起钩锁。端部除十字销外，还有防脱止端，以便在闭锁位置起防脱作用。

2. 三态作用

车钩具有闭锁、开锁、全开三个位置，一般称车钩的三态作用。车钩的连挂和摘解通过三态作用完成。

（1）闭锁位置：车辆连挂后，两个车钩均处于闭锁位置时才能传递牵引力。

钩舌转入钩锁腔内，钩锁靠自重落下，位于钩锁腔底部，卡在钩舌尾部侧面和钩锁腔侧壁之间，挡住了钩舌锁面，使钩舌在钩头内不能传动，这时即为闭锁位置。

为了防止车钩在闭锁位置时，钩锁因车辆的振动而自动跳起，造成脱钩事故，车钩还有防脱装置。当车钩在闭锁位置时，下锁销上端的十字销沿钩锁十字销凹槽滑向后方，下锁销上端的防脱止端正处于钩锁腔内壁的上下防脱台下方，此时，下锁销及钩锁虽受振动也不能跳起造成脱钩，这种作用称为车钩的防脱（跳）作用。

（2）开锁位置：两连挂着的车辆需要分开，必须有一个车钩处于开锁位置。

如图 8-11 所示，由闭锁位置提起车钩提杆，推动下锁销，下锁销的十字销沿钩锁的十字销凹槽上移，使下锁销的防脱止端脱离开钩锁腔内的防脱台。当下锁销继续上升时，带动钩锁一起上升,钩锁上升到一定高度后,放下车钩提杆。由于钩锁偏重,上部向前倾转,而腿部向后转动,因此钩锁的开锁座锁面坐落在钩腔内底壁的开锁座上,钩锁不能落下,形成开锁位置,此时,钩锁下部的座锁面与钩舌尾部的上面几乎处于一个平面内。此时的钩锁已不能阻止钩舌转动,因而钩舌在受到牵引力后能绕钩舌销转动,这时即为开锁位置。

(3)全开位置:在车辆彼此连挂前,必须有一个车钩处于全开位置,才能达到自动连挂的目的。

如图 8-12 所示,由闭锁位置或开锁位置,用力提起车钩提杆,使钩锁被充分顶起,钩锁的全开作用面推动钩舌推铁的全开作用端,这时钩舌推铁以全开回转支承面与钩锁腔立壁接触面为支点回转,同时钩舌推铁踢动钩舌的钩舌推铁面,使钩舌以钩舌销为轴转动张开。此时放下车钩提杆,钩锁靠自重落下坐落于钩舌尾部上,形成全开位置。

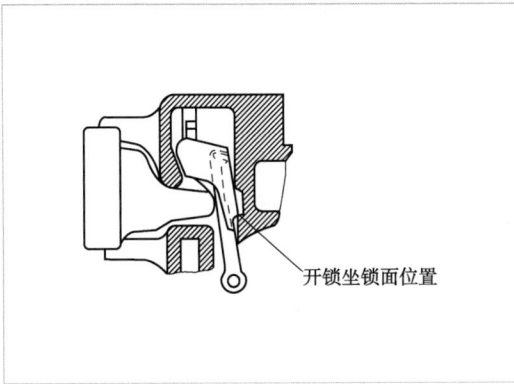

图 8-11 15 号车钩开锁位置

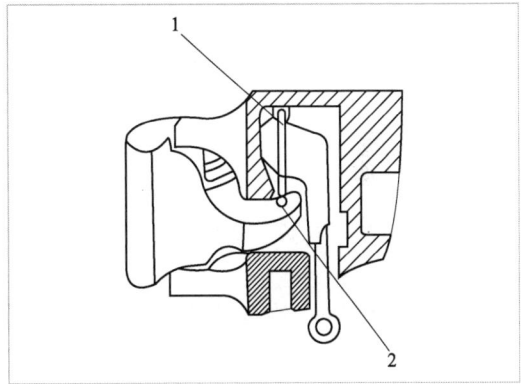

图 8-12 15 号车钩全开位置

1-钩锁推动钩舌推铁;2-钩舌推铁踢动钩舌尾部结构

任务8.3 认识13号车钩

【任务导入】

引导问题1:13号车钩的构造及作用是什么?

引导问题2:13号车钩和15号车钩在构造上有何不同?

13号车钩是在20世纪60年代初研制的,20世纪70年代初开始在货车上推广使用。13号车钩钩体、钩舌及钩尾框采用牌号为ZG25的普通碳素铸钢制造,从1996年起推广使用C级钢13号车钩及钩尾框。

一、构造

13号车钩由钩体、钩舌及钩舌销、钩头配件等组成。

1. 钩体

钩体分为钩头、钩身、钩尾三个部分,如图8-13所示。

1)钩头

钩头主要起车辆摘挂作用。

(1)钩腕:车辆连挂时,用以相互容纳对方的钩舌,使两个钩舌彼此握合,并限制对方车钩钩舌产生过大的横向移动,防止车钩自动分离。

(2)钩锁腔:容纳并安装钩锁、钩舌推铁等零件。钩锁腔内部结构如图8-14所示。

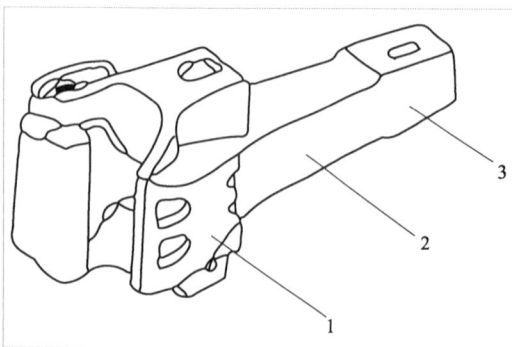

图8-13 13号车钩钩体

1-钩头;2-钩身;3-钩尾

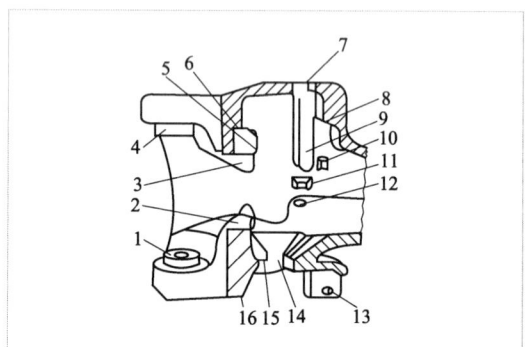

图8-14 13号车钩钩锁腔内部结构

1-下护销凸缘;2-下牵引凸缘;3-上牵引凸缘;4-上护销凸缘;5-导向挡;6-全开作用台;7-上锁销孔;8-上防脱台;9-钩锁导向壁;10-钩锁后部定位挡;11-钩舌推铁挡块;12-钩舌推铁轴孔;13-下锁销钩转轴;14-下锁销孔;15-下防脱台;16-二次防脱台

①护销凸缘:用以保护钩舌销,分为上护销凸缘和下护销凸缘。

②牵引凸缘:在闭锁位置时与钩舌尾部牵引凸缘配合,用以承受牵引力,分为上牵引凸缘和下牵引凸缘。

③导向挡:车钩处于闭锁状态时,钩锁的前导向面靠在此处。防止钩锁倾倒脱出钩锁腔,使上锁销及上锁销杆的防脱台处于钩锁腔的上防脱台下,限制钩锁销的跳动。此外,在车钩处于开锁位置或全开位置时,导向挡还可以引导钩锁上、下移动。

④全开作用台:车钩在全开位置形成过程中,钩锁前部的全开回转支点以该部位为支点回转,踢动钩舌推铁,使钩舌旋转张开。

⑤上防脱台:在钩锁腔后壁面上。车钩处于闭锁位置时,上锁销及杆的防脱台卡在其下,防止在运行中钩锁因振动而跳起。

⑥钩锁导向壁:用以限制钩锁的位置。车钩在闭锁位置、开锁位置或全开位置时,钩锁的一侧被挡住,而另一侧受到钩锁腔侧壁面的限制,这样可以避免由于钩锁的摆动而影响车钩的作用状态。

⑦钩锁后部定位挡:同样用以限制钩锁的位置。车钩在闭锁位置时,钩锁除受钩锁腔导向挡的限制外,其后部还受到该部位的阻挡,使钩锁既不能向前倾倒,又不能向后仰,稳固地坐落在钩舌尾部的钩锁承台上,从而保证上锁销的防脱位置。

⑧钩舌推铁挡块:用以确定钩舌推铁的位置,防止钩舌推铁在转动过程中歪斜。

⑨钩舌推铁轴孔:供安装钩舌推铁轴用。

⑩下防脱台:设置在下锁销孔内的前侧壁。车钩闭锁时,下防脱台与其卡合,起防脱作用。

⑪下锁销钩转轴:供下作用式车钩放置下锁销钩用。

⑫二次防脱台:具有下锁销防脱和下锁销杆防脱两级防跳性能。其中,下锁销杆上设有防脱台,在振动过程中,下锁销杆沿下锁销转轴斜面上升,使下锁销杆防脱台与钩体防脱台面接触,可防止下锁销杆的继续转动带动钩锁上升使车钩开锁,这就是二次防脱的作用。

(3)上、下钩耳:安装钩舌用。

(4)钩耳孔:供插入钩舌销用,用以保护钩舌销不受牵引力和冲击力的影响而折损。钩耳孔为长圆孔,垂直于车钩牵引方向。

(5)上锁销孔:上作用式车钩安装上锁销用。如果车钩采用下作用式,此孔用防尘盖盖严,防止砂石侵入钩锁腔内,影响车钩的三态作用。

(6)下锁销孔:安装下锁销用。

(7)钩肩:当车钩受到过大的冲击力时,钩肩与冲击座相接触,从而将部分冲击力直接传给车辆底架,避免后从板座和缓冲器过载破损。

2)钩身

钩身是传递牵引力和冲击力的部分。钩身为中空断面结构,应具有较大的强度和刚度。

3)钩尾

钩尾是车钩后端安装钩尾框的部分,其上开有长圆形钩尾销孔,后端面为一垂直平面,在缓冲器伸张力的作用下,以便车钩自动复位。

2.钩舌及钩舌销

(1)钩舌:装在上、下钩耳之间。其上有钩舌销孔,插入钩舌销,以钩舌销为轴回转,利用钩舌的开闭进行车辆摘挂。在钩舌销孔处铸有护销凸缘,尾部上、下铸有牵引凸缘和上、下冲击突肩,在闭锁位置时,与钩锁腔内相应凸缘配合,以使牵引力或冲击力直接由钩舌传给钩体。尾部上面设有圆弧,便于钩锁从全开位置到闭锁位置过程中的顺利下滑。在钩舌尾部侧面有一台阶,称为钩锁承台。在闭锁位置时,供钩锁坐落用。13 号车钩钩舌的结构如图 8-15 所示。

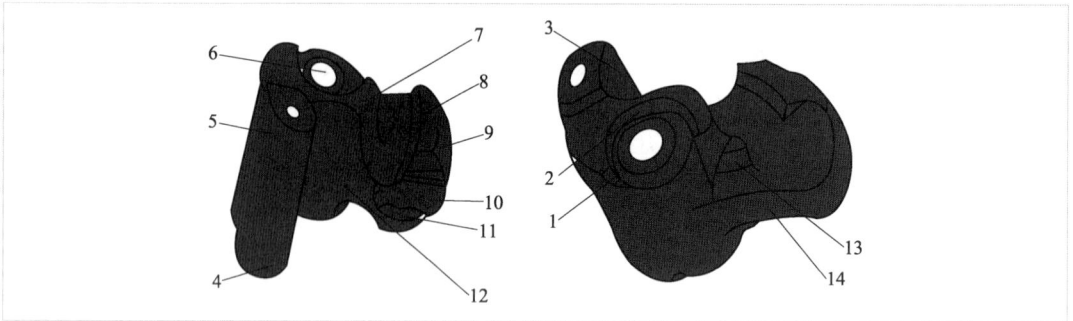

图 8-15 13 号车钩钩舌的结构

1-全开止挡;2-护销凸缘;3-钩腕牵引面(钩舌内侧面);4-钩舌鼻;5-钩舌正面;6-钩舌销孔;7-冲击突肩(冲击台);8-牵引凸缘(牵引台);9-钩舌尾端面;10-钩舌锁面;11-钩锁承台;12-钩舌内腕;13-钩舌推铁面;14-钩舌尾止端

(2)钩舌销:装在钩耳孔及钩舌销孔中,作为钩舌的回转轴。

3. 钩头配件

(1)钩锁:安装在钩锁腔内,主要作用是在闭锁位置时,挡住钩舌尾部,使钩舌不能转动;在全开位置时,推动钩舌推铁,使钩舌张开。钩锁背部有上锁销杆作用槽及上锁销杆转轴,供连挂钩锁用。侧面(钩舌侧)有侧座锁面,前面有前座锁面,后面有后座锁面,闭锁位置分别与钩舌尾部顶面、钩舌的钩锁承台、钩舌推铁的锁座相配合。钩锁前部有全开回转支点,腿部有开锁座锁面和椭圆下锁销轴孔。13 号车钩钩锁的结构如图 8-16 所示。

(2)钩舌推铁:横放在钩锁腔内,通过回转支轴插入钩舌推铁孔形成转轴,其作用是推动钩舌张开达到全开位置。13 号车钩钩舌推铁的结构如图 8-17 所示。

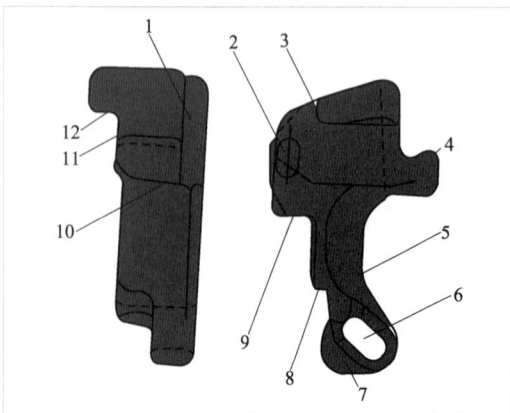

图 8-16 13 号车钩钩锁的结构

1-前导向面;2-上锁销杆转轴;3-后导向面;4-全开回转支点;5-锁腿;6-下锁销轴孔;7-后踢足面;8-开锁座锁面;9-后座锁面;10-前座锁面;11-锁面;12-侧座锁面

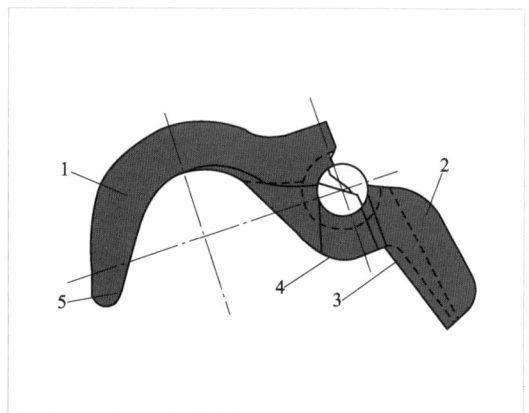

图 8-17 13 号车钩钩舌推铁的结构

1-钩舌推铁腿;2-锁座;3-踢足推动面;4-锁腿导向面;5-推铁踢足

（3）上锁销组成：为进一步提高 13 号车钩的防分离可靠性，已对 13 号上作用式车钩的防脱装置进行了改造。将原上锁销组成的两连杆机构更改为三连杆机构，新型上锁销组成包括上锁提、上锁销和上锁销杆。新型上锁销组成与原上锁销组成对比如图 8-18、图 8-19 所示。装用新型上锁销组成后，车钩的解钩方式、作业程序与装用原上锁销组成的车钩相同，仅开钩角度有所增加。

（4）下锁销组成：为下作用式车钩推起钩锁用。它由下锁销、下锁销钩和下锁销体组成，用沉头铆钉活动连接。下锁销钩一端通过转轴孔和钩头下锁销钩转轴连接，另一端和下锁销体相连；下锁销体与下锁销相连，其上有二次防脱尖端，中部有回转挡和钩提杆止挡；下锁销通过下锁销轴和钩锁的下锁销孔相连。13 号车钩下锁销组成的结构如图 8-20 所示。

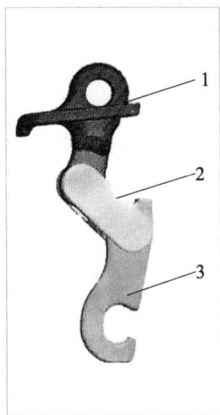

图 8-18　新型上锁销组成
1-上锁提；2-上锁销；3-上锁销杆

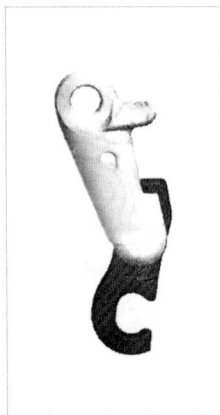

图 8-19　原上锁销组成

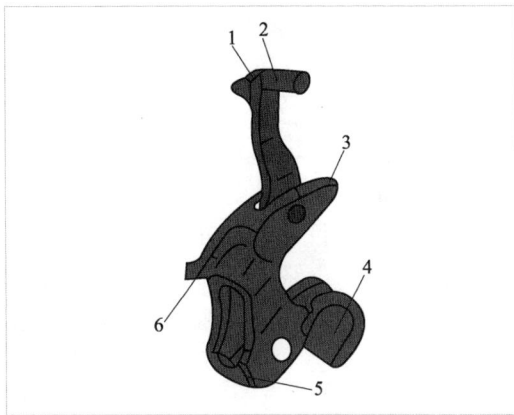

图 8-20　13 号车钩下锁销组成的结构
1-下锁销防跳面；2-下锁销轴；3-二次防脱尖端；4-转轴孔；5-回转挡；6-车钩提杆止挡

二、13 号车钩的三态作用

13 号车钩的三态作用如下。

（1）闭锁位置：车辆连挂时车钩所处的位置。钩锁以自重下落，钩锁卡在钩舌锁面和钩锁腔立壁之间，挡住钩舌使其不能转动，此位置称为车钩的闭锁位置。

（2）开锁位置：由闭锁位置提起车钩提杆。

（3）全开位置：从闭锁位置或开锁位置，用力提起车钩提杆，钩锁被充分提起。

任务8.4 认识密接式车钩

一、概述

车辆使用的密接式车钩有全自动车钩、半自动车钩和半永久性牵引杆三种，这三种车钩都是刚性车钩。

全自动车钩位于列车端部，其电路和气路连接装置都组装在钩头上。当车辆连挂时，车钩的机械、气路、电路系统都能自动连接；解钩时，可在司机室控制自动解钩或采用手动解钩。解钩后，车钩即处于待挂状态；电气连接器通过盖板自动关闭，以防水和尘土进入；主风管连接器也自动关闭，防止压缩空气泄漏。

半自动车钩的钩头连接形式连挂方式及锁闭方式与全自动车钩相同。半自动车钩可以实现列车单元之间的机械连接和风管的自动连接，但电气连接只能人工操作。

半永久性牵引杆用于同一单元内车辆之间的编组，使其编组成单元。牵引杆的机械、气路和电路的连挂和解钩都需要人工操作，列车单元在运行过程中一般不需要分解，通常只在架修以上的作业时才进行分解。

二、车辆用密接式车钩

我国车辆用密接式车钩主要有两种：一种是国产密接式车钩，采用半圆形钩舌；另一种是沙库密接式车钩，采用杠杆式连接结构。

1.国产密接式车钩

国产密接式车钩缓冲装置一般用于编组车辆的列车头尾端，由连挂系统、压溃管组成、内缓冲系统、电气连接器等组成，如图8-21所示。车辆连挂时依靠两车钩相邻钩头上的凸锥和凹锥孔的相互插入，实现两车钩的紧密连接；同时，自动将两车之间的电路和气路接通。在两车分解时，自动解钩，并自动切断两车之间的电路和空气通路。

2.沙库密接式车钩

1)系统组成

沙库密接式车钩缓冲装置如图8-22所示。它主要由车钩钩头、橡胶缓冲器、风管连接器、电气连接器和风动解钩系统等组成，缓冲器位于钩头的后部。车辆连挂时依靠两车钩相邻钩头前端的锥形喇叭口引导彼此精确地对中,实现两车钩的紧密连接;同时,自动将两车之间的电路和气路接通。在两车分解时,也可由司机控制解钩电磁阀自动解钩,并自动切断两车之间的电路和气路。

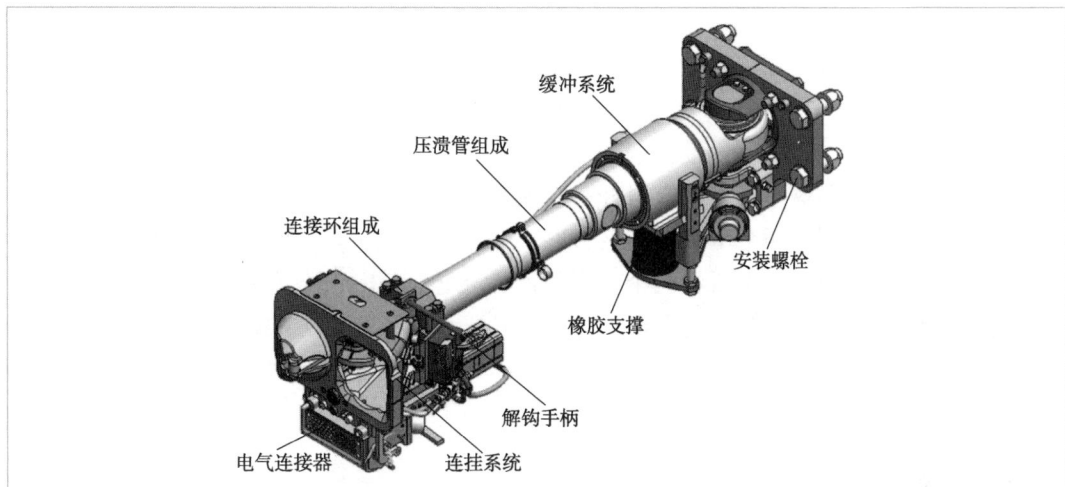

图 8-21 国产密接式车钩缓冲装置

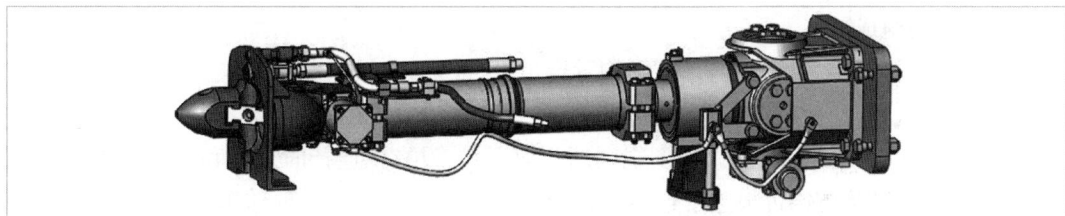

图 8-22 沙库密接式车钩缓冲装置

在车钩下面有车钩支撑弹簧,在缓冲器尾部通过转动中心轴与车体上的冲击座相连,并可通过橡胶弹簧的弹性变形及缓冲器与转动中心轴的相对转动实现垂直和水平方向的摆动:垂向最大摆角为 4°30′;水平最大摆角可达 30°。

2)技术特点

(1)连挂特点。

①在连挂上采用了锥状及漏斗状的车钩钩头因而具有较大的连挂范围。

②在弯道,以及车辆之间有高度差的情况下都可完成自动连挂。

③在低速行驶中,最低速度为 0.6km/h 也可完成自动连挂。自动连挂只需很小的力量。

(2)连挂状态。

①在连挂状态时,车钩头与钩舌板总成在横向和纵向部分形成了一种刚性连接。

②车钩钩舌板总成呈平行四边形排列,使牵引力均匀分布。

③部件的磨损不影响车钩的安全性。

(3)解钩状态。

①在解钩时,车钩钩舌板总成的形状可以保证机车即使在受力情况下也可以进行自动解钩。

②解钩过程是不可逆的,只允许车辆完全分离后再重新连挂。

三、半永久性牵引杆

半永久性牵引杆是将两车的连接方式由车钩连接改为用一根牵引杆代替,将全自动车钩中的两个车钩钩体取消,牵引杆的两端直接与两个缓冲器相连,同时取消了气路、电路的连接。

例如,上海地铁车辆半永久性牵引杆是将两相邻车钩中的一个车钩钩体和另一个车钩钩体、缓冲器总成分别由两个牵引杆代替,两牵引杆的端部各有一个锥孔和锥柱,在连挂时起定位作用,通过套筒式联轴器将两个牵引杆刚性相连,其电路、气路通过机械紧固获得永久连接。通常只在维修时才分解,在半永久性牵引杆上设有贯通道支撑座。

四、自动车钩的组成

自动车钩由钩头、缓冲装置、吸能装置等组成。

1. 钩头

1)钩头的组成

钩头由壳体、钩舌板、钩舌板连杆、钩舌定位杆、撞块等组成。

(1)壳体的前部一半为凸锥体的钩头,另一半为凹椎孔,用于引导对准。

(2)钩舌板按功能需要设计成不规则的几何形状,设有供连挂时定位和供解钩气缸活塞杆作用的凸舌,以及与钩舌板连杆连接的定位槽、钩嘴等,是车钩实现动作的关键零件。

(3)钩舌板连杆在连杆弹簧拉力的作用下使车钩可靠地连接起来。

(4)钩舌板定位杆上的两个凸齿,使钩舌板处于待挂或解钩状态。

(5)撞块可在车辆连挂时解开钩舌板定位杆与钩壳的锁定位,从而使两车钩实现连接。

2)三态作用

(1)待挂状态:车钩连接前的准备状态,此时钩舌定位杆被固定在待挂位置,钩锁弹簧处于最大拉力状态,钩锁连接杆推至凸锥体内,钩舌上的钩嘴对着钩头正前方。

(2)连挂状态:相邻的两个车钩的四锥体嵌入对方车钩的钩头坑并撞击对方的撞块使其顺时针转动,撞块转动时又撞击定位杆使其与原来钩壳啮合的外齿脱钩,此时,钩舌板在钩舌板连杆弹簧的作用下,使钩舌板产生逆时针转动,使钩舌板连杆伸进对方钩头并嵌入对方钩舌板的钩嘴,实现连挂。

(3)解钩状态如下。

①气动解钩:司机操纵副驾驶台控制压缩空气与解钩气缸相通的电磁阀 7Y1 的按钮 7S3 或按动半自动车钩一端的车端边的气阀按钮时,使解钩气缸充气,实现解钩,如图 8-23 所示。

②手动解钩:当列车风管内无压缩空气时,可通过拉动连接在心轴下端曲柄上的钢丝绳同向可使钩舌板转动,达到与解钩气缸使钩舌板转动的相同效果,如图 8-24 所示。

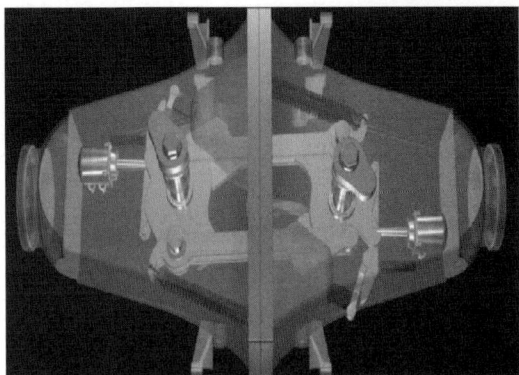

图 8-23　气动解钩

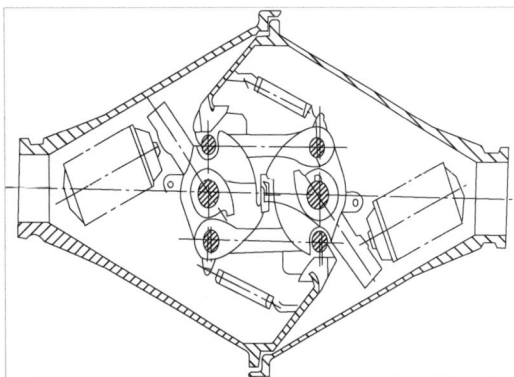

图 8-24　手动解钩

2. 缓冲装置

一般在钩尾布置有缓冲装置,其功能主要是缓和车辆正常运行和连挂时发生的纵向冲击。这里主要介绍橡胶缓冲器。

(1) EFG 橡胶缓冲器。

这种缓冲器根据容量大小的要求不同,可以设计成包括 2 道橡胶环的 EFG2 和包括 3 道橡胶环的 EFG3。当车钩受到纵向冲击时,橡胶环受剪切变形,利用橡胶的特性吸收冲击能量。一般使用这种缓冲器即可满足 5km/h 速度车辆连挂的缓冲要求。

(2) 橡胶垫缓冲器。

这种缓冲器使用了橡胶垫,夹在车钩和车体安装座之间,结构简单,造价较低,但缓冲性能和车钩的转动性能没有 EFG 缓冲器好。

(3) 橡胶关节缓冲器。

这种缓冲器实际就是一个橡胶关节,后部通过一个轴承座连接在车体上,车钩钩身可以绕这个关节转动。由于橡胶关节的厚度有限,这种缓冲器的缓冲容量是很小的。

3. 吸能装置

1) 压溃管

压溃管是一段经过特殊热处理,屈服强度偏差非常小的钢管,安装在车钩钩身里承受压缩力,车钩拉伸力由压溃管内的芯轴承受,如图 8-25 所示。压溃管的强度略低于车底架的强度,高于车辆正常连挂速度下产生的纵向冲击力。当车辆发生较高速度的冲击时,压溃管被车钩钩身撑开压入,压溃管发生塑性变形,吸收冲击能量,把列车内的纵向冲击力限制在车辆底架强度以下,保护车辆底架不受损坏。压溃管结构简单,成本较低,但是发生塑性变形后就必须更换。

2) 过载保护装置

过载保护装置在车钩吸能元件链中作用较大,可将车钩与车体分离,降低对车辆造成的损坏。

车钩设有四级吸能装置。

(1) 第一级:冲击速度低于 8km/h,由可复原的吸能装置(橡胶缓冲器)吸收。

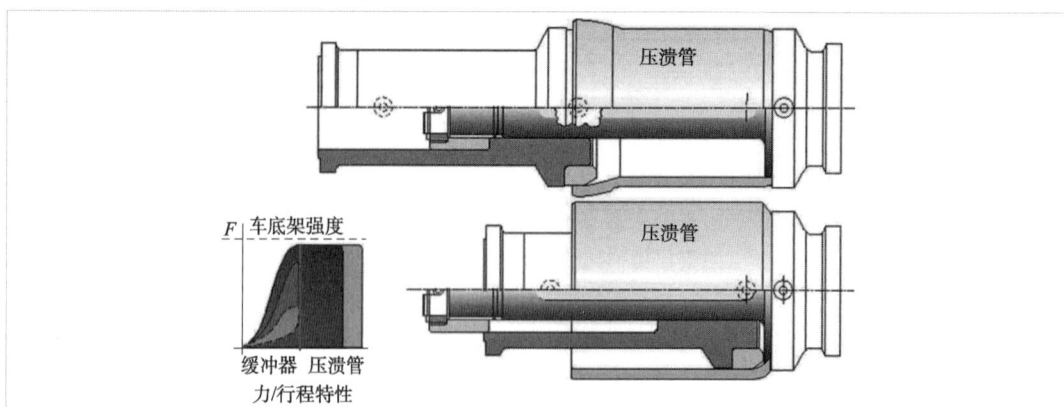

图 8-25 压溃管

（2）第二级：冲击速度在 8～15km/h 之间，由橡胶缓冲器和压溃管共同吸收。

（3）第三级：冲击速度大于 15km/h，由橡胶缓冲装置＋压溃管＋过载保护装置共同吸收。

（4）第四级：若前三级无法吸收所有冲击能量，由司机室部位的底架及边梁的刚度成为能量散耗区，最大限度地保护客室和旅客的安全。

五、附属装置

车钩连接装置的附属装置包括风管连接器、电气连接器、对中装置和安装吊座。

1. 风管连接器

在车钩前端面上设有空气管路的接口。根据车辆空气系统和车钩设计的不同，空气管路接口可能有不同的配置，最少会有一个总风管接口，最多可以有总风管接口、制动管接口和解钩管接口。

上部接口为总风管接口，下部接口为解钩管接口。空气管路接口凸出车钩头前端面，车钩没有连接时，总风管阀芯被后面的弹簧压紧，封住总风管。

两车钩连挂后，车钩头前端面密贴，两车钩总风管接口内的阀芯顶杆互相压紧，克服阀芯后面弹簧的压力，使阀芯离开阀座，两车钩上的总风管连通。解钩管只有在进行解钩操作时充风，非工作状态下与大气连通。

2. 电气连接器

为了方便地实现车辆之间的电气连接，车钩上设置有电气连接器，可以是手动的或自动的。有时为了降低车辆的成本，在半永久性牵引杆上不使用电气连接器，而是用电缆直接连接两个车体端墙上的电气插座。

全自动车钩的电气连接器只需传递用于列车控制的信号即可，所以触点较少，且触点的类型和尺寸区别也不大，如图 8-26 所示。

半自动车钩的电气连接器需要连接的电气线路包括牵引线路、控制线路和各种信号线路，所以触点较多，且各种触点区别较大，如图 8-27 所示。

图 8-26　全自动车钩的电气连接器

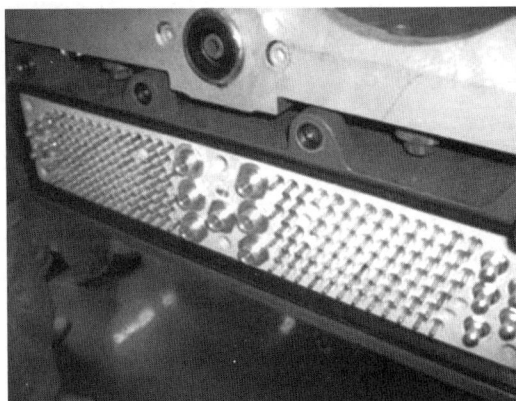

图 8-27　半自动车钩的电气连接器

半永久性牵引杆的电气连接器不能进行自动连接,一般采用跨接电缆的方式。

3. 对中装置

对中装置安装于车钩支撑座的下方,如图 8-28 所示。例如,广州地铁采用的是机械对中,用碟形弹簧片,其作用是保证车钩在连接时保持位于中心位置,防止车钩进行横向摆动,即车钩和车辆中心线一致。

车钩能够在中心轴角度约 15°范围内自动对中。通过两个螺钉来调节车钩相对列车中心线的水平度。

4. 安装吊座

安装吊座的作用是为整个车钩缓冲装置提供安装和支撑,确保列车通过平竖曲线时具备所需的各个方向自由度,保证整套装置在不连挂状态时保持水平,车钩中心线与车辆中心线重合,便于连挂。安装吊座如图 8-29 所示。

图 8-28　对中装置

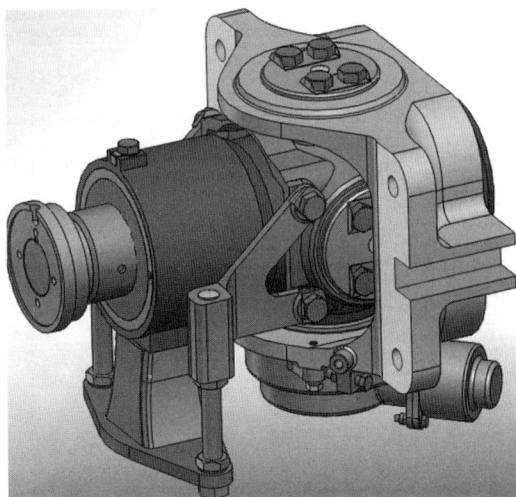

图 8-29　安装吊座

任务 8.5　认识缓冲器

【任务导入】

引导问题 1：缓冲器的主要作用是什么？

引导问题 2：车辆上常用缓冲器的主要类型有哪些？

一、概述

1. 作用

（1）缓冲列车在运行中纵向冲击和振动。

（2）耗散车辆间冲击和振动的功能。

2. 工作原理

缓冲器借助压缩弹性元件来缓冲冲击力，同时在弹性元件变形过程中利用摩擦和阻尼吸收冲击能量。

3. 分类

（1）按工作原理分类：弹簧缓冲器、摩擦缓冲器、橡胶缓冲器、摩擦橡胶缓冲器、液压缓冲器及空气缓冲器。

（2）按用途范围分类：1 号缓冲器（客）、2 号缓冲器（货）、3 号缓冲器、MX-1 型橡胶缓冲器、MT-2 型及 MT-3 型摩擦弹簧式缓冲器。

4. 主要性能参数

（1）行程：缓冲器受力后产生最大变形量。

（2）最大作用力：缓冲器产生最大变形量时所对应的作用外力。

（3）容量：缓冲器在全压缩过程中作用力所做功的总和。它是衡量缓冲器能量大小的主要指标。

（4）能量吸收率：消耗部分能量与缓冲器容量之比。能量吸收率愈大，表明缓冲器吸收冲击能量的能力愈大，反之愈小。

二、常用缓冲器的介绍

1. 1 号缓冲器

（1）结构：由螺旋弹簧，内、外环弹簧，弹簧座板，弹簧盒，螺栓等组成。

（2）工作原理：利用螺旋弹簧缓和冲击力，环弹簧两滑动斜面间的摩擦力消耗冲击动能，起到吸收能量的作用。

（3）工作过程：当缓冲器受冲击力时，盒盖向内移动，压缩螺旋弹簧，并将力通过弹簧座板传递给环弹簧。由于内、外环弹簧为锥面配合，受力后外环弹簧扩张，内环弹簧缩小，产生轴向弹性变形，起到缓冲作用。同时，内、外环弹簧锥面间有相对滑动，因摩擦而做功，从而使部分冲击能变为摩擦功而消失。当外力去除后，各内、外环弹簧由于弹力而复原，同样消耗部分冲击能量。

2. 2 号缓冲器

（1）结构。

2 号缓冲器外形与 1 号缓冲器相同，主要区别是盒内前部的螺旋弹簧用环弹簧代替，前部环弹簧的外径和断面的厚度比后部的环弹簧小，且其中有两个内环开有切口，其目的是减小初始刚度，增加缓冲器的灵敏性。缓冲器内共有 25 个环簧，其中大环簧 8 个，小环簧 4 个，内环簧 9 个，开有切口的内环簧及半环弹簧各 2 个。

（2）特点。

①环弹簧受力较合理，能充分发挥材料的作用。

②性能较稳定，即使少数折损，仍能起缓冲作用。

③使用中磨损较少，检修容易。

④制造时对材质、加工要求较高，加工量大。

⑤内、外环弹簧容易永久变形。

⑥由于缓冲器尺寸的限制，要进一步提高容量，加大环弹簧尺寸和数量都有困难。

3. 3 号缓冲器

（1）结构：由 6 种零件组成，即箱体、2 个导板（摩擦楔块）、2 组瓦片弹簧（每组 8 片）、1 块矩形弹簧压板，和内、外螺旋弹簧。

（2）工作过程：当缓冲器被压缩时，导板沿箱体口的斜面向内滑动，一方面推动压板压缩螺旋弹簧，另一方面压紧瓦片弹簧，使作用在缓冲器上的冲击能量，一部分由于导板与箱体斜面间的摩擦而转变为热能消失，另一部分动能变为弹簧的弹性势能。当压力去除后，弹簧的弹力使板复位，又消耗了部分动能。

4. MX-1 型缓冲器

（1）结构：头部为楔块摩擦部分，由 3 个形状相同且带倾斜角的楔块、1 块压块和箱体小口部分组成。楔块介于压块与箱体之间，后部为弹性元件部分，有 9 片形状相同的橡胶片，用顶隔板、两块中间隔板及底隔板将其分隔为 3 层，每层 3 片，橡胶片的两面与 2mm 的钢板黏合，如图 8-30 所示。

（2）工作原理：借助橡胶分子内摩擦和弹性变形起到消耗能量和缓和冲击的作用。

图 8-30　MX-1 型缓冲器

任务8.6　掌握车钩缓冲装置的检修

【任务导入】

车钩缓冲装置在列车调车作业和运行中经常承受牵引力和冲击力,且各部零件相互间有摩擦作用,经过长时间运用后,由于摩擦使接触面产生磨耗,从而降低了强度和各零件间的相互配合关系,当超过了某一限度时,在受到较大的冲击力情况下,某些零件的薄弱部分就会产生变形或裂损,引起车钩的三态作用不良,因此,需要定期地分解车钩缓冲装置,进行检查、修复或更换部分零件,以恢复各部分应有的功能。那么,车钩缓冲装置的主要故障有哪些,现场又是如何进行检修的呢?

一、钩体的故障及检修

1. 钩体的主要故障

钩体的主要故障是裂纹、磨耗和变形。

(1)裂纹:多发生在钩头的上、下钩耳销孔附近,并以下钩耳处最多;钩腕部分和下锁销孔周围;钩身与钩头的交界处、钩身离钩头200mm处;钩身与钩尾连接处和钩尾销孔附近。产生裂纹的主要原因是钩体的材质在铸造过程中,可能夹有杂质、砂眼、气孔等缺陷,或因冷缩过程等因素造成内应力过大,以及受到较大的意外冲击。

(2)磨耗:多发生在上、下钩耳销孔,钩尾销孔,钩身下部与复原装置接触处以及钩尾端部。产生磨耗的原因是这些部位存在着摩擦作用。

(3)变形:主要表现为钩身弯曲和钩腕外胀,其产生原因是运行中的过大冲击力。

2. 钩体的检修要求

这里主要介绍钩体的段修要求。

(1)钩颈、钩身横裂纹在同一断面长度之和不大于50mm时焊修,否则应更换。钩身弯曲大于10mm时,加热调修后探伤或更换。

(2)钩尾销孔后壁与钩尾端面间裂纹长度不大于该处厚度的50%时焊修,否则应更换。

(3)钩尾端部与钩尾销孔边缘的距离上、下面之差大于2mm或距离钩尾销孔长径磨耗大于3mm时,堆焊后加工。焊修后与钩尾端面距离小于40mm时,在钩尾端面堆焊或焊装磨耗板后(四周满焊)磨平。

(4)钩耳裂纹长度不大于15mm时焊修,否则应更换。钩耳内侧弧面上、下弯角处裂纹长度之和不大于25mm时焊修,否则应更换。牵引台、冲击台根部裂纹长度不大于20mm或裂纹未延及钩耳体时焊修,否则应更换。

(5)钩耳孔或衬套孔直径磨耗大于3mm时扩孔镶套或换套;原有衬套松动、裂纹、缺损时更换;钩耳孔直径大于 54mm 时堆焊后加工或更换;钩耳孔壁厚小于 22mm 时更换。新衬套壁厚应为 4～6mm,材质为 45 钢,硬度应为 38～50HRC;衬套须压紧并与孔壁密贴,局部间隙不大于 1.5mm,深度不大于 5mm,不得有边缘裂纹。钩耳孔的异形钢套长、短径方向不得错位。长径方向与钩体纵向中心线偏差不大于 5°。

(6)钩腕端部外胀变形影响闭锁位置时调修,堆焊或焊装厚度为 5～15mm、高度为 60～70mm 的梯形钢板,钢板应有 2 个 φ20mm 的塞焊孔,焊后磨修平整;外胀变形大于 15mm 时更换。

(7)上锁销孔前后磨耗之和大于 3mm 时堆焊后磨修恢复原形。

二、钩舌的故障及检修

1. 段修要求

(1)段修时,钩舌应在清除锈垢后进行探伤检查。

(2)钩舌内侧弯角处上、下部不得有裂纹。

(3)钩舌内侧面磨耗剩余厚度(在距钩舌内侧上、下面 10mm 处测量),厂修不得小于 69mm、段修不小于 68mm。检修时,对于钩舌尾部与钩锁铁接触面磨耗超过 3mm 的,可施行分层堆焊或电渣堆焊,焊接后进行正火处理,并刨削恢复原形。

(4)钩舌销孔或销套磨耗不得超过:厂修 2mm,段修 3mm。超限时,应镶经表面硬化处理的衬套,销套允许两节。

2. A3 级修程要求

(1)钩舌采用 C 级钢,应探伤检查,内侧弯角处上、下部不得有裂纹。

(2)钩舌尾部和锁铁接触面磨耗超过 3mm 时焊修或更换新品。

(3)钩舌内侧面磨耗剩余厚度不得小于 68mm。钩舌内侧弯角处上、下部有裂纹时应更换。

(4)钩舌销或孔磨耗不得超过 3mm。

(5)钩舌销孔及钩耳孔磨耗过限时,应镶 3～6mm 厚、表面硬度为 38～50HRC 的衬套,镶套后钩舌销孔边缘允许有宽 1.5mm、深 10mm 以内的间隙,钩耳孔边缘允许有宽 1mm、深 5mm 以内的间隙。

(6)检修小间隙车钩:拉紧钩舌使钩舌尾部与钩锁铁压紧。

三、缓冲器的故障与检修

缓冲器在调车作业和运行中常受到较大的冲击作用,导致各部分产生磨耗、裂损、弹簧变形等故障。

这里以 1 号、2 号缓冲器为例,讲解其故障及检修。

1. 分解

将 1 号、2 号缓冲器立放于分解平台上,对正压力中心,稍加压,卸螺栓、弹簧盒,撤去压力,取下弹簧盒和弹簧等配件。在分解过程中,发现内、外弹簧互相咬合在一起时,可用铁链将环弹簧捆牢,再用大锤轻敲击即可分解,以防弹簧飞崩,造成人身及设备事故。

2.故障及检修

1)故障及原因

(1)圆弹簧和环弹簧的裂纹及塑性变形。

原因:弹簧的刚度过大或过小,受到较大冲击力。

(2)环弹簧锥面的磨耗。

原因:缓冲器受力压缩时,内、外环弹簧相互挤压,并沿其锥形斜面滑动摩擦。

(3)内外环弹簧咬合,冲击后不能复原。

原因:环弹簧配合尺寸不正确及缓冲器内缺油。

2)检修要求

(1)缓冲器应分解检查,清除内部油垢。环弹簧应经煮洗或擦拭,煮洗温度,一般为90℃以上,煮洗时间为30min。在碱水内煮洗后,应用清水冲洗干净。然后逐个检查,有裂纹者应更换。

(2)弹簧盒裂纹不超过50mm时,可开坡口焊平后,再焊接一层2mm加强焊波。

(3)弹簧盒磨穿部分可施行挖补,焊接后应平整。

(4)弹簧盒尾部弯角处裂纹长度超过30mm时,可实施截换。

(5)环弹簧有显著磨耗、变形、折损时应更换。

(6)圆弹簧腐蚀磨耗后直径减小7%,支持圈剩余圈数不足5/8圈时,应更换。

(7)弹簧座、底板磨耗超过4mm时,可实施堆焊,焊接后加工至原型。

复习与思考

一、填空题

1. 自动车钩可分为两种基本类型,有( )和( )。
2. 车钩缓冲装置由( )、( )、( )、( )等部件组成。
3. 车钩的开启方式分为( )及( )两种,大部分货车车钩的开启方式为( )。
4. 车钩的三态作用具有( )、( )、( )三个位置。
5. 车辆使用的密接式车钩有( )、( )和( )三种,这三种车钩都是( )。
6. 缓冲器在调车作业和运行中常受到较大的冲击作用,导致各部分产生( )、( )、( )等故障。

二、选择题(以下至少有一项是正确的,请将正确的选项填入括号内)

1. 货车车钩解钩提杆的安装位置在( )。
   A. 一位端　　　　　　B. 二位端　　　　　　C. 三位端　　　　　　D. 四位端
2. 15 号车钩钩头配件包括( )。
   A. 钩锁　　　　　　　B. 钩舌推铁　　　　　C. 下锁销　　　　　　D. 钩舌销
3. 下列属于自动车钩组成的有( )。
   A. 钩头　　　　　　　B. 缓冲装置　　　　　C. 对中装置　　　　　D. 钩尾冲击座
4. 下列属于钩体的主要故障是( )。
   A. 裂纹　　　　　　　B. 磨耗　　　　　　　C. 弯曲　　　　　　　D. 腐蚀

三、判断题(以下描述正确的打"√",不正确的打"×")

1. 按照牵引连挂装置的连接方式,可分为自动车钩和非自动车钩。 ( )
2. 我国铁道一般客车、货车均采用非刚性的自动车钩。 ( )
3. 13 号车钩只具有上防脱台,不具有下防脱台。 ( )
4. 车钩的钩身能够传递牵引力和冲击力,为实心断面结构。 ( )
5. 半永久性牵引杆用于同一单元内车辆之间的编组,使其编组成单元。 ( )

四、简答题

1. 简述车钩缓冲装置的作用及安装位置。
2. 简述当车钩受到牵引力和冲击力时作用力传递的过程。
3. 简述 15 号车钩的基本组成及作用。
4. 简述 13 号车钩钩头有哪些结构和配件,并写出结构和配件的作用。
5. 简述 1 号缓冲器的结构和工作过程

参考文献

[1] 袁清武,李静.车辆构造与检修[M].3 版.北京:中国铁道出版社有限公司,2024.

[2] 王珂,刘柱军.城市轨道交通车辆机械检修[M].2 版.北京:人民交通出版社,2025.

[3] 中国国家铁路集团有限公司机辆部.铁路车辆概论[M].北京:中国铁道出版社有限公司,2022.

[4] 中国国家铁路集团有限公司机辆部.铁路动车组概论[M].北京:中国铁道出版社有限公司,2022.

[5] 中国国家铁路集团有限公司机辆部.铁路货车检修[M].北京:中国铁道出版社有限公司,2022.

[6] 中国国家铁路集团有限公司机辆部.铁路货车运用维修[M].北京:中国铁道出版社有限公司,2022.

[7] 孙志才,邢湘利.轨道交通车辆维修与运用管理[M].北京:中国铁道出版社,2013.

[8] 中国国家铁路集团有限公司机辆部.铁路客车检修[M].北京:中国铁道出版社有限公司,2022.

[9] 史新伟,史富强.《铁路客车段修规程》学习手册[M].成都:西南交通大学出版社,2022.

[10] 中国国家铁路集团有限公司.铁路货车厂修规程[M].北京:中国铁道出版社有限公司,2019.

[11] 中国国家铁路集团有限公司.铁路货车段修规程[M].北京:中国铁道出版社有限公司,2021.